신뢰의 배반

-파본과 정오-

김용권 지음

서강대학교출판부

신뢰의 배반
-파본과 정오-

초판 1쇄 발행 | 2017년 4월 13일

지 은 이 | 김용권
발 행 인 | 박종구
편 집 인 | 전종호
발 행 처 | 서강대학교출판부

주 소 | 서울특별시 마포구 백범로 35(신수동)
전 화 | (02)705-8212
팩 스 | (02)705-8612
등 록 | 제2002-000170호

ISBN 978-89-7273-329-4 93800

값 20,000원

* 잘못된 책은 구입하신 곳에서 바꿔드립니다.

신뢰의 배반

—파본과 정오—

김용권 저

책머리에

이 책의 주된 내용은 부제가 말하는 대로 파본과 인쇄물에 나타난 각종 오류들이다. 먼저 용어부터 풀이한다. 여느 책의 판권 표시 면을 보면 맨 끝에 "잘못된 책" 또는 "잘못 만들어진 책은 바꿔 드립니다." 라는 문구가 나온다. 국어사전에 의하면 파본(破本)은 바로 잘못된 책 또는 잘못 만들어진 책을 이른다. 파본은 난장본(亂張本)과 낙장본(落張本)으로 나뉜다. 책 장의 순서가 잘못된 것은 난장이고 책 장이 빠진 것은 낙장이다. 영어에는 파본에 해당되는 단어가 없고 a defective copy가 가장 가까울 것 같다. 난장과 낙장은 인쇄 · 제본과정에서 종종 일어나지만 출판 전에 발견하기가 쉽지 않으므로 미리 "잘못된 책은 바꿔드립니다."라는 문구를 적어 넣는 것이다.

다음은 정오(正誤)이다. "책 안의 오류 곧 잘못된 글자나 문구 따위를 바로잡는 일"이 정오이고 "인쇄물 따위에서 잘못된 것을 바로잡아 죽 벌여 적은 일람표"가 정오표(正誤表)이다(『동아 새국어 사전』 1989년). 정오표는 보통 앞표지 안쪽에 끼워 넣거나 붙여 놓는다.

인쇄물 따위에서 잘못된 것(오류)의 영어는 error이다. 그러나 error를 표시할 때는 라틴어의 Erratum/Errata를 쓴다. Erratum은 단수이고 Errata는 복수이다. 출판 전에 발견된 오류는 an erratum slip이나 an errata sheet에 적어 표지 안에 끼워 넣는다. 그런데 실제로는 책 속의 오류, 그것도 매우 심각한 오류를 적시한 정오표(Erratum/Errata 포함해서)가 들어 있는 책은 극소수에 불과했다. 저자가 이 책을 쓰게 된 동기는 바로 여기에 있었다.

저자는 1950년대에 학부 · 대학원을 마치고, 미국 유학 후 대학에서 가르쳤던 동안, 그리고 정년한 지 20년이 지난 지금까지도 상당한 양의 책을 사 모으게 되었다. 각종 외국어 사전류와 전공분야와 관련 분야의 책을 모은 것이다. 언제부터인지는 확실치 않지만 읽은 책 속의 오식, 오자, 오문장들이 발견되면 뒤에 "오" 또는 "e" 자를 습관적으로 적어 두었다. 지난 수년 동안 장서를 정리하면서 "옛날" 책들을 살펴보았는데 "오"/ "e" 표시가 적힌 책들이 의외로 많아 놀랐다. 책의 표제(titles), 서문(prefaces), 사사(acknowledgments), 목차(contents), 본문(texts), 주(footnotes · endnotes), 서지(bibliography), 인용서목(works cited), 색인(indexes)을 가릴 것 없이 도처에 "오" 자 표시가 적혀 있었다. 일반 단행본이나 정기 간행물은 말할 것 없고 무결점(faultless)이어야 할 사전에도 "오" 자 표시가 있었다.

오류의 종류는 다양했다. 단순한 오식이나 오자, 탈자(letters), 탈어(words)에서 주어와 동사의 불일치나 술어부가 없는 주어부만의 불완전문도 보였다. 이에 더하여 인명과 서명(書名) 오기, 연대 혼동, 비사실, 오인용, 오역, 오용법과 같은 오류도 적지 않았다. 이 같은 오류는 저자에 따라서는 일시적인 착각 아니면 체질화 된 독단에서 비롯된 것으로 보인다. 그러나 오류는 어떠한 것이든 저자에 대한 독자의 믿음 내지 기대를 저버리는 것이다. 이 책의 주제 '신뢰의 배반'은 이 같은 상황을 지적한 것이다.

신뢰를 배반한 것은 비단 저자들만이 아니고 그들의 저서를 간행한 일반 출판사 및 대학 출판부도 마찬가지였다. 저자가 여기서 다룬 것은 주로 나의 학문적 탐구영역에 국한된 비평서와 학술연구 논문집들이지만 대학 출판부, 그것도 유수한 대학 출판부의 간행물에서 발견된 오류가 숫자면에서 결코 적지 않았다. 한마디로 '전문성(professionalism)'의 결여라고 하겠다. 이제 '신뢰의 배반'과 '전문성 결여'의 실상을 살피는 차례이다.

이 책의 구성은 간단하다. 저자는 첫머리에서 저자가 소장한 파본(난장본과 낙장본)의 실례를 제시하고 그와 관련된 사연을 소개하였다. 다음은 정오표의 실례를 제시하고 몇 건을 정오하였다. 그리고 Erratum/Errata의 실례를 제시하고 관련 상황을 설명하였다. 그리고 저자가 소장한 단행본, 정기 간행물과 사전류와 일간지 논설 · 기사 중에서 잘못된 부분이 있는 총 180점을 오류 별로 19항으로 나누어 정오하였다. 오식, 탈자 등 단순한 오류는 단지 그것을 적시하는 데 그쳤고, 중요한 용어의 오해와 오용에 관해서는 지루함을 무릅쓰고 상세한 설명을 달았다. 적시 · 설명을 위하여 인용한 영어 어구나 문장에는 우리말 표기나 역어를 달지 않았다. 최종 항인 기타(miscellany)에서는 영국 영어와 미국 영어, 비속어(slang)와 신(조)어(neologism)와 영어사전에 수록된 Korean words 등을 다루었다.

다만 이 책은 단순 오타를 지적하려는 데 그 목적이 있지 않음을 밝힌다. 또한 오타 없는 책이 출판되는 것이 심히 어렵다는 것을 알기에 저자의 『신뢰의 배반』도 거기에서 자유롭지 못함을 고백하고 이 책을 정독하는 독자들이 또 다른『신뢰의 배반』의 저자가 되기를 바라마지 않는다. 이 책이 각종 문헌의 저자와 출판사에게는 오류 없는 글과 책을 세상에 내놓기 위해 최선의 노력을 기울이는 데에, 또한 독자에게는 정독(close reading)을 일상화하는 데에 도움이 되기를 바랄 뿐이다. 끝으로, 인간의 생명을 주제로 하는 학술논문, 저술은 물론 극도의 정밀성을 요구하는 제반 과학분야 등 그 영향력이 즉각적이고도 광범위한 여러 분야에서 이루어지는 저술활동들에서도 이와 같은 오류가 적지 않음을 짐작할 때 인간이 기록이나 글을 쓰고, 남기고 하는 일이 결코 가볍지 않은 작업이라는 것을 한 번 더 생각해 보는 계기가 되었으면 해서 적어 본다.

사 사

저자가 이 책을 쓰는 동안 여러분이 직 · 간접으로 도움을 주었다. 대학동창인 서울대 문용 명예교수는 다년간 한국어 · 일본어 · 영어 간의 차이와 유사점에 관한 대화를 통해서 저자의 시야를 넓혀 주었고, 귀중한 영어사 자료를 일러주었다. 배재대 윤준 교수는 허먼 멜빌 Herman Melville에 관한 F.O. 메씨슨 Matthiessen 자료를 찾아 주었다. 영남대 노저용 명예교수는 우연히도 조지 스타이너 George Steiner의 *Errata: An Examined Life*(1997)를 건네주었고, 이 책을 '파본과 정오'로 이름 짓는 데 간접적인 도움을 주었다. 서강대 조숙환 교수는 이 책의 초교와 삼교의 교정을 기꺼이 맡아 주었고 사회언어학자의 탁견을 들려주었다. 끝으로 평소 사전수집가로 유명한 서울대 김명렬 명예교수는 여러 차례의 미주 여행 중에 *The Norton Dictionary of Modern Thought*(1999)와 *The Oxford Dictionary of Allusions*(2001)과 같은 진귀한 사전을 여러 권이나 구해 주었다. 또 김 교수는 이 책의 재교를 검토해 주었고 저자의 불투명한 표현을 바로잡아 주었다. 이 책의 제목 '신뢰의 배반'은 김 교수의 제안이다.

이 책은 저자 가족의 협동의 결과이다. 특별히 둘째 딸 명혜와 외손녀 나미는 원고 정리와 파일 작성을 도맡아 해 주었다. 최대의 협력자는 아내 김삼진 권사(새문안 교회)이다. 우리 부부는 지난해 11월에 회혼을 맞았는데 그 동안에 월세, 전세, 자가, 아파트를 14번이나 옮겨 다녔다. 아내는 생계에 주름만 가게 하는 저자의 도서 구입에 한마디 불평을 하지 않았고, 이사 할 때마다 늘어나기만 하는 장서를 한 권도 빠뜨리지 않고 간수해 왔다. 아내의 무언의 협조에 감사하는 마음으로 이 책을 아내에게 바친다.

끝으로 이 책을 제작한 서강대학교출판부의 편집 스태프 여러분의 노고에 감사의 마음을 전한다. 그리고 유례가 없고 상업성도 없어 보이는 이 책의 간행을 승인한 대학출판위원회와 출판부장 우찬제 교수에게 고마움을 전한다.

2017년 초

김용권

차 례

3장. 오자/정오표(Erratum/Errata)

Erratum

Errata

4장. 오식과 탈자(Misprints and Missing Letters)

5장. 오자(Wrong Letters)

6장. 오단어(Wrong Words)

America, ed. Greil Marcus and Werner Sollors. Cambridge, Mass: The Belknap Press of Harvard University, 2009. ――― 120

18 Bruce Cummings. *The Korean War: A History*. New York: The Modern Library, 2010. ――― 121

7장. 무단어(Missing Words)

1 Paul Lauter. *Canons and Contexts*. Oxford: Oxford University Press, 1991. ――― 124

2 Mette Hjort, ed. *Rules and Conventions: Literature Philosophy Social Theory*. Baltimore: The Johns Hopkins University Press, 1992. ――― 125

3 Moshe Halbertal. *People of the Book: Canon, Meaning, and Authority*. Cambridge, Mass: Harvard University Press, 1997. ――― 127

4 David Lodge. *Home Truths*. London: Penguin Books, 1999. ――― 128

5 Donna C. Stanton. "On Linguistic Human Rights and the United State 'Foreign' Language Crisis." *Profession 2005*. MLA. ――― 130

6 Anita Patterson. "T.S. Eliot and D.H. Lawrence." In *A New Literary History of America*, ed. Greil Marcus and Werner Sollors. Cambridge: The Belknap Press of Harvard UP, 2009. ――― 133

7 Gregory S. Jay. *American Literature and the Culture Wars*. Ithaca: Cornell University Press, 1997. ――― 134

8장. 불일치와 불완전문(Disagreements and Incomplete Sentences)

1 Paul A. Bove. *Intellectuals in Power: A Genealogy of Critical*

9장. 동어반복(Dittography)

10장. 구두법(Punctuation)

11장. 구분착오(Wrong Numbering)

12장. 다수오류(Multiple Errors)

13장. 비사실·비진실(Nonfactual & Untrue)

14장. 오인용(Wrong Quotations)

15장. 오용(Misusage)-1

16장. 오용(Misusage)-2

17장. 오역(Mistranslation)

18장. 사전(Dictionaries)

19장. 기타(Miscellany)

1장 파본(破本)

The Complete Works of Shakespea
Translated into Korean
By Professor Jae-nam Kim
三訂
셰익스피어 全集
René Wellek
CONCEPTS
OF
CRITICISM
EDITED BY STEPHEN G. NICHOLS, JR
The American
Renaissance
Reconsidered
edited by
Walter Benn Michaels and
Donald E. Pease

난장본 亂張本

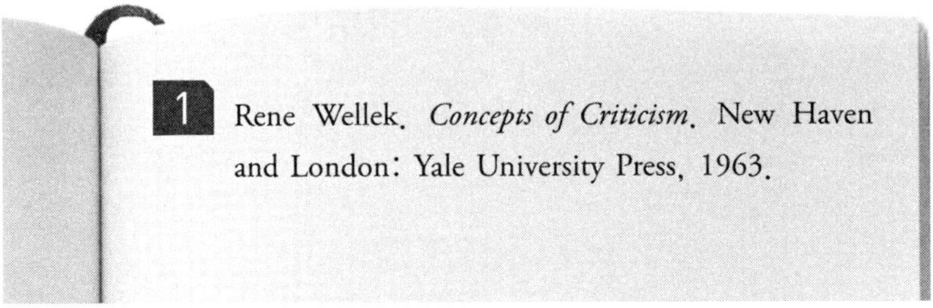
1 Rene Wellek. *Concepts of Criticism*. New Haven and London: Yale University Press, 1963.

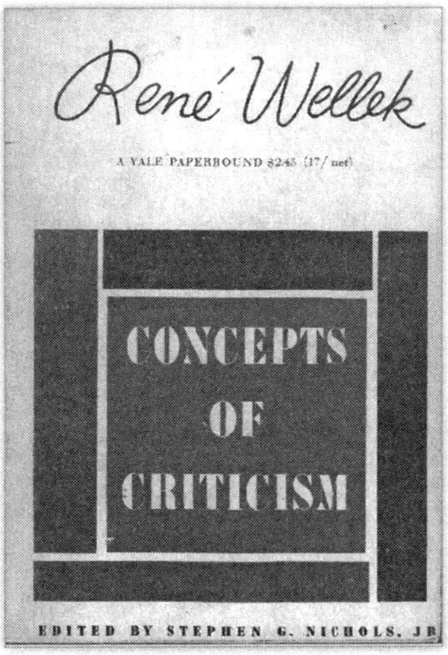

오스틴 워렌(Austin Warren)과의 공저 「문학이론」(*Theory of Literature*, 1949)으로 유명한 르네 웰렉(Rene Wellek)의 논문집(총 12장)이 *Concepts of Criticism*(1963)이다. 종장인 「20세기 비평의 주류」(The Main Trends of Twentieth-Century Criticism)(345-364)의 358-359면이 제8장 「최근 유럽 문학학문의 실증주의에 대한 반란」(The Revolt against Positivism in Recent European Literary Scholarship)(256-281)의 258-259면으로 바뀌었다.

나는 『비평의 개념』을 1963년 9월 초에 샌프란시스코 시내의 한 서점에서 구했다. 하와이 대학에서 열린 풀브라이트 오리엔테이션 프로그램을 마치고 목적지인 미네아폴리스로 향하는 길에 일정에 따라 샌프란시스코에 들르게 된 것이다. 파우엘(Powell)가에 있는 메이시(Macy's) 백화점 안의 Tro Harper Books라는 서점이었다. 『비평의 개념』이 눈에 띄어 책을 펴보니 「20세기 비평의 주류」가 바로 눈에 들어왔고 주저없이 그 책을 샀다. 우연한 일이지만 나는 전년도(1962년)에 『예일 리뷰』(*Yale Review*) 51호(1962)에 실린 「20세기 비평의 주류」를 번역하여 『사상계』(思想界) 1962년 2월 호에 실었었다. 그보다 5년 전인 1957년에는 『스와니 리뷰』(*Sewanee Review*) 55호(1947)에 실린 웰렉 교수의 "The Study of Literature in the Graduate School"라는 논문을 「문학연구론」 이라는 제목으로 번역하여 『사상계』 1957년 4·5월 호에 실었었다. 이 논문은 웰렉·워렌 공저 『문학의 이론』 초판(1949)의 종장(제20장)이 되었다. 이 종장은 개정판(1956)에서는 빠졌다. 백철·김병철 공역의 『문학의 이론』(신구문화사, 1959)은 이 개정판을 번역한 것이다.

앞의 『비평의 개념』의 난장을 발견한 것은 수개월 후의 일이었다. 미네소타 대학에서 학위과정을 시작하자 수강과목과 무관한 책을 뒤적거릴 여유가 없었고 겨울 방학 동안에 통독하다가 이 대목을 발견한 것이다. 하루는 월터대학도서관에 가서 『비평의 개념』을 찾아 보았더니 그것은 a good copy였고 그래서 358–359면을 제록스 복사기로 복사해서 나의 불량본에 끼어 넣었다. 제록스 복사기는 그때만 해도 신기한 발명품이었다.

나는 1966년 여름에 귀국했고 「20세기 비평의 주류」는 백철 편 『비평의 이해』(민중서관, 1968)에 재수록되었다.

2 金在枏 譯.『三訂 셰익스피어 全集』. 을지서적, 1995.

The Complete Works of Shakespeare, Translated into Korean by Professor Jae-nam Kim.

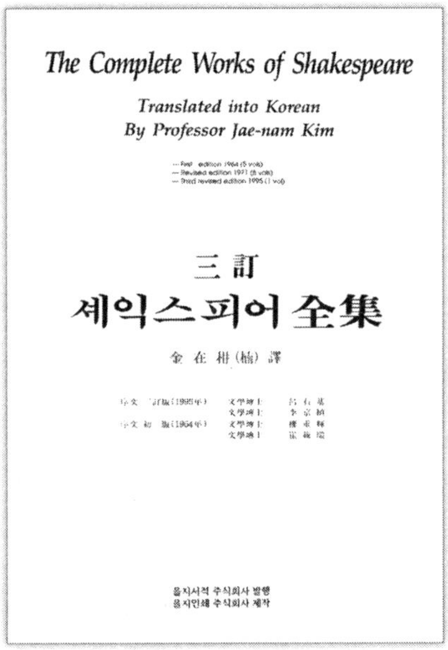
The Complete Works of Shakespeare

Translated into Korean
By Professor Jae-nam Kim

— First edition 1964 (5 vols)
— Revised edition 1971 (8 vols)
— Third revised edition 1995 (1 vol)

三訂
셰익스피어 全集

金 在 枏(楠) 譯

을지서적 주식회사 발행
을지인쇄 주식회사 제작

『三訂 셰익스피어 全集』은 평생 동안 셰익스피어 번역에 전념했던 김재남 교수의 역저이다. 김 교수는 1964년에 초역(총 5권)을, 개정역(총 8권)은 1971년에 냈었다. 「三訂」은 개정판을 다시 개정한 것이다. 또 단일 역자에 의한 최초의 완역이기도 하다. 「三訂」은 본문과 해설·부록·연표를 포함해서 1,800쪽에 이르며 28″× 22″ 크기의 대형본이다.

본문의 401쪽에서 801쪽(『트로이러스와 크레시더』에서 『햄릿』의 일부)까지의 400쪽이 801쪽에서 1201쪽(『헨리 6세 제3부』)까지의 400쪽으로 중복 철해져 있는 것을 발견한 것은 김재남 교수의 자필 서명본(1995.12.3)을 받은 지 한참 지나서였다. 『태풍』(*The*

*Tempest)*의 한 구절의 번역을 찾다가 난장을 발견한 것이다.

곧바로 출판사(을지서적)에 전화를 걸어 난장을 알렸다. "물론 파본은 바꿔드리니 출판사로 가져다 달라"고 하기에 3.6kg 무게의 전집을 보자기에 싸서 지하철을 타고 을지로입구역 근방에 있는 출판사로 가져갔다. 파본을 펼쳐보였더니 아무도 놀라지도 않고 관심도 없어 보였다. 파본은 폐지 처리 공장으로 보낸다고 하기에 김 교수의 자필 서명이 적힌 표지를 도려내어 새 책 안쪽에 끼웠다.

낙장본 落張本

3 F. W. Bateson, ed. *The Cambridge Bibliography of English Literature*(*CBEL*). Volume IV. Index. Cambridge: Cambridge University Press, 1966.

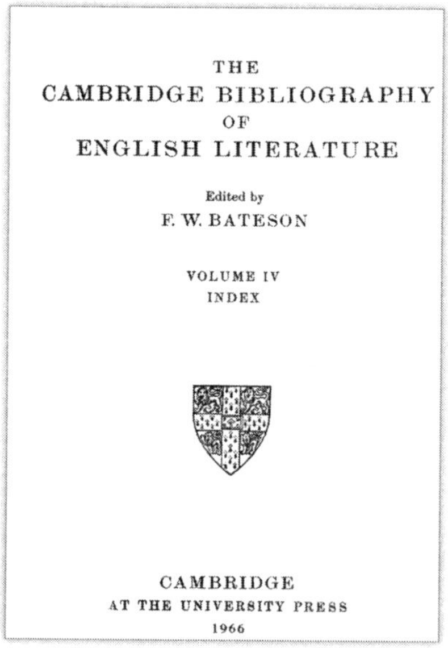
THE
CAMBRIDGE BIBLIOGRAPHY
OF
ENGLISH LITERATURE

Edited by
F. W. BATESON

VOLUME IV
INDEX

CAMBRIDGE
AT THE UNIVERSITY PRESS
1966

『케임브리지 영문학 서지』(*CBEL*)는 총 5권이며 제4권은 『색인』(Index), 제5권은 『증보』(Supplement)이다. 낙장(백지 lacuna, lacunae)은 Index의 258–259(T항), 262–263(T–U항), 266–267(V–W항) 및 270–271(W항) 총 8쪽이다.

1987년의 일이다. 로욜라 대학 도서관에서 용산의 미군 도서관(Special Services Library)의 정리 폐기 처분한 도서를 기증받았는데 거기에 끼어 있는 것이라고 *CBEL* 한 질을 보내 왔다. 대학도서관에는 신판인 *The New Cambridge*

Bibliography of English Literature(*NCBEL*). ed. George Watson and I. R. Wilson. 5 Vols. Cambridge UP(1969–77)이 있다고 했다. 또한 일반 독자와 학생을 위한 *The Shorter New Cambridge Bibliography of English Literature*. Cambridge: Cambridge UP(1981)도 비치하고 있다고 했다. 용산 미군도서관도 *NCBEL*을 들여 놓았을 것이다. *CBEL*은 발간 당시 13권으로 된 *Oxford English Dictionary*(Oxford, 1933)와 함께 영문학 연구의 "두 주요 참고 도서"(the two principal works of reference)라는 평을 받았다(George Watson. *The Literary Thesis*. 1970, p. 52). *NCBEL*은 종종 "연구를 위한 최선의 출발점"(the best starting point for research)이라는 평을 받고 있다(James L. Harner. *Literary Research Guide*. Third Edition. MLA. 1998, p.159).

내 손에 들어 온 *CBEL* 은 1966년 판이었고 케임브리지대 출판부에서 인쇄한 것을 다시 옵셋 석판인쇄(offset lithography)로 헝가리(Hungary)에서 찍은 것이다. 미군 도서관의 수서 정리 일자는 June 1969로 나온다. 다섯 권을 면밀히 살펴보았더니 제4권 Index의 뒷부분의 8쪽이 백지였다. 책장을 한 장씩 넘겨 본 촉감으로는 거의 20년 동안 아무도 펴보지 않았던 것 같다. Tennyson, Vaughan, Wordsworth, Yeats같은 주요 시인 항은 다행히도 온전하였다.

4 Walter Benn Michaels and Donald E. Pease, eds. *The American Renaissance Reconsidered*. Baltimore: The Johns Hopkins University Press, 1989(1985).

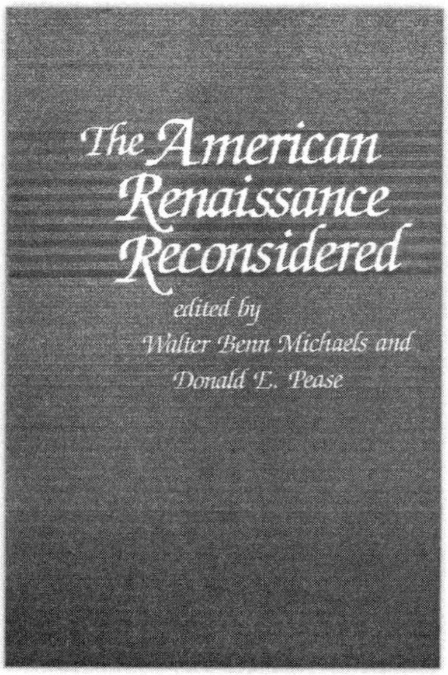

1991년의 일이다. 19세기 미국문학연구 강의 중에 Donald E. Pease라는 다트머스대 교수가 쓴 "*Moby–Dick* and the Cold War"라는 논문이 *The American Renaissance Reconsidered*라는 책에 들어 있다는 것을 알게 되었다. 마침 80년대에 Emily Dickinson 연구로 박사 학위를 받은 순천대 박오복 교수가 연암문화재단의 해외연수교수로 UC Davis대에 가 있는 것이 생각났다. 박 교수에게 부탁했더니 3주 후에 책을 보내 왔다. 페이퍼백의 책값은 7불 50센트이고 우편 요금 8불을 합쳐서 15불 50센트가 들었다. 셀로판 포장지를 뜯고 책을 펼쳤는데 이게 웬일인가. 총 7편의 논문 중 다섯 번째인 "*Moby-Dick* and the Cold War"(113–155)가 여기저기 백지가 아닌가. 정확히 말해서 128–129, 132–133, 136–137, 140–141, 144–145, 148–149, 152–153 모두 14쪽이 백지(lacunae)였다.

난감한 일이었다. 파본을 박 교수한테 보내서 구내서점에서 새 책을 받아 보낸다면 송료만 16불이 들 것이다. 파본은 무시하고 새 책을 – 이번에는 속을 확인하고 – 사 보내면 15불 50센트가 또 들지 않겠는가. 생각 끝에 책을 발행한 존스 홉킨스대 출판부에 편지를 보내기로 했다. 데이비스대의 구내서점에서 구해서 보내온 것인데 어디서 어디까지가 백지인 파본이니 새 책으로 교환받으려면 어떻게 해야 하는가라고 적어 보냈다.

그런데 문의한 지 한 달이 지났는데도 회답이 없었다. 내 편지가 가지 않았는지, 아니면 무시하는 것인지 궁금하기도 하고 부아가 나기도 했다. 다시 편지를 보낼까 하던 중에 미공보원의 신임 부원장인 Nick Mele 씨가 연구실로 찾아왔다. 밀리 씨와는 광주문화원장 시절부터 알던 사이였다. 이런저런 이야기를 하다가 밀리 부원장에게 파본을 보여주고 존스 홉킨스대 출판부에 편지를 보냈는데 아무런 회답이 없다고 말했다. 밀리 씨가 "누구 앞으로 편지를 보냈느냐"고 묻기에 출판부 귀중 앞으로 보냈다고 했더니 밀리 씨는 "그렇다면 내 편지는 출판부 사무실 안에서 떠돌고 있을지 모르니 이름을 특정해서 다시 보내 보라"고 말했다. 그리고 밀리 씨는 공보원 사무실로 돌아가자 마자 Mary Katherine Callaway라는 마케팅 부장 이름을 알려 왔다.

그래서 첫 번째 편지의 사본과 두 번째 편지를 보냈다. 편지 끝에 부장 이름은 서울의 미공보원한테서 받았다고 한 줄 덧붙였다. 그리고 2주 후에 존스 홉킨스대 출판부에서 마닐라 봉투의 절반 크기의 누런 봉투를 보내 왔다. 내용을 꺼내 보니 마케팅 부장의 편지와 "*Moby-Dick* and the Cold War"의 논문 복사였다. 캘러웨이 부장은 "회신이 늦어서 미안하다. 첫 번째 편지를 받고 조치를 취했는데 출판부의 서적관리창고가 켄터키 주의 어디엔가 있어 아직 전달이 안 된 모양이다. 그러나 수일 안으로 들어가겠지만 급한 대로 *Moby-Dick* 논문만을 복사해서 보낸다"고 적었다. 그리고 "자기의 명함을 동봉했으니 연락할 일이 있으면 언제든지 해달라"고 마무리했다.

그리고 며칠 후에 책이 왔다. 이번에는 물론 a good copy였다. 파본과 정본 그리고 복사 논문 셋이 지금도 서가 한 곳에 꽂혀 있다.

5 김욱동 지음. 『문학의 위기』. 문예출판사, 1993.

20세기 후반(1970년대)에 영미 비평계에서 논의되기 시작한 "문학의 죽음", "비평의 위기" 등의 논제를 간결하게 정리한 책이다. 「참고문헌」(224–231)과 「찾아보기」(232–245) 안의 8쪽(225–240)이 빠져 있다. 저자의 자필 서명본인데 저자는 파본인 줄 몰랐을 것이다.

제3장 「창작인가 표절인가」에 일본의 베스트셀러 작가 무라카미 하루키의 『상실의 시대』가 언급되어 있는데 186쪽 10행의 무라카미 하루키의 일본명 村上 春樹의 하루春가 나츠夏로 나온다. 하루키(はるき)의 한자는 春樹이고 나쓰키(なつき)의 한자는 夏樹이다. 봄(하루)이 여름(나쓰)으로 바뀌었다. 무라카미의 이름은 꼭 한 번 나온다.

224

참고문헌

Abrams. M.H. *Doing Things with Texts: Essays in Criticism and Critical Theory*. Ed. Michael Fischer. New York: Norron. 1989.

241

6 Gordon Hunter, ed. *American Literary History (ALH)*. Fall 2010. Volume 22. Number 3. Oxford: Oxford University Press.

*ALH*의 2010년 가을 호의 575쪽에서 590쪽까지의 15쪽이 *Journal of Cross-Cultural Psychology* 41(5–6)의 일부로 바뀌었다. *ALH*의 목차 대로라면 David Bergman의 "Ajanta and the Rukeyser Imbroglio"라는 논문이 553쪽에서 583쪽까지이고 Michael Trask의 "Patricia Highsmith's Method"가 584쪽에서 614쪽까지 이어져 있다. *ALH*는 창간호(1989)부터 줄곧 구독하고 있는 계간지인데 이런 일은 처음이다. 옥스퍼드대 출판부는 수십 종의 학술지를 발간하고 있는데 여러 잡지를 한 곳에서 동시에 인쇄 제본하는 가운데(?) 이런 실수가 생긴 것 같다. 옥스퍼드대 출판부에 전화했더니 2주 안에 새 것을 보내왔다. 그러나 an erratum slip 같은 것은 끼어 있지 않았다.

2장 정오(正誤)와 정오표(正誤表)

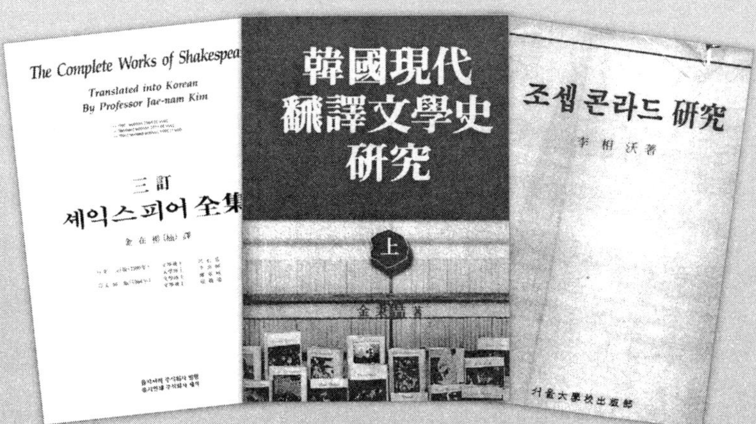

1 金秉喆.『韓國現代飜譯文學史研究』上卷(1998), 下卷(1998), 乙酉文化社.

위 두 책은 김병철 교수(1921-2007)의 역작『서양문학이입사연구』(총 6권)의 제5권과 제6권이다. 제1권은『한국근대번역문학사연구』(1975), 제2권은『한국근대서양문학이입사연구』(1980), 제3권은『서양문학번역논저연표』(1978), 제4권은『한국근대문학이입사연구』(하)(1982)이다. 제5권(1998)과 제6권(1998)은『한국현대번역문학사연구』상하권이다. 전 6권의 시기는 이수정(李樹廷)의 〈신약마가젼복음셔언히〉가 나온 1885년에서 1985년까지의 100년이다. 번역 초창기에는 영국·미국·프랑스·독일·러시아 등의 서양문학 작품이, 뒤이어서 중국·일본 문학이, 최근에는 제3세계의 문학작품이 번역·이입된 과정을 다루었다. 또 초역(抄譯), 번안, 완역, 중역 등의 번역 형식과 오역에 대한 논쟁을 다루는 등 번역이입사일 뿐만 아니라 자료집(source book)으로서도 중요한 문헌이다.

정오표는 제1권에서 제4권까지에는 없고 제5권과 제6권에만 나온다. 오류는 제5권에 14개, 제5권에 18개인데, 金晸鎭을 金晟鎭으로 오기한 것이 6회나 된다. 제6권 끝에 「찾아보기」(원작자명)가 달려 있는데 총 3,840명 안팎의 인명이 나온다. 정오표에는 본문과 각주를 포함해서 단 8명의 원작가의 오기가 보인다. 한국어 역자의 수는 원작자 수보다 많을 텐데 오기는 단 5명에 그쳤다. 이것은 많은 저자들이 자신들의 책이 일단 출판된 이후에는 그것을 다시 들여다 보지 않는다는 반증이다.

정오표(正誤表) 〈상권〉

면	행	오	정
25	14	金晟鎭	金晸鎭
32	8	위 표는	아래 표는
32	10	위 표에	아래 표는
32	12	1950년부터	다음은 1950년부터
51	2	2 1	21
135	사진	中國傳記小說集	中國傳奇小說集
143	주 4)	Lin Shaw-tong	Liu Shaw-tong
143	주 3)	Monia Yen	Maria Yen
226	4	總綱羅	總網羅
320	2	金晟鎭	金晸鎭
323	7	金晟鎭	金晸鎭
328	5	金晟鎭	金晸鎭
513	사진	〈고독한 미소〉 김봉밀	김봉일
275	17	反抗人(小說)	反抗人(論評)

김용권 교수 清鑑
저자 謹呈
1998. 5. 15.

〈하권〉

663	10	金最鎖	金歟鎖
679	주 1)	原作名:Tagebücher 1910-1923	原作名:Briefe an Milena
680	5	金晟鎖	金歟鎖
705	하 1	模光利一	横光利一
708	10	小設文庫	小說文庫
720	주 1)	奇蹟의 鍾	奇蹟의 鐘
723	4	金禧場	金禧寶
723	12	金顯錫	金顯場
733	주 1)	*Marek Flasko*	Marek Flasko
773	9	독수리와 집게벌레(小說)	독수리와 집게벌레(評論)
780	17	鍾	鐘
799	13	Colin Wilson(1)	Colin Wilson(0)
897	주 2)	世進文化社丁	世進文化社刊
952	17	프랑츠 피농	프랑츠 파농
967	10	이올 구우젱코	이골 구우젱코
1085	20	文詳得	文祥得
1099	22	구우젱코, 이올	구우젱코, 이골
1101	41	다쓰모토 세이초(松本淸張)	마쓰모토 세이초(松本淸張)

2 李相沃.『조셉 콘라드 硏究』. 서울大學校 出版部, 1986.

도적적 비젼

이상옥 교수의『조셉 콘라드 硏究』는 국내에서 나온 영미작가연구 가운데 가장 충실하고 학문적인 연구서의 하나이다.

저자가 보내온 책의 머리말을 읽은 후 여기저기 펼쳐 보다가 오른쪽 페이지 상단에 "도적적 비젼"이라는 제목이 눈에 들어왔다. 앞뒤를 살펴보니 205쪽에 5장『도적적 비젼』이라는 큰 글자 제목이 나오고 5장 끝(244쪽)까지 오른쪽 페이지 상단에 "도적적 비젼"이라는 장 제목이 이어져 있었다.

"도적적 비젼"을 보고 처음에는 콘라드의 일생 가운데 도적과 관련된 일면이 있었던가 싶었다. 그러나 아무래도 이상해서 책의 차례를 살펴보았더니 제1부 소설의 이론의 5장 제목은 "도덕적 비젼"이었다. 이 교수에게 전화를 걸어 중대한 오식이 있는 것을 알고 있느냐고 물었더니 모르고 있었다. 곧 책을 떠들어 보았는지 '아이고'라는 소리가 들렸다. 이 교수는 "편집부에서 보내 온 3교(校)를 직접 교정했는데 오식을 전혀 보지 못했던 것 같다."고 말했다. "도덕적"과 "도적적"은 가운데 글자 '덕'과 '적'이 다를 뿐 둘 다 '도'로 시작하고 있는데다가 저자의 관점에서는 도덕적 아닌 어떠한 말도 예상하지 않았을 터이므로 '적'자를 '덕'

자로 보았을 것이다. 서울대학교 출판부는 그때만 해도 직원 몇 명만으로 일을 꾸려가고 있을 때였다.

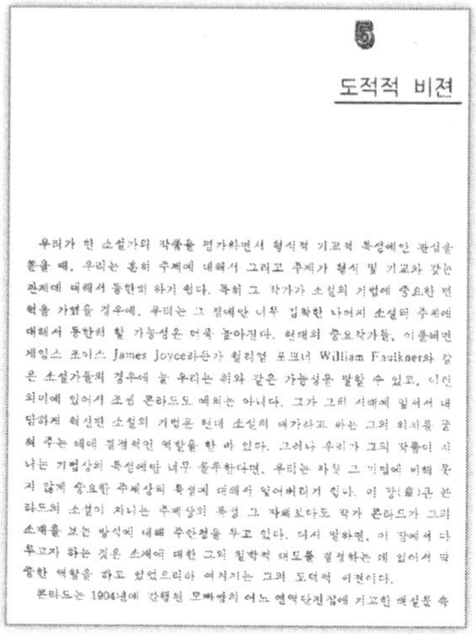

5

도적적 비젼

우리가 한 소설가의 작품을 평가하면서 형식적 기교적 특성에만 관심을 둘 때, 우리는 흔히 주제에 대해서 그리고 주제가 형식 및 기교와 갖는 관계에 대해서 등한히 하기 쉽다. 특히 그 작가가 소설의 기법에 중요한 변혁을 가했을 경우에, 우리는 그 점에만 너무 집착한 나머지 소설의 주제에 대해서 등한히 할 가능성은 더욱 높아진다. 현대의 중요작가들, 이를테면 제임스 조이스 James Joyce라든가 윌리엄 포크너 William Faulkner와 같은 소설가들의 경우에 늘 우리는 위와 같은 가능성을 발할 수 있고, 이런 의미에 있어서 조셉 콘라드도 예외는 아니다. 그가 그의 시대에 앞서서 대담하게 혁신한 소설의 기법은 현대 소설의 대가라고 하는 그의 위치를 굳혀 주는 데에 결정적인 역할을 한 바 있다. 그러나 우리가 그의 작품이 지니는 기법상의 특성에만 너무 몰두한다면, 우리는 자칫 그 기법에 비해 못지 않게 중요한 주제상의 특성에 대해서 잊어버리기 쉽다. 이 장(章)은 콘라드의 소설이 지니는 주제상의 특성 그 자체보다도 작가 콘라드가 그의 소재를 보는 방식에 대해 주안점을 두고 있다. 다시 말하면, 이 장에서 다루고자 하는 것은 소재에 대한 그의 철학적 태도를 결정하는 데 있어서 막중한 역할을 하고 있었으리라 여겨지는 그의 도덕적 비젼이다.

콘라드는 1904년에 간행된 모파상의 어느 영역단편집에 기고한 해설문 속

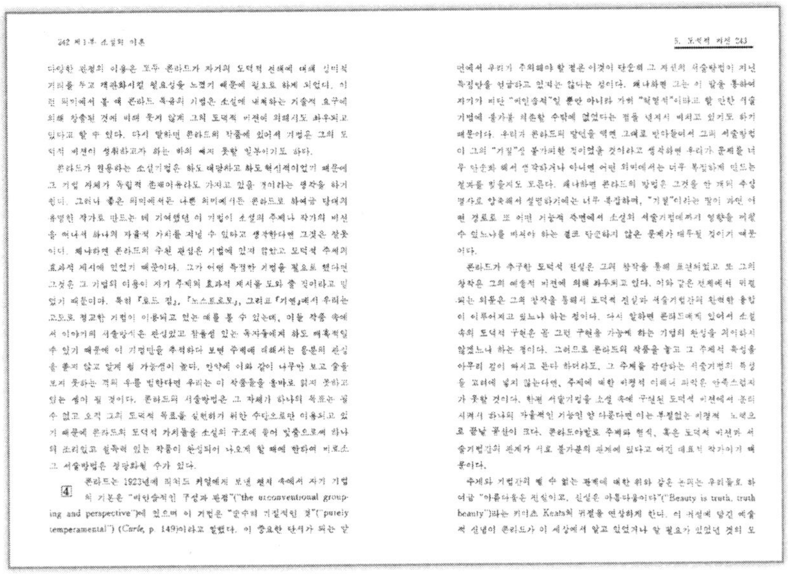

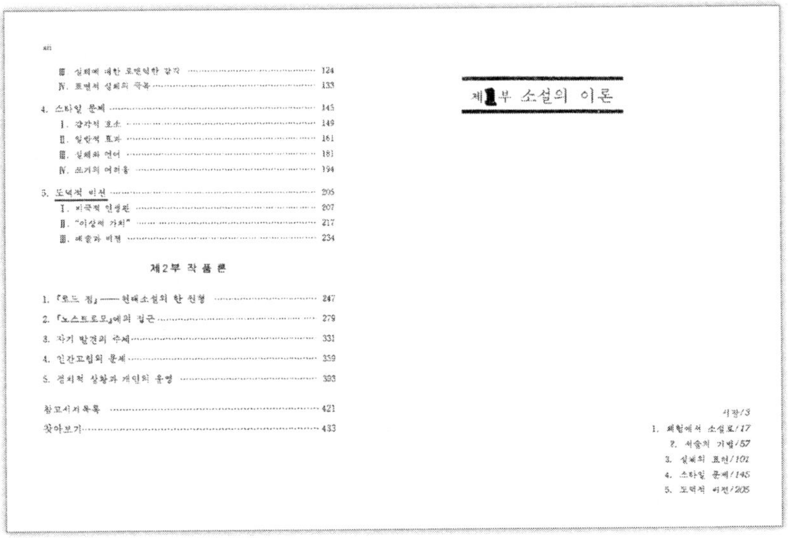

3 金在枏 譯.『三訂 셰익스피어 全集』. 을지서적, 1995.

The Complete Works of Shakespeare: Translated into Korean By Professor Jae-nam Kim.

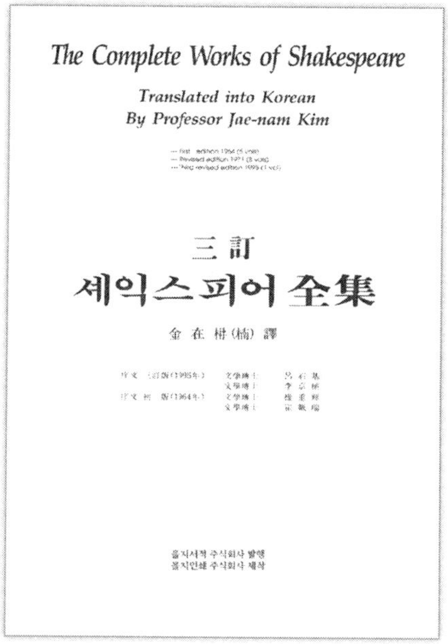

The Complete Works of Shakespeare

Translated into Korean
By Professor Jae-nam Kim

三 訂
셰익스피어 全集

金 在 枏(楠) 譯

을지서적 주식회사 발행
을지인쇄 주식회사 제작

博士와 塼士

『三訂 셰익스피어 전집』은 평생 동안 셰익스피어 번역에 전념해 왔던 김재남 교수의 역저이다. 김 교수는 1964년에 초역(총 5권)을 냈고 1971년에 개정판(총 8권)을 냈다. 三訂은 개정판을 다시 개정한 것이다.

셰익스피어 전공 학자들인 권중휘, 최재서, 여석기, 이경식 교수들이 초판과 삼판에 서문을 썼고 김 교수의 노고를 치하했다. 그런데 어찌된 일인지 이들 교수들의 학위명이 문학박사가 아니고 문학전사가 아닌가. 넓을 박 博 자가 벽돌 전 塼 자로 바뀐 것이다. 다른 데도 아닌 표지에 이런 오식이 생기다니 기가 막혔다. 곧 바로 출판사 편집부에 전화를 해봤더니 아무도 모르고 있었다. 늦었지만 재고본에라도 정오표 쪽지를 끼워 넣으면 어떻겠느냐고 말했지만 듣는 것 같지 않았다. 그 후 전집 기증본을 받았을 몇몇 교수들에게 전화를 해 봤더니 아무도 모르고 있었고 놀라워하지도 않았다. 남들은 별로 대수롭게 여기지 않는데 나만 호들갑을 떨었던 모양이다.

4 김효중. 「정지용 시의 영역에 관한 고찰」. 『번역학 연구』. 제3권 2호. 2002년 가을.

汽笛과 奇蹟

본 논문은 정지용 시의 영역 *Distant Valleys: Poems of Chong Chi-yong*. Trans. Daniel A. Kister(1994)에 실린 시 네 편을 논한다. 세 번째 시인 「슬픈 印象畵」와 역시 "A Sad Impressionist Painting"은 18 및 19면에 전문이 실려 있다. 그런데 「슬픈 印象畵」의 제 8행은 "築港의 奇蹟 소리 奇蹟 소리…"로 나온다. 汽笛의 잘못이다. 한자교육을 받지 않은 연구조교가 컴퓨터에서 '기적'의 한자를 찾으면서 맨 먼저(?) 나온 한자를 옮겨 놓은 것을 필자도 간과한 것인가?

또 이 시의 끝 2행 "아아, 愛施利· 黃/그대는 上海로 가는구료…"의 愛施利를 역자가 "Oh, <u>Mr</u>. Aesiri Whang!/ You're headed for Shanghai"로 오역했는데도 필자는 "이 시에서 시적 화자는 연인 愛施利· 黃과의 이별의 슬픔에 젖어 있고…"(19)라고 적고 있다.

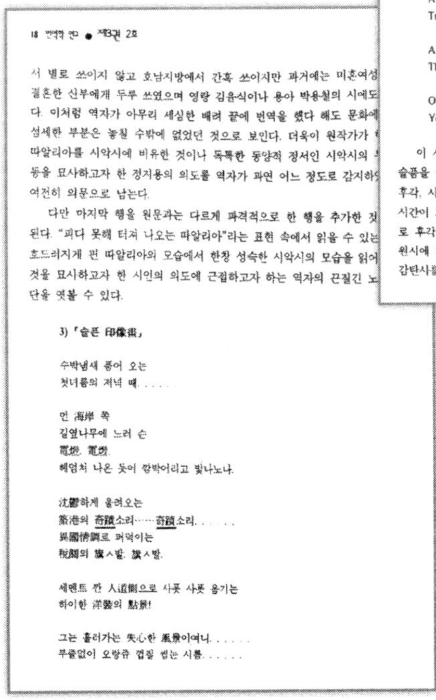

18 번역학 연구 ● 제3권 2호

서 별로 쓰이지 않고 호남지방에서 간혹 쓰이지만 과거에는 미혼여성
결혼한 신부에게 두루 쓰였으며 영랑 김윤식이나 용아 박용철의 시에도
다. 이처럼 역자가 아무리 세심한 배려 끝에 번역을 했다 해도 문화에
섬세한 부분은 놓칠 수밖에 없었던 것으로 보인다. 더욱이 원작가가
따알리아를 시악시에 비유한 것이나 독특한 동양적 정서인 시악시의
동을 묘사하고자 한 정지용의 의도를 역자가 과연 어느 정도로 감지하
여전히 의문으로 남는다.

다만 마지막 행을 원문과는 다르게 파격적으로 한 행을 추가한 것
된다. "피다 못해 터져 나오는 따알리아"라는 표현 속에서 읽을 수 있는
호드러지게 핀 따알리아의 모습에서 한창 성숙한 시악시의 모습을 읽어
것을 묘사하고자 한 시인의 의도에 근접하고자 하는 역자의 끈질긴 노
단을 엿볼 수 있다.

3) 「슬픈 印像畵」

수박냄새 품어 오는
첫녀름의 저녁 때. . . . . .

먼 海岸 쪽
길옆나무에 느러 슨
電燈. 電燈.
헤엄처 나온 듯이 깜박어리고 빛나노나.

沈鬱하게 울려오는
築港의 汽笛소리……汽笛소리. . . . . .
異國情調로 펄럭이는
稅關의 旗ㅅ발. 旗ㅅ발.

세멘트 깐 人道側으로 사폿 사폿 옮기는
하이한 洋裝의 點景!

그는 흘러가는 失心한 風景이여니. . . . . .
부끄없이 오랑쥬 껍질 씹는 시름. . . . . .

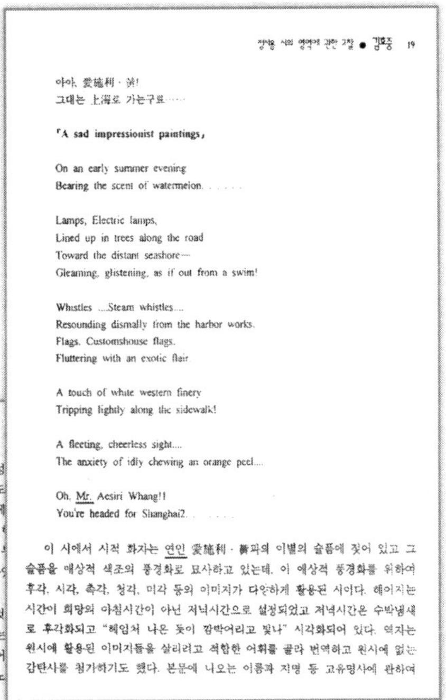

정지용 시의 영역에 관한 고찰 ● 김효중 19

아아, 愛施利 · 黃!
그대는 上海로 가는구료……

「A sad impressionist paintings」

On an early summer evening
Bearing the scent of watermelon. . . . . .

Lamps, Electric lamps,
Lined up in trees along the road
Toward the distant seashore—
Gleaming, glistening, as if out from a swim!

Whistles ....Steam whistles....
Resounding dismally from the harbor works.
Flags. Customshouse flags.
Fluttering with an exotic flair.

A touch of white western finery
Tripping lightly along the sidewalk!

A fleeting, cheerless sight....
The anxiety of idly chewing an orange peel....

Oh, Mr. Aesiri Whang!!
You're headed for Shanghai?. . . . . .

이 시에서 시적 화자는 연인 愛施利 · 黃과의 이별의 슬픔에 젖어 있고 그 슬픔을 애상적 색조의 풍경화로 묘사하고 있는데, 이 애상적 풍경화를 위하여 후각, 시각, 촉각, 청각, 미각 등의 이미지가 다양하게 활용된 시이다. 해이지는 시간이 희망의 아침시간이 아닌 저녁시간으로 설정되었고 저녁시간은 수박냄새로 후각화되고 "헤엄처 나온 듯이 깜박어리고 빛나" 시각화되어 있다. 역자는 원시에 활용된 이미지들을 살리려고 적합한 어휘를 골라 번역하고 원시에 없는 감탄사를 첨가하기도 했다. 본문에 나오는 이름과 지명 등 고유명사에 관하여

5 조선일보. "仁濟大學校 崔夏鎭學長 訃告". 조선일보 2008년 9월 8일.

大韓消火器學會長

消化器學의 잘못이다. 화할 化가 불 火로 바뀌었다. 혹시 심화(心火)나 울화(鬱火), 또는 화병(火病), 울화병, 울화증에 익숙한 누군가가 아무런 생각 없이 消火器(소화기)로 썼는지도 모른다. 그렇더라도 저명한 대학의 병원장과 학장직을 역임하고 전국학회장을 지낸 故人의 전공 명칭(한자)을 잘못 적은 것은 보통 일이 아니다.

미국 작가 Don DeLillo(1933년생)의 작품에 *Cosmopolis*(Scribner, 2003)라는 소설이 있다. Erick Packer라는 28세밖에 안 된 억만장자 자산 분석가가 주인공인데 분통이 터지면 곧잘 "화병"을 부린다. 이런 대목이 나온다.

> When I try to suppress my anger, I suffer spells of *hwabyung*(Korea). This is cultural panic mainly, which I caught on the Internet(p. 56).

또

> "I'm having my Korean panic attack. This is from holding in my anger all these years. But not any more. You need to die no matter what." (p. 202)

얼마 전 TV화면의 오른쪽 하단에 왜소한 소방수가 높고 둥근 천장을 향해 물을 뿌리는 장면이 나왔다. 며칠 후 다시 나온 장면을 자세히 보니 어느 제약회사의 위장약 신제품 광고였고 '높고 둥근 천장'은 위장의 상부로 보였다. 이쯤되면 "消火器學"이 아주 틀린 것도 아니라는 생각이 들었다.

訃 告

仁濟大學校 釜山白病院 林齋 崔夏鎭博士께서 2008년 9월 6일(토)별세 하셨기에 삼가 알려드립니다。

빈 소 : 부산백병원 장례식장 1호
영결식 : 2008년 9월 9일(화) 오전 8시 인제대학교 의과대학 강당
장 지 : 경상북도 김천 선영

미망인 허경연
자 원효 원형 원충 원철 원준
녀 원화
자부 박영희 김종수 육홍미 심상진 이소영
장례위원장 최장석
호상 설상영
연락처 : (051)890-6319

仁濟大學校 釜山白病院 初代 病院長、仁濟大學校 學長 및 大韓消火器學會長을 歷任하신 林齋 崔夏鎭 博士께서 9월 6일 별세 하셨기에 영결식을 釜山白病院葬으로 거행함을 삼가 알려드립니다。

인제대학교 부산백병원장 최장석외 교직원 일동

2008. 9. 8. 조선

6 조선일보. "양도세에 안절부절". 조선일보 2010년 11월 18일 목요일.

작고(作古)

'… 과세 대상은 작고(作古)한 작가의 서화(회화 · 데생 · 판화 등) 중 6000만 원이 넘는 미술품입니다.' 칼럼 A칸 8행의 작고(作古)는 작고(作故)의 잘못이다.

"죽은 사람을 높이어 그의 '죽음'을 이르는 말"이 작고(作故)이다. 삼단으로 된 이 뉴스 블로그에는 수많은 한자어가 들어 있는데 고가(高價), 시장(市場), 작고(作故)의 세 단어만을 한자로 괄호 속에 표시했는데 그 중 하나가 잘못 되었다.

'대통령 유고'라는 말을 들으면 유고를 有故가 아닌 有古로 적을지 모른다.

뉴스 블로그

양도세에 안절부절… 국회만 쳐다보는

요즘 미술계는 국회를 쳐다보고 있습니다. 고가(高價) 미술품을 팔 때 얻는 차익 중 일부에 세금을 매기는 법안이 내년 시행을 앞둔 가운데 정병국 한나라당 의원이 6년간 과세를 유예하자는 개정안을 제출했기 때문입니다. 한 가닥 희망이 생긴 것입니다. 과세 대상은 작고(作古)한 작가의 서화(회화·데생·판화 등) 중 6000만원이 넘는 미술품입니다.

지난 16일 국회 기획재정위원회 조세소위에서도 관련 법안에 대한 논의가 이뤄졌습니다. 미술품에 세금을 매기는 것이 타당한지부터 미술계에 미칠 영향, 세수효과까지 심도 있는 토론이 있었다고 합니다. 소위에 참석한 국회 관계자는 "쟁점이 생각보다 복잡하고 고려할 요소들이 많아 의원들 대부분이 신중한 태도를 보였다"며 "전체회의(28일 예정)까지 가기 전에 재논의하자는 의견이 많았다"고 전했습니다.

반면 법안을 제출한 정부는 원안을 고수해야 한다는 입장입니다. 고가 미술품에만 세금을 매기지 않는 건 조세 형평성에 어긋난다는 것입니다.

세금 탈루나 상속 및 증여세 회피 수단으로 악용될 수 있다는 우려도 표명했습니다. 윤증현 기획재정부 장관은 최근 기획재정위원회에서 "과세해야 한다는 것이 정부의 기본 생각"이라며 원칙에 변함이 없다는 뜻을 전했습니다.

미술품 양도세 줄다리기의 역사는 20년이 넘었습니다. 1990년 당시 재무부는 2년 유예기간을 전제로 양도차익에 대한 법적 근거를 마련했습니다. 하지만 미술계의 반대로 네 차례 유예됐다가 2003년 결국 폐기됐습니다. 그후 2008년 고가 미술품도 세금의 성역이 돼서는 안 된다는 정부 방침에 따라 '2년 유예기간을 거쳐 미술품 양도세를 도입한다'는 법안이 제출된 것입니다.

미술계는
미술품에 양
는 세금에
크다는 입장
부회장은 "
조건을 충족
로 징수액은
다"며 "미술
의 축적 수
시장(市場)
했습니다.

공은 국회
18일까지 조
를 끝내기로
고 일정도
될지는 미지
안 불발에
도 보이고
많은 화랑과
제입니다.
부와 한국
미술계 사이
일 수 있는
기대해봅니

7 백학범. "한글과 漢字는 동전의 兩面과 같은 관계다". 조선일보 2015년 9월 4일 금요일.

칼럼 B의 동음이의어(同音異議語)의 '議'는 '義'의 잘못이다. 議는 의논할 '의'이고 義는 뜻 '의'이다.

조선일보 통일이 미래다 2015. 9. 4. 금 오피니

한글과 漢字는 동전의 兩面과 같은 관계다

토론카
초등 교과서

박학범
인천 선학초등학교 교장

'초등학교 漢字 교육'이란 제목의 '만물상'(8월 26일 A30면)을 읽었다. 한자 병기(倂記)를 반대하는 단체가 공청회 명칭을 문제 삼아 단상을 점거하는 바람에 몸싸움으로 번졌다고 한다. 한글 전용을 문제 삼을 이유는 없지만 합리적 관점에서 한글 전용의 시시비비를 논하자는 것인데 몸싸움까지 벌일 이유는 없다고 믿는 것은 나만의 생각은 아니라고 본다. '만물상' 내용을 잘 읽어본 사람이라면 왜 한자 교육이 필요한지 명명백백해진다. 글에서 드러나듯 실제 생활에서 벌어지는, 한자를 가르치지 않음으로써 야기되는 한자 문맹(文盲)의 결과는 심각한 나머지 참담하다. 오죽하면 교육부가 한자 문제를 병기 수순으로 가닥을 잡고 평가 부분에서는 제외하겠다는 안을 제시했겠나.

오히려 이것은 적극 장려할 문제이다. 한글은 한자를 병기함으로써 그 뜻이 분명해진다. 국어 시간에 '뜻구별'이란 학습 내용이 있다. 하나의 낱말이 여러 뜻을 가질 때 뜻을 구별해 주는 동음이의어(同音異議語)의 경우나 낱말을 길게 읽을 때와 짧게 읽을 때 발음상의 차이로 뜻이 달라지는 낱말을 배우게 된다. 이때 필연적으로 따르는 것이 한자일 수밖에 없다. 예를 들어 '옳다'는 뜻의 정당은 '正當'이고 단체로서의 정당은 '政黨'이며, 인체의 '눈'일 때는 '眼'이 되고 겨울에 내리는 '눈'일 때는 '雪'이 되는 경우다. 한글 낱말의 뜻을 구별할 때 한자가 병기되지 않는다면 소금에서 짠맛을 뺀 것이나 다름없다. 한자 병기의 필요성은 너무도 명확하다. 오히려 병기하지 않는 것이 한글을 업신여기는 처사일 수 있다. 외국어(영어)도 배우는 마당에 우리 글의 의미를 명확하게 알리는 한자 병기 문제가 몸싸움의 빌미라고 한다면 너무도 가슴 아프다.

오래 전 처음으로 중국과 일본을 번갈아 방문한 적이 있다. 이 두 나라를 방문하면서 한글 전용 문제로 많은 고민을 했다. 그것은 세 나라가 한결같이 한자 문명권인데 유독 우리나라만 한글 사용을 고집해야 하는가의 문제였다. 한자 문명권에 살고 있는 우리의 어문 교육이 한글 전용에만 머물러서는 안 된다는 절박한 심정은 위기감으로 이어졌다. 한글의 독창성을 외면해서는 안 될 일이지만 그렇다고 한글만을 써야 한다면 독선이요, 아집이라는 생각까지 들었다. 한글의 우수성은 이미 세계가 인정하고 있다. 그렇기 때문에 머지않은 날 우리 한글이 세계의 공용어로 사용될지도 모르며 그런 마음으로 기대하고 있다. 차제에 분명히 짚고 싶은 건 한글 전용의 고집만으로는 세계 공용어로서의 자격이 없다고 말하고 싶다. 한글과 한자는 별개의 문자가 아닌 동전의 양면과 같은 문자임을 잊지 말자. 국운의 상승과 문화 융성은 글자에도 예외일 수 없다. 함께 어울려 가야 한다. 글자는 문화요, 글자는 힘이요, 한글은 국부(國富)다.

3장 오자/정오표
(Erratum/Errata)

1 Andrea A. Lunsford, Helene Moglen and James Slevin, eds. *The Right to Literacy*. MLA, 1990.

Erratum

THE RIGHT
TO LITERACY

Edited by
Andrea A. Lunsford, Helene Moglen, and James Slevin

THE MODERN LANGUAGE ASSOCIATION OF AMERICA
NEW YORK 1990

이것은 *The Right to Literacy* (Edited by Andrea A, Lunsford, Helene Molen, and James Slevin. The Modern Language Association of America, 1990)의 표지 안에 끼어 있는 쪽지이다. "79쪽의 새 문단의 첫 문장은 아래와 같이 읽음"이라는 정정문이다. 79쪽을 보면 첫 행이 "is one for …"으로 시작하고 있다. 새 문단의 첫 문장인 "A fourth argument … advocates"라는 주어부가 인쇄 중에 빠진 것이다.

Erratum

On the top of page 79, the **first sentence** of a new paragraph should read as **follows:**

A fourth argument, substantially to the left of the personal-growth advocates, is one for what Henry Giroux, among others, calls critical literacy (226).

is one for what Henry Giroux, among others, calls critical literacy (226). Critical literacy is a radical perspective whose adherents, notably Paulo Freire, have been influential primarily in the third world, especially Latin America. Strongly influenced by Marxist philosophical premises, critical literacy is not a welcome perspective in this country, and it finds voice currently in only a few academic enclaves, where it exists more as a facsimile of oppositional culture than as a practice, and in an even smaller number of community-based literacy projects, which are typically concerned with adult learners. Its agenda is to identify reading and writing abilities with a critical consciousness of the social conditions in which people find themselves, recognizing the extent to which language practices objectify and rationalize these conditions and the extent to which people with authority to name the world dominate others whose voices they have been able to suppress. Literacy, therefore, constitutes a means to power, a way to seek political enfranchisement—not with the naive expectation that merely being literate is sufficient to change the distribution of prerogatives but with the belief that the ability to speak alone enables entrance to the arena in which

2 Gordon Hunter, ed. *American Literary History*. Summer 2014. Volume 26. Number 2. Oxford University Press.

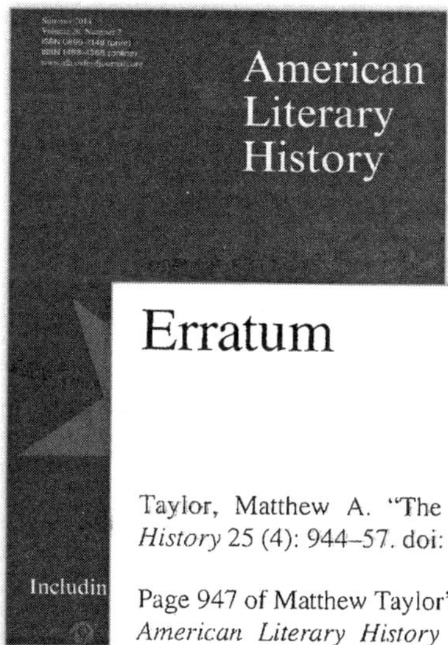

Erratum

Taylor, Matthew A. "The Ends of History." *American Literary History* 25 (4): 944–57. doi: 10.1093/alh/ajt051

Page 947 of Matthew Taylor's commentary, "The Ends of History," in *American Literary History* 25.4, contains an error. The sentence "These three authors' approaches may thus be called revelatory insofar as virtue" should have read "These three authors' approaches may thus be called revelatory insofar as they use literary texts to bring to light historical truths—currently out of sight, perhaps, but waiting to be exposed; we need only look in the right place and bring the right lens. In this regard, Wilkens's and Brooks's optics are obviously dissimilar (machinic distant reading and a sympathetic 'looking glass,' respectively), but they're both employed in reenvisioning American literary history through more inclusive canons. Addition is here its own virtue." The journal regrets this error.

위 문장을 보면 *ALH* 25권 4호에 실린 Matthew Taylor의 글

"The Ends of History"의 947쪽에 오류가 있다는 것이다. "These three authors' approaches may … its own virtue"의 잘못이다. 구체적으로는 총 82자로 된 복문과 단문이 빠진 것이다. 한 단어의 오자이건 여러 문장의 탈락이건 한 자리에 생긴 것이므로 단수형인 Erratum을 쓴 것이다. *ALH* 2013년 겨울호에 발생한 error를 *ALH* 2014년 봄호가 나왔을 때도 아무도 몰랐던 것 같다. *ALH*는 이 오류에 대하여 유감으로 생각한다고 맺고 있다.

> omission, whether by recuperating those excluded or by identifying those responsible. Central to such a project is the New Historicist assumption that literature is symptomatic of the sociocultural field in which it is produced. These three authors' approaches may thus be called revelatory insofar as virtue. Indeed, the impressive dimensions of Wilkens's archive are a direct function of his Morettian supposition that historiography is a statistical enterprise, meaning that a larger sample size enables a closer approach to the truth. The method makes intuitive sense and produces provocative findings (for example, US literature immediately before and after the Civil War

3 David Bevington, ed. *The Complete Works of Shakespeare*. Updated Fourth Edition. New York: Longman, 1997.

롱맨 출판사의『셰익스피어 전집』속에 끼어 있는 ERRATA sheet를 보면 틀린 데가 열여섯 곳이나 된다. 첫째는 책의 뒷 표지(back cover)에 실린 출판사의 광고문(blurb)에 나온다. 광고문의 끝 2행 *Cressida, and A Funeral Elegy*—a sonnet recently proposed with considerable authority as written by Shakespeare의 "a sonnet"를 "a poem"으로 바로 잡는다는 것이다.

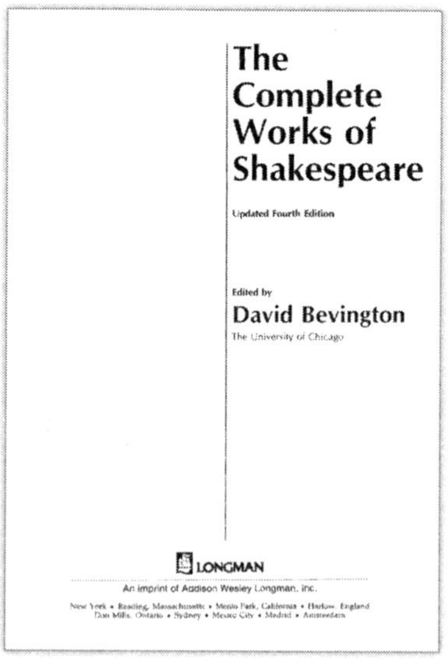

The Complete Works of Shakespeare

Updated Fourth Edition

Edited by

David Bevington

The University of Chicago

LONGMAN

An imprint of Addison Wesley Longman, Inc.

New York • Reading, Massachusetts • Menlo Park, California • Harlow, England
Don Mills, Ontario • Sydney • Mexico City • Madrid • Amsterdam

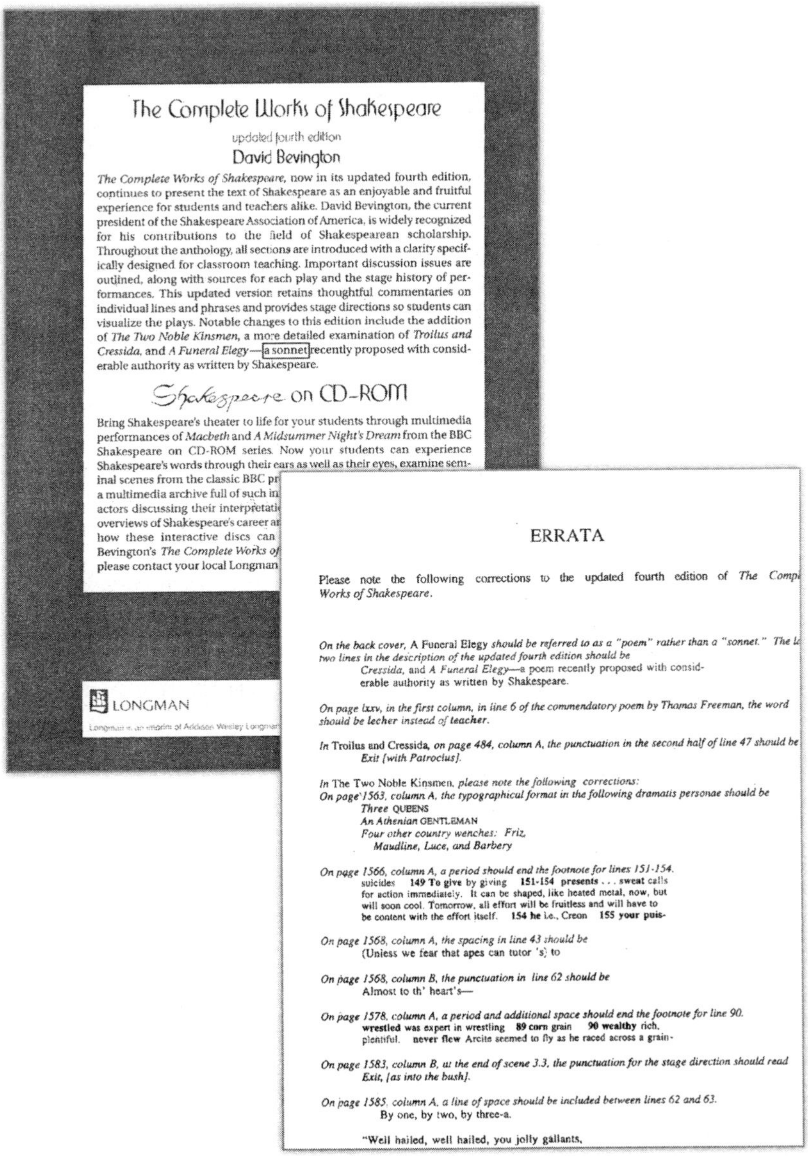

The Complete Works of Shakespeare

updated fourth edition

David Bevington

The Complete Works of Shakespeare, now in its updated fourth edition, continues to present the text of Shakespeare as an enjoyable and fruitful experience for students and teachers alike. David Bevington, the current president of the Shakespeare Association of America, is widely recognized for his contributions to the field of Shakespearean scholarship. Throughout the anthology, all sections are introduced with a clarity specifically designed for classroom teaching. Important discussion issues are outlined, along with sources for each play and the stage history of performances. This updated version retains thoughtful commentaries on individual lines and phrases and provides stage directions so students can visualize the plays. Notable changes to this edition include the addition of *The Two Noble Kinsmen*, a more detailed examination of *Troilus and Cressida*, and *A Funeral Elegy*—a sonnet recently proposed with considerable authority as written by Shakespeare.

Shakespeare on CD-ROM

Bring Shakespeare's theater to life for your students through multimedia performances of *Macbeth* and *A Midsummer Night's Dream* from the BBC Shakespeare on CD-ROM series. Now your students can experience Shakespeare's words through their ears as well as their eyes, examine seminal scenes from the classic BBC pr
a multimedia archive full of such in
actors discussing their interpretati
overviews of Shakespeare's career ar
how these interactive discs can
Bevington's *The Complete Works of*
please contact your local Longman

LONGMAN

Longman is an imprint of Addison Wesley Longman

ERRATA

Please note the following corrections to the updated fourth edition of *The Compl*
Works of Shakespeare.

On the back cover, A Funeral Elegy *should be referred to as a "poem" rather than a "sonnet." The la*
two lines in the description of the updated fourth edition should be
Cressida, and *A Funeral Elegy*—a poem recently proposed with considerable authority as written by Shakespeare.

On page lxxv, in the first column, in line 6 of the commendatory poem by Thomas Freeman, the word should be **lecher** *instead of* **teacher**.

In Troilus and Cressida, *on page 484, column A, the punctuation in the second half of line 47 should be*
Exit [with Patroclus].

In The Two Noble Kinsmen, *please note the following corrections:*
On page 1563, column A, the typographical format in the following dramatis personae should be
Three QUEENS
An Athenian GENTLEMAN
Four other country wenches: Friz,
Maudline, Luce, and Barbery

On page 1566, column A, a period should end the footnote for lines 151-154.
suicides **149 To give** by giving **151-154 presents . . . sweat** calls for action immediately. It can be shaped, like heated metal, now, but will soon cool. Tomorrow, all effort will be fruitless and will have to be content with the effort itself. **154 he** i.e., Creon **155 your puis-**

On page 1568, column A, the spacing in line 43 should be
(Unless we fear that apes can tutor 's) to

On page 1568, column B, the punctuation in line 62 should be
Almost to th' heart's—

On page 1578, column A, a period and additional space should end the footnote for line 90.
wrestled was expert in wrestling **89 corn** grain **90 wealthy** rich, plentiful. **never flew** Arcite seemed to fly as he raced across a grain-

On page 1583, column B, at the end of scene 3.3, the punctuation for the stage direction should read
Exit, [as into the bush].

On page 1585, column A, a line of space should be included between lines 62 and 63.
By one, by two, by three-a.

"Well hailed, well hailed, you jolly gallants,

"A Funeral Elegy"는 정확히 말해서 "A Funeral Elegy in Memory of the Late Virtuous Master William Peter of Whipton near Exeter by U.S."이 원제목이고 길이가 578행이나 되는 장시이다. 이 장시를 광고문에서 14행 시인 소네트라고 적어 놓았으니 이만저만한 실수가 아니다. 편자인 David Bevington은 시카고대학 영문과 교수이자 1997년 당시 미국 셰익스피어 학회장을 지낸 저명한 셰익스피어 학자였으니 출판사의 이 어이없는 실수에 무척이나 놀랐을 것이다. 편저자 서문을 보면 "A Funeral Elegy"는 최근에 셰익스피어가 쓴 것으로 추정할 만한 유력한 근거에 따라서『개정 4판』에 처음으로 실게 된 것이라고 한다.

ERRATA에 실린 16개의 errors 중 아홉 개는 *The Romances* 편에 실린 "The Two Noble Kinsmen"에서 생긴 것이다. 이 작품도『개정 4판』에 처음으로 실린 것이다. ERRATA는 틀린 단어를 바로잡은 것도 있지만 대다수는 구두점(punctuation)에 관한 것이다. 어디에 피리어드를 찍어야 한다. 어디에 있는 " " " 는 " ' "로 바꾸어야 한다. 어느 각주의 문장 끝에 피리어드를 찍어야 한다는 등, 여느 책이라면 무시하고 말 정도의 세세한 대목들이다. 그러나 이러한 미세한 잘못을 단 하나라도 빠뜨리지 않는 것이 바로 셰익스피어의 작품집 편집의 전통이다.

편저자 베빙튼 교수는 서문에서『제4판』에 산재하는 잘못을 형안(sharp−eyed)의 동료 교수들이 바로잡아 주었다고 고마워하고,『제4판』의 틀린 데나 미비점을 알려 주는 대로 정정하도록 하겠다고 다짐하였다. 서문은 1996년에 쓴 것이고 책은 1997년에 나왔으니 책 속의

ERRATA는 책이 나온 후에 새로 잡힌 것이다.

책의 교정(proofreading)은 어찌 보면 끝도 없고 완벽할 수 없는 일이기도 하다. 중국어에 書校塵掃(서교진소)라는 말이 있다. 송조(宋朝)의 심괄(沈括 1031-1095)의 『몽계필담(夢溪筆談)』「잡지(雜誌) II」에 나오는 말인데, 안동대 최병규 교수 번역(범우사, 2013)으로 소개한다.

> 송선헌(宋宣獻)은 학문이 넓고 기이한 서적들을 소장하는 것을 좋아하였다. 뿐만 아니라 그 책에 대한 교감(校勘) 작업도 하였다. 그가 한 말 가운데 다음과 같은 말이 있다. 책을 교정하는 작업은 마치 먼지를 쓰는 것과도 같다. 한 번 쓸 때마다 하나가 탄생하는 것이다. 그러므로 교감하여도 왕왕 탈자나 오자가 발생하는 것이다(p.161).

나는 이 사자성어를 일본의 고단사(講談社)의 『일본어 대사전』(日本語大辭典, 2000)의 서(書) 항 (p.1032)에서 우연히 발견했다.

書を校するは塵を掃うが如し

로 읽으며, "[책을] 아무리 공들여 교정하더라도 틀린 것은 남아 있기 마련이다"라는 뜻이다.

4장 오식과 탈자
(Misprints and Missing Letters)

1 W. B. Yeats. *Collected Poems*. London: Macmillan & Co. LTD., 1955.

387쪽 시 "The Apparitions"의 2절 5행 :

Not to allow his looks to teii의 to teii는 to tell의 오식이다.

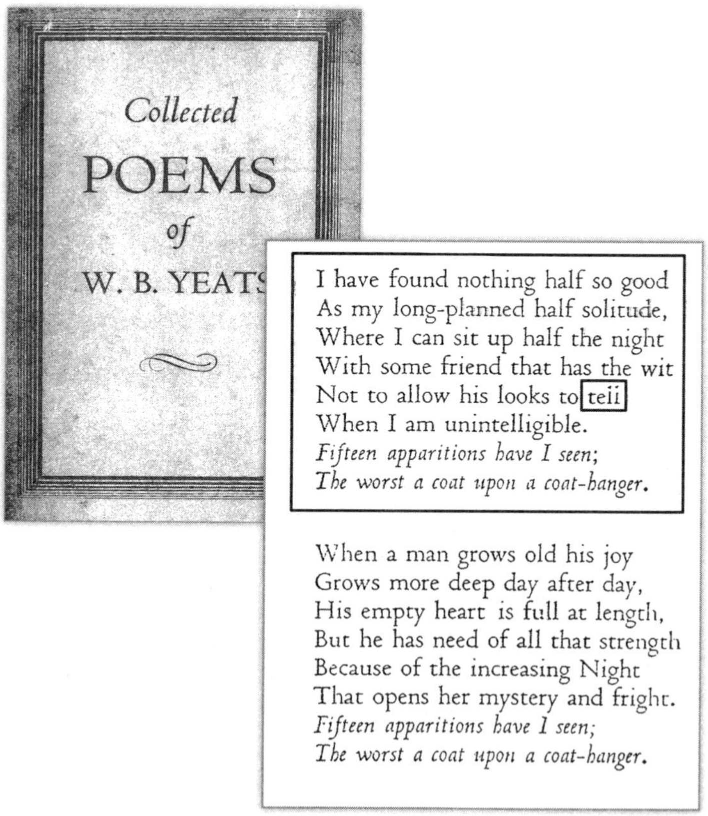

I have found nothing half so good
As my long-planned half solitude,
Where I can sit up half the night
With some friend that has the wit
Not to allow his looks to teii
When I am unintelligible.
Fifteen apparitions have I seen;
The worst a coat upon a coat-hanger.

When a man grows old his joy
Grows more deep day after day,
His empty heart is full at length,
But he has need of all that strength
Because of the increasing Night
That opens her mystery and fright.
Fifteen apparitions have I seen;
The worst a coat upon a coat-hanger.

2 Ezra Pound. *SELECTED POEMS. WITH AN INTRODUCTION BY T. S. ELIOT.* London: Faber and Faber, 1956.

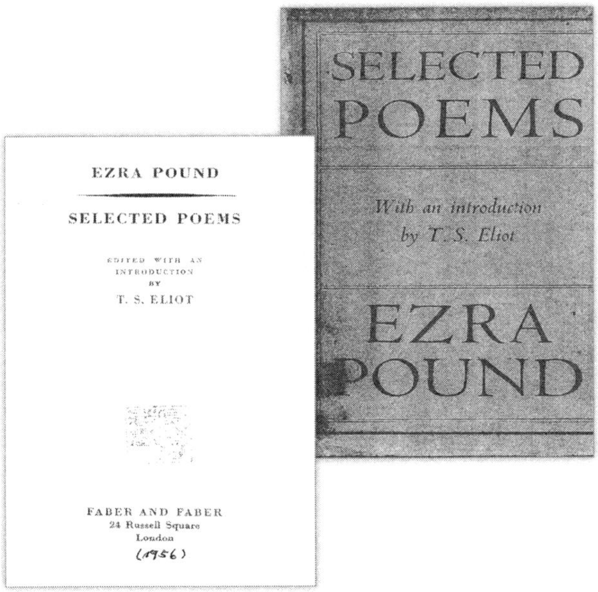

i for l

Eliot의 *Introduction*의 14쪽 38행의 끝단어 trans－iucencies의 i는 l의 오식이다. Eliot는 이 문단에서 translucence는 한 번, translucencies는 두 번 쓰고 있다.

Chapman is more Chapman than Homer, and North more North than Plutarch, both localized three hundred years ago. We perceive also that modern scholarly translations, Loeb or other, do not give us what the Tudors gave. If a modern Chapman, or North or Florio appeared, we should believe that he was the real translator; we should, in other words, do him the compliment of believing that his translation was translucence. For contemporaries, no doubt the Tudor translations were trans-

14

iucencies; for us they are 'magnificent specimens of Tudor prose' The same fate impends upon Pound. His translations seem to be —and that is the test of excellence—translucencies: we *think* we are closer to the Chinese than when we read, for instance, Legge. I doubt this: I predict that in three hundred years Pound's *Cathay* will be a 'Windsor Translation' as Chapman and North are now 'Tudor Translations': it will be called (and justly)

3 William E. Cain. *The Crisis in Criticism: Theory, Literature, and Reform in English Studies.* Batimore: The Johns Hopkins UP, 1984.

1. 229쪽의 19-21행: that wayne/ing: do not criticise an author… 는 오식이다.

2. 230쪽의 2-4행: I respect Booth's devotion to Crane as his former/3 and 164-75) that attempt playfulness … 도 오식이다.

3. 230쪽 15-17행: the range and orig-/ against dull historicism도 오식이다.

앞에서 *The American Renaissance Reconsidered*의 파본을 교환받은 이야기를 했는데 그때 Cain의 책의 229, 230면을 복사해서 밑줄 친 대목에 대해서 문의했다. 뜻밖에도 존스 홉킨즈대학 출판부에서 1987년에 나온 페이퍼백 판을 한 권 보내왔다. 페이퍼백이 나와 있는 줄은 미처 몰랐었다.

페이퍼백을 펴봤더니 229쪽의 19-21행은 보다시피 제대로 고쳐졌다. 230쪽의 3–5행도 고쳐졌다. 그러나 15–17행은 초판 그대로였다. 저자 아니면 누군가가 그 문단을 끝까지 읽지 않았던 모양이다. 그래서 개정판은 고맙다고 인사를 하고 그러나 230면의 15–17행은 그대로라고 알렸는데 그 후 아무런 회답이 없었다.

1984

1

Wayne Booth. *Critical Understanding: The Powers and Limits of Pluralism.* Chicago: University of Chicago Press, 1979.

The critique that follows violates the first commandment of reviewing: do not criticize an author for failing to give us a book he never intended to write. But I see no getting around the fact that Wayne ing: do not criticize an author for failing to give us a book he never conceived. It is over-written, organized on highly questionable lines, and committed to solving problems that do not exist, at least not in the terms that Booth uses to describe them.

1987

1

Wayne Booth. *Critical Understanding: The Powers and Limits of Pluralism.* Chicago: University of Chicago Press, 1979.

The critique that follows violates the first commandment of reviewing: do not criticize an author for failing to give us a book he never intended to write. But I see no getting around the fact that Wayne Booth's *Critical Understanding: The Powers and Limits of Pluralism* is misconceived. It is over-written, organized on highly questionable lines, and committed to solving problems that do not exist, at least not in the terms that Booth uses to describe them.

1984

pages, while Burke gets half that amount—an allotment that seems to
2 me exactly wrong. I respect Booth's devotion to Crane as his former
3 and 164-75) that attempt playfulness and stylistic self-consciousness,
"Surgical Ward," laying out a number of possible ways to interpret it.
Crane's work to have dated badly. He prosecuted an important case
against dull historicism and New Critical reductiveness during the 1930s
and 1940s, and was the guiding spirit of the Chicago neo-Aristotelians
in the early 1950s. But his concern for "precision" in critical languages
leads in his own work to pompous, deadening writing. Crane's analyses
of other critic's arguments and literary texts are labored, moving like a
glacier as they self-importantly promulgate their status as "serious
thinking" (the "real" thing). Burke, on the other hand, is an inventive
critic and theorist whose writings have not received the critical attention
they deserve. As Booth comments in a note, the admirers of Barthes,
Derrida, and others might be surprised to discover the range and orig-
3 against dull historicism and New Critical reductiveness during the 1930s
Motives (p. 361). But Booth's stimulating remark does not belong in a
lonely note at the back of *Critical Understanding*. As I have argued in
chapter seven, Burke's work is rich and in need of a re-assessment,
but Booth plods along in his chapter about Burke-as-pluralist, missing
opportunities and once more speculating about "Surgical Ward."

1987

pages, while Burke gets half that amount—an allotment that seems to
2 me exactly wrong. I respect Booth's devotion to Crane as his former
teacher, but in re-reading *The Languages of Criticism and the Structure of Poetry* and the two-volume *Idea of the Humanities and Other Essays*, I find
Crane's work to have dated badly. He prosecuted an important case
against dull historicism and New Critical reductiveness during the 1930s
and 1940s, and was the guiding spirit of the Chicago neo-Aristotelians
in the early 1950s. But his concern for "precision" in critical languages
leads in his own work to pompous, deadening writing. Crane's analyses
of other critic's arguments and literary texts are labored, moving like a
glacier as they self-importantly promulgate their status as "serious
thinking" (the "real" thing). Burke, on the other hand, is an inventive
critic and theorist whose writings have not received the critical attention
they deserve. As Booth comments in a note, the admirers of Barthes,
Derrida, and others might be surprised to discover the range and orig-
3 against dull historicism and New Critical reductiveness during the 1930s
Motives (p. 361). But Booth's stimulating remark does not belong in a
lonely note at the back of *Critical Understanding*. As I have argued in
chapter seven, Burke's work is rich and in need of a re-assessment,
but Booth plods along in his chapter about Burke-as-pluralist, missing

4 Robert de Beaugrande. *Critical Discourse: A Survey of Literary Theorists*. Norwood. NJ: Ablex Publishing Corporation, 1988.

『문학이론가 개관』의 목차 15 Geoffrey Hartmen은 Hartman의 잘못이다. Hartman은 예일대 영문과 교수이며 동료인 Harold Bloom과 J. Hillis Miller와 불문과의 Paul de Man과 함께 Deconstruction(해체주의)의 "4인방"(the Gang of Four)으로 알려졌다.

TABLE OF CONTENTS

iii

5 Jonathan Arac. *Critical Genealogies: Historical Situations for Postmodern Literary Studies*. New York: Columbia UP, 1989.

193쪽 20행의 numankind는 humankind의 잘못이다.

161쪽 26–27행 interna/ tional은 분절 hyphen이 없다. 이 책에는 행 끝의 단어 분절(hyphenation)이 수없이 많은데 이것이 유일한 예외이다.

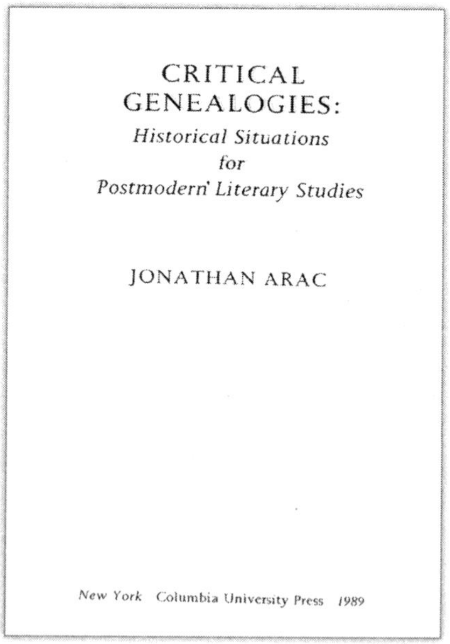

CRITICAL
GENEALOGIES:
*Historical Situations
for
Postmodern Literary Studies*

JONATHAN ARAC

New York Columbia University Press *1989*

Hypocrite lecteur—mon semblable—mon frère.

Reader and writer both see themselves in the work, but something nonetheless stands between them. If Conrad united numankind in a "fraternity" as Thorburn argued (151), this contestation of dueling doubles recalls Conrad's dismissal of "fraternity" as "the Cain-Abel business" (*Letters to Graham* 117). The romanticism I find in Conrad, even the Wordsworth I find through Conrad, must include this violence.

I conclude this section with an extravagant figure for the "art of being off center," which joins Wordsworth to Conrad as one devoted

be marked off, delimited, defined—even if your commitment is to "all the people."

This kind of discrepancy is crucial to understanding the effects of Matthiessen's career. For Matthiessen's power to authorize an American Renaissance came from his mobilizing certain figures that were then appropriated in ways contrary to his intentions. Recall the irony that his work produced specialists of a sort which he himself considered "hopefully obsolescent." No less striking is the nationalist force achieved by Matthiessen's emphatically international undertaking.

I want to explore in some detail Matthiessen's title: *American Renaissance: Art and Expression in the Age of Emerson and Whit-*

6 Isiah Smithon and Nancy Ruff, eds. *English Studies/ Culture Studies*. Urbana: University of Illinois Press, 1994.

161쪽 40행의 Leaching Theory … 는 Teaching의 잘못이다.

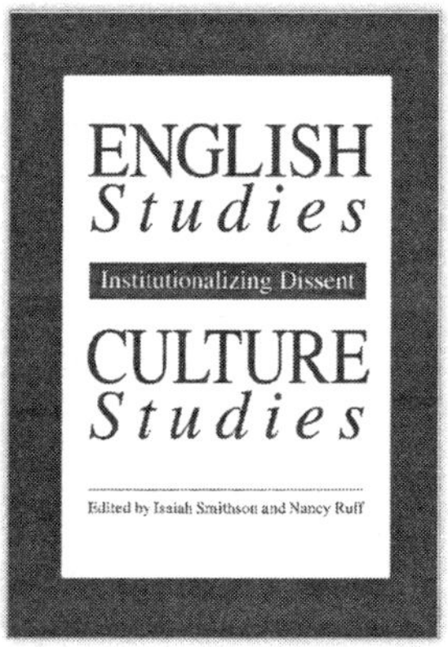

Problems in the Development of Literary Language

The instrument devised to realize the program's intentions is an entirely new curriculum divided into seven branches of study. Except for writing in history, which has two, each branch has one core introductory course that explores the basic theory, pragmatics, and problematics of that aspect of English studies, as well as its relationship to the overall curriculum. The seven branches, along with their core courses, are Writing in History ("History of English Studies from 1800 to the Present" and "Gender, Race, and Class in English Studies"); Writing Theory and Practice ("Poetics and Literary Practice"); Rhetoric and Composition ("Composition Theory"); Critical Theory and Practice ("Literary Criticism and Theory since 1950"); Leaching Theory and Practice ("Teaching Writing

7 Susan Choi. *The Foreign Student.* New York: Harper Perennial, 1998.

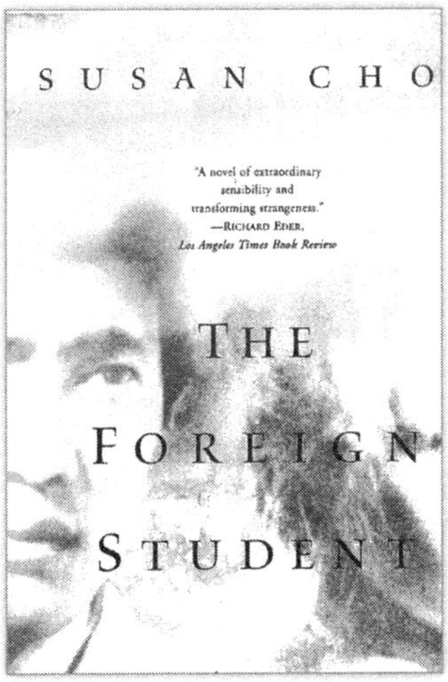

64쪽 31행: Only after installing Rhee [Syngman] as the Republic of Korea's President did the Americans realize he was unmanageable: bellicose, paranoid, and so undiscouragably determined to declare war on the Communist North…의 undiscouragably는 undiscourageably의 잘못이다.

이 단어는 사전의 entry word로는 나오지 않고, 사전의 Lists

of Undefined words의 Un-항에 undiscouraged가 나온다(*Merriam-Webster's Collegiate Dictionary*. 11th Edition, 2003. p. 358).

*The Foreign Student*의 다른 한 곳에 "A very plain dreams. Nothing special is happening." "Mundane dreams."(p.194)라는 대화가 나온다. 부정관사 A로 시작하니까 단수인 dream이 맞겠고 그 다음의 "Nothing special is happening"도 단수형이다. 그런데 대화의 상대자가 "Mundane dreams."라는 복수형으로 받은 것을 보면 화자가 심정적으로는 "dreams"를 느낀 것일까?

8 Daniel Y. Kim. "'Bled In, Letter by Letter': Translation, Postmodernity, and the Subject of Korean War: History in Susan Choi's The Foreign Student." *American Literary History.* Fall 2009. Volume 21. Number 3. Oxford University Press.

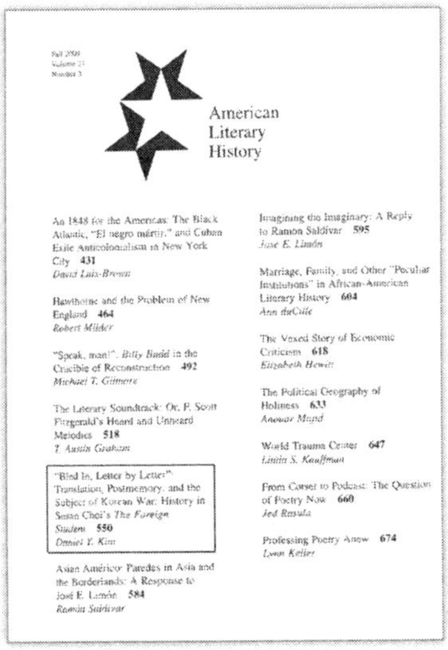

Fall 2009
Volume 21
Number 3

American Literary History

was brief. They chose the thirty-eighth parallel, latitude north. It was on everybody's map" (63). Syngman Rhee, the man installed as the President of South Korea, is described as "bellicose, paranoid, and so undiscouragably determined to declare war on the Communist North that the United States deliberately underequipped his security forces" (64). The government he leads is "repressive, incompetent, and stupendously unpopular" (65). Its

559쪽 1–4행은 Susan Choi의 *The Foreign Student*의 앞의 문장 …"bellicose,/ paranoid, and so *undiscouragably* determined to declare war on the Communist North…"의 재인용이다. 필자 Daniel Y. Kim이 undiscouragably이 오자라는 것을 몰랐거나 지나쳐 버렸던 것일까. 알았으면 그 단어 뒤에 [*sic*]을 다는 것이 상식이다.

이 논문의 573면 9–10행에 a/ priest name Todaro라는 문귀가 나오는데 name는 named의 잘못이다. Todaro는 *The Foreign Student*의 주인공 Chang Ahn이 6·25 전쟁 초에 제주도로 피난 가서 우연히 만난 신부가 Ohio주 출신인 Frank Todaro이다.

9 Steven Pinker. *The Language Instinct.* New York: HarperCollins Publishers, 2001.

탈자

xiii쪽 11행의 artifically는 artificially의 잘못이다.

15쪽의 38행에는 no artificially engi/neered로 바로 나온다.

elegance and richness in quotidian speech that far outshines the local curiosities of etymologies, unusual words, and fine points of usage.

For the reader of popular science, I hope to explain what is behind the recent discoveries (or, in many *cases*, *nondiscoveries*) reported in the press: universal deep structures, brainy babies, grammar genes, artifically intelligent computers, neural networks, signing chimps, talking Neanderthals, idiot savants, feral children, paradoxical brain damage, identical twins separated at birth, color pictures of the thinking brain, and the search for the mother of all languages. I also hope to answer many natural questions about languages, like why there are so many of them, why they are so hard for adults to learn,

10 Suh Ji-moon. "Whether Enemy or Brother: Patriotism in Conflict with Brotherhood in the Korean War Poems by Korean Poets." In *Remembering the Forgotten War*, ed. Philip West and Suh Ji-moon. New York: M.E. Sharpe. Inc., 2001.

30쪽 18−19행: … their blood. as/they Then she was의 as they는 오식이다.

Yu nevertheless tried to follow them, drawing three oxcarts loaded with wounded North Korean soldiers. But she was met by bombing and had to flee alone, with many backward glances at the wounded soldiers spilled out of the oxcarts and dyeing the street red with their blood. as they Then she was captured by a South Korean soldier, narrowly escaped summary execution, and was sent to prison. On the way to prison she and other captured female communists had to resolutely resist the aggression of sex-hungry American soldiers. In the prison, she witnessed

5장 오자
(Wrong Letters)

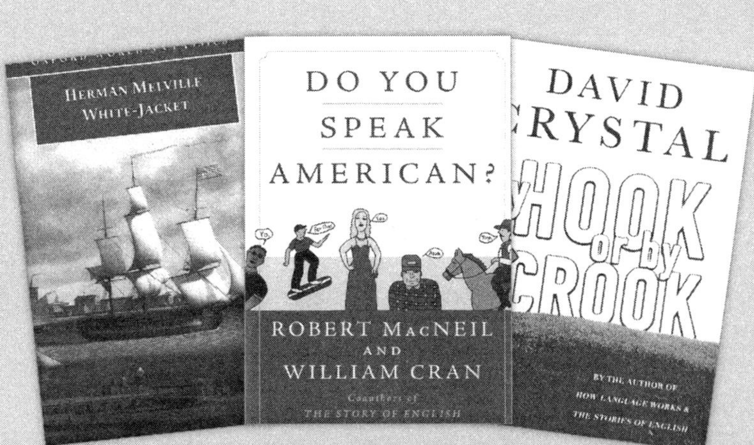

1 이상섭. 『문학 연구의 방법 -그 한국적 적용을 위한 개관』. 탐구당, 1972년.

探求新書
57
문학 연구의 방법
—그 한국적 적용을 위한 개관—
李商燮著
探求堂
1972

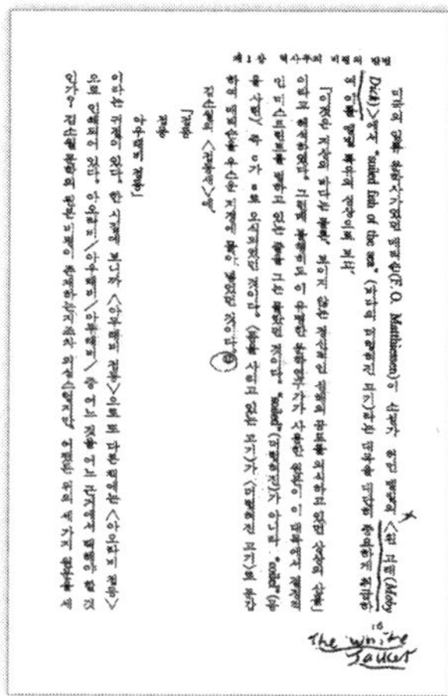

soiled fish v. coiled fish

미국의 일류 문학사가였던 F. O. Matthiessen 교수가 Herman Melville의 소설에 나오는 'some… soiled fish'라는 어구가 'coiled fish'의 오식인 줄을 모르고 그 말에 엄청난 의미를 부여한 것은 맞다. 그러나 그 어구의 출전은 *Moby-Dick*이 아니고 멜빌의 다른 소설 *White-Jacket*이다. 그 정황에 대한 설명이 필요한 듯하다.

미국문학사에서 1850년에서 1855년의 5년간은 특이한 시기로 기록된다. R.W. Emerson을 위시하여 Nathaniel Hawthorne, Herman Melville, H.D. Thoreau와 Walt Whitman의 대표작이 이 5년간에 쏟아져 나왔던 것이다. 하버드 대학 교수인 F. O. Matthiesson(1902–1950)의 대저 『아메리카의 르네상스』(*American Renaissance*, 1941)는 부제가 말하는 대로 에머슨에서 휘트먼에 이르는 다섯 문인들의 '예술과 표현'을 집중적으로 규명한 것이다.

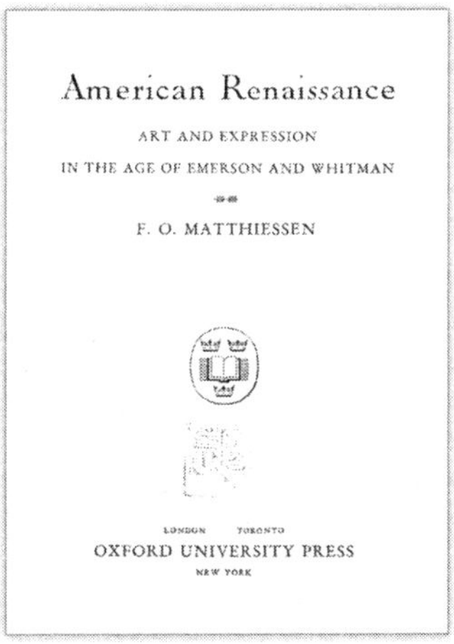

매티슨은 멜빌을 제3권(Book Three)에서 다루었는데 제9장 『과도기』의 제3절 「자서전과 예술」(290–295)에서 멜빌의 반 자전적 소설인 『화이트 재킷』(*White-Jacket*, 1850)을 집중적으로 분석한다. 『화이트 재킷』은 이 1인칭 소설의 주인공의 별명이다. Pea jacket은 선원들이 입는 두꺼운 모직의 더블 상의이다. 주인공은 미 해군 프리기트(frigate)함 『불침호』(*Neversink*)의 말단수병이다. 20대의 주인공은 관급인 화이트 재킷이 없어서 군함이 페루의 칼라오(Callao)에 기항한 동안에 입수한 자료를 가지고 만든 이상한 모양의 재킷을 더울 때나 추울 때를 가리지 않고 입고 다닌다. 젊은이는 이 재킷 때문에 하마터면 목숨을 잃을 뻔한다.

이 소설의 제92장(제93장이 종장이다)에서 불침호는 3년의 항해를 마치고 미국의 버지니아주 해안으로 다가간다. 한밤중인데 순풍이 잦아들자 함장은 주 돛을 펴고 요층 줄을 매라고 지시한다. 젊은이는 당번도 아닌데 명령을 따라 30미터 높이의 마스트에 올라간다. 작업 중에 갑자기 높은 파도가 치고 뱃머리가 물속으로 잠기면서 젊은이는 재킷이 얼굴과 머리를 뒤덮은 채 바다 속으로 곤두박질친다. 매티슨이 인용한 대목을 몇 군데 따라가 보자.

> As I gushed into the sea, a thunder-boom sounded in my ear; my soul seemed flying from my mouth. The feeling of death flooded over me with the billows. The blow from the sea must have turned me, so that I sank almost feet foremost through a soft, seething, foamy lull. Some current seemed hurrying me away; in a trance I yielded, and sank deeper down with a glide. Purple and pathless was the deep calm now around me, flecked by summer lightnings in an azure afar. The horrible nausea was gone; the bloody, blind film turned a pale green; I wondered whether I was yet dead, or still dying. But of a sudden some fashionless form brushed my side—some inert, soiled fish of the sea; the thrill of being alive again tingled in my nerves, and the strong shunning of death shocked me through.

> iarly Melville's. He is startled back into the sense of being alive by grazing an inert form; hardly anyone but Melville could have created the shudder that results from calling this frightening vagueness some *'soiled* fish of the sea.' The *discordia concors,* the unexpected linking of the medium of cleanliness with filth, could only have sprung from an imagination that had apprehended the terrors of the deep, of the immaterial deep as well as the physical.
>
> The reversal of direction which then follows is again dependent on the

"내가 바다 속으로 처박히자 천둥 소리가 내 귓전에 울렸다. 내 혼은 내 입 밖으로 날아가는 듯 싶었다… 끔찍한 구역질이 없어졌다… 내가 죽었는지 아니면 죽어가는 중인지 알 수 없었다. 그러나 갑자기 무엇인가 볼품없는 것이 내 옆구리를 스쳤다 – 축처진 더럽혀진 물고기(some inert, soiled fish of the sea)였다. 이제는 살았다는 짜릿함이 온 신경을 찡하게 만들었고 죽음을 벗어났다는 느낌이 온몸을 강하게 흔들었다."

매티슨 교수는 이 장면에 대해서 적는다. "…그는 무엇인가 축 처진 것이 옆구리를 스치자 자기가 아직 살아있구나 소스라치게 놀란다. 멜빌 아니고는 아무도 이 형체없는 섬뜩한 것을 바다의 더럽혀진 물고기라고 부르면서 전율을 감지 못했을 것이다. 『부조화한 것들의 조화』(*discordia concors*), 곧 청결한 것과 더러운 것의 예상 밖의 연결은 유형의 심연과 무형의 심연의 공포를 이해한 상상력에서만 나올 수 있었을 것이다."(*American Renaissance*, p. 392)

『아메리카의 르네상스』가 나온 지 8년이 지나서 매티슨 교수의 찬사는 잘못된 것임이 드러났다. 앞의 "s̲oiled" fish는 "c̲oiled fish"의 오식이라는 것이 밝혀진 것이다. 1949년에 존 W. 니콜(John W. Nichol)라는 당시 뉴·멕시코 대학의 박사과정 대학원생이 "Melville's 'soiled fish of the sea'"라는 글을 『미국 문학』(*American Literature* XXI, 1949)에 실었다.[1] 니콜은 매티슨 교수가 사용한 the Constable *Standard*

1 니콜의 글은 Selden P. Zitner 편. *The Practice of Modern Literary Scholarship* (Scott, Forseman & Co., 1966)에 실려 있다(380-381). "29 The Unreliability of Texts" 참조.

Edition(1922)[2]에 나오는 "soiled fish"가 1850년의 런던판과 뉴욕판에서는 "coiled fish"로 나온다고 말한 것이다. soiled fish는 식자공의 오식이었던 것이다. 니콜은 "말이 바뀐 것이 매티슨의 전체적인 비평적 입장을 무효화하지는 않고 특정 사례만을 약화시킨다는 것에 주목할 만 하다"고 말하고 "그러나 이와 같은 텍스트상의 오류는 본래의 상황에서는 전반적으로 그릇된 견해를 퍼뜨릴 수 있었을 것이다"라고 맺고 있다.

매티슨 교수는 난처하게 되었을 것이지만 이듬해인 1950년에 사망하였다. 그의 사례는 비평가가 문학 작품 분석·해석·평가의 통상적인 활동을 앞서 텍스트 자체의 무오류를 확인할 과제를 제기하였다.

2 *The Works of Herman Melville*(London, 1922–1924), V, 497.

2 Norman Podhoretz. *My Love Affair with America: The Cautionary Tale of a Cheerful Conservative*. New York: The Free Press, 2000.

175쪽 18행: … than ran은 then run의 잘못이다. run은 기사 논설 따위를 싣다는 뜻이다.

177쪽 16행: Spread though the entire body의 though는 through의 잘못이다.

Podhoretz는 문학비평가이며 The American Jewish Committee에서 발행하는 *Commentary*지의 편집주간을 지냈다.

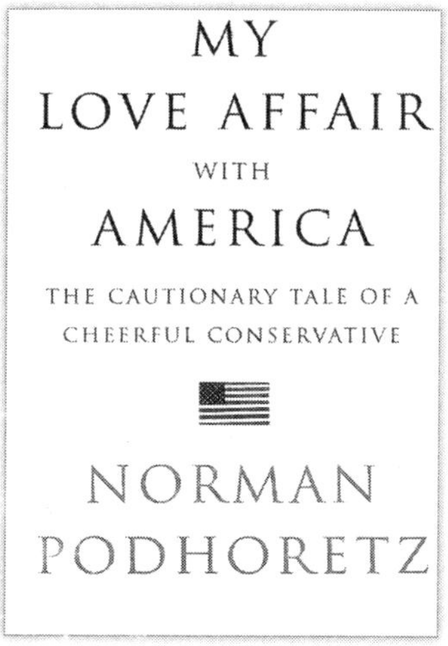

especially its poorest members.

So: in my own writings—especially the notorious essay "My Negro Problem—and Ours" that appeared in *Commentary* in 1963—and in articles by others than ran regularly in the magazine, I had thrown such weight as I had behind the very first stirrings of a turn in the black community away from the leaders whose strategic goal was integration and whose tactics consisted of pushing for legislation and appealing to the courts. In particular, I offered sympathy and space to the young radicals who were attacking these leaders for being too slow and too limited in their objectives, and who called for a new movement aiming at "Black Power."

Even the one black integrationist who continued writing regu-

been before.

It did not happen all at once. There was a process and it stretched over a number of years. Triggered by my recoil from the anti-Americanism of the Left (which metastasized beyond Vietnam and race and spread though the entire body politic), it required time and reflection before it could evolve into something more positive and find more solid grounding in a new intellectual setting. It also required repentance: I could only "come through"

3 Robert MacNeil and William Cran. *Do You Speak American?* New York: Harcourt, Inc., 2005.

147쪽 5행: These things move so quickly <u>though</u> the culture의 though는 <u>through</u>의 잘못이다.

MacNeil과 Cran은 Robert McCrum과 함께 *The Story of English*(1986, 1992, 2002)라는 an international bestseller를 썼다.

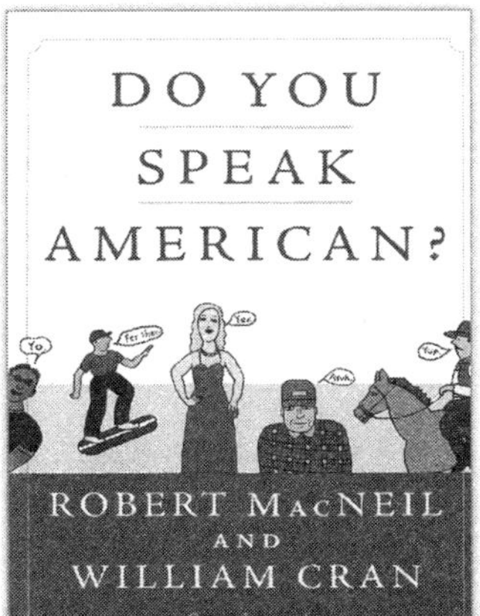

to her teeth.

These things move so quickly <u>though</u> the culture that, by November 2003, William Safire noted that *bling bling* for a *glitzy* look in clothing had already moved into the fashion trade and out again, as had the term *ghetto fabulous*. Both were now *history*, because the fashion trend toward ostentation had passed. BG, a rap artist with the group Cash Money Millionaires, apparently coined *bling bling* in the late 1990s. According

4 David Crystal. *By Hook or by Crook.* Woodstock & New York: The Overlook Press, 2007.

6쪽 10행의 단어는 *Oxford English Dictionary*(*OED*)에 실려 있는 제일 긴 단어이다. 글자 수가 45개나 된다. 그런데 17번째 글자는 'r'인데 't'가 되었다. Crystal 교수는 이 말은 the U.S National Puzzler's League의 총재를 지낸 Everett Smith라는 이가 1935년에 만들었다고 적고 있다. 이 말은 *Webster's New Collegiate Dictionary*, *The American Heritage Dictionary of the English Language*, *Webster's New World College Dictionary* 등 미국 영어사전에는 나오지 않는다. 이 말의 원형인 pneumoconiosis(진폐증) 만이 나온다. *The Oxford American English Dictionary*도 마찬가지다. 웬만한 영한사전과 영일사전에는 둘 다 나온다.

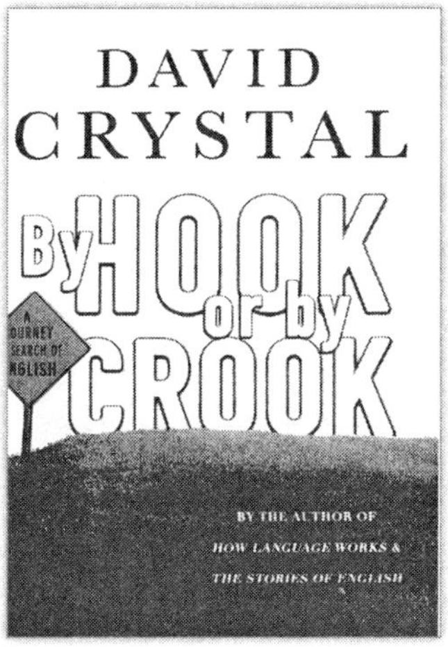

6 · *By Hook or by Crook*

in long words in Greenland Eskimo, where most of the words are lengthy.

Nobody knows what the longest word in English really is, anyway. That would be a scientific term – probably one of the terms in chemistry for some unbelievably complex molecule. No scientist would ever say it, of course. So when people hold competitions, there is usually a rider – the 'longest word in an English dictionary'. Which is also a cheat. Dictionaries don't always agree. If it's the *Oxford English Dictionary* (*OED*), it would be the forty-five-letter

pneumonoultramictoscopicsilicovolcanoconiosis

sometimes spelled with a *k* instead of its last *c*. It is a lung disease caused by breathing in particles of siliceous volcanic dust. It is another cheat. It was coined in 1935 by Everett Smith, the president of the US National Puzzlers' League, purely for the purpose of making sure he had found the longest word.

You can look for the longest word for ever, and not reach agreement about it. Does *supercalifragilisticexpialidocious* from *Mary Poppins* count? Or is that excluded because it is a nonsense word? I don't know.

5 Sandra M. Gustafson and Gordon Hunter. "Projecting Early American Literary Studies." *American Literary History*. Summer 2010. Volume 22. Number 2. Oxford: Oxford University Press.

245쪽 10행과 14행의 Nick Carroway는 Carraway의 잘못이다. Nick Carraway는 F. Scott Fitzgerald의 *The Great Gatsby*(1925)의 화자이다.

Summer 2010
Volume 22
Number 2

American
Literary
History

Projecting Early American Literary Studies

위 "Projecting Early American Literary Studies"(245−249)는 계간지인 *American Literary History* 22권 2호(2010년 여름) 특집호의 제목이자 발제논문(245−249)의 제목이다. 2명의 필자 중 Gordon Hunter는 *ALH*의 창간호(1989)부터 줄곧 편집인(Editor)으로 있다. 일리노이 대학의 교수이기도 한 편집인이 Nick Carroway으로 잘못 알고 있는 것이 놀랍기만 하다.

> Many of Toni Morrison's novels explore the roots of contemporary social conflicts in historical settings that range from the years immediately surrounding the Civil War (*Beloved* [1987]) through the 1970s and beyond (*Paradise* [1998]), but her newest work chronicles the disordered world created by European colonization. In *A Mercy* (2008), Morrison retells the story of the peopling of British North America in a dystopian register. Her portrait of the British colonies in the 1680s seems designed to correct the powerfully idealizing image of colonial encounter of an earlier generation, reflected so famously in Nick Carroway's colonial fantasy of "aesthetic contemplation" and his sense of the "wonder" arising in the minds of Dutch sailors as they encountered "the fresh, green breast of the new world" in the concluding paragraphs of *The Great Gatsby* (1925). Carroway goes on to relate this green breast of seemingly untouched nature to the green light at the end of Daisy's dock and the greenbacks that seem to promise Jay Gatsby so much more than they can deliver. Early in *A Mercy*, Morrison similarly identifies the natural world with money when she introduces the Anglo-Dutch trader Jacob Vaark making his way from a sloop to the Virginia shore through a dense fog, one distinguished from other fogs by its color: "thick, hot gold," a "blinding gold" that Jacob experiences as dreamlike, and that he

6 Simon Gikandi. "Provincializing English" *PMLA*. January 2014. Volume 129. Number 1.

Contents JANUARY 2014

9쪽 컬럼 A 11−13행: Literary in the vernacular was considered injurious "in the critical years of schooling"(…)의 Literary는 Literacy의 잘못이다.

Gikandi는 PMLA의 편집인(Editor)이며, 이 글은 매 호에 실리는 Editor's Column의 권두논문이다. PMLA, 그것도 편집인의 글의 오자는 처음 본다.

"the great majority" of the witnesses who had appeared before it "wished to see the universal use of English language as the medium of instruction from Primary I." Literary in the vernacular was considered injurious "in the critical years of schooling" (qtd. in Gorman 441–42). The government early endorsed the

6장 오단어
(Wrong Words)

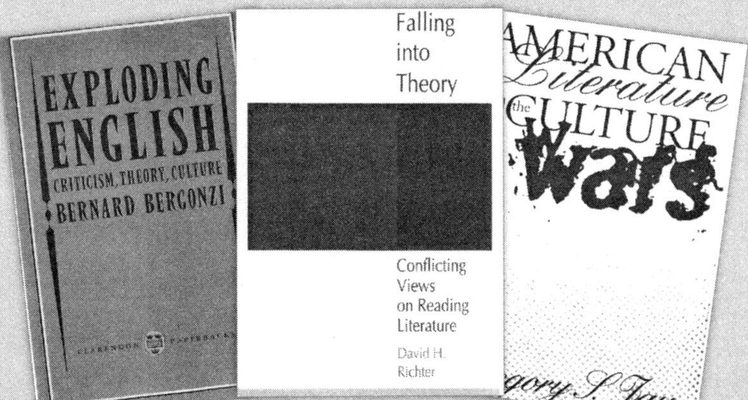

1 Jonathan Culler. *Structuralist Poetics: Structuralism Linguistics and the Study of Literature.* London: Routledge & Kegan Paul, 1975.

108쪽의 인용문: one the one hand의 one은 on의 잘못. 인용문은 Tzvetan Todorov의 *Poetique de la prose*(Seuil Paris, 1971)의 72쪽에 나오며 영어 번역은 Culler 자신이 했다. (Acknowledgements면에 "All translations are my own."이라고 나온다).

feinte' anomalous:

> one the one hand, it cannot but belong to the constative mode: only the constative can be true or false; the performative escapes these categories. On the other hand, to speak in order to lie is not to speak in order to state (*constater*) but in order to act: any lie is necessarily performative. Feigning speech is both narration and action. (p. 72)

But so are most other speech acts. To produce a constative utterance is to perform an act, and lying is not a special case. If in selling

2 Giles Gunn. *The Culture of Criticism and the Criticism of Culture*. New York: Oxford University Press, 1987.

122쪽 22–23행: … as mastering the subtlety of a Bach cantata or the Japanese art of puppetry known as Banraku; –의 Banraku는 Bunraku의 잘못이다. 분라쿠(文樂)는 보통 죠루리(浄瑠璃) 인형극의 통칭이다. 18세기 말에 우에무라 분라쿠켄(植村文樂軒)이 오사카에서 시작했다. Giles Gunn 교수는 1993년 11월에 한국 아메리카학회 연차 대회(제주대)에 참석하였는데 Banraku가 Bunraku의 잘못이라는 것을 들었다고 말했다.

those abilities be "civilized" or "primitive." And having lost faith in the kinds of learning and the sorts of competencies that the humanities should, or could, represent and enable—programming a computer does not involve the same sort of challenge, challenging though it may be, as mastering the subtlety of a Bach cantata or the Japanese art of puppetry known as Banraku; acquiring the ability to read a corporate financial statement does not raise questions of the same order of magnitude or personal menace as do *Moby-Dick* or Aztec rituals of human sacrifice—humanists simply no longer possess a conceptual language, or at least a conceptual language free of clichés, to discuss such things.

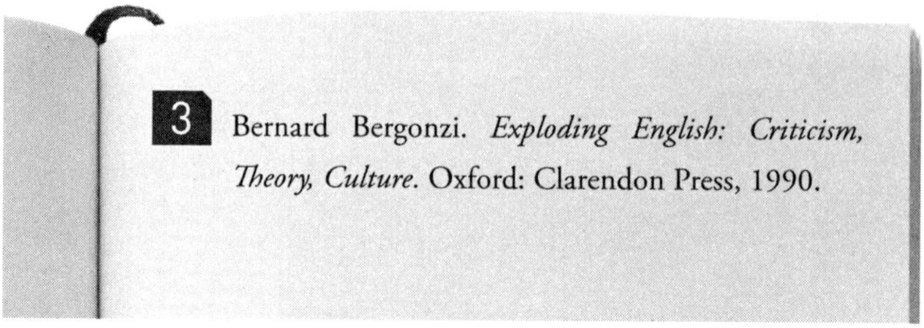
3 Bernard Bergonzi. *Exploding English: Criticism, Theory, Culture.* Oxford: Clarendon Press, 1990.

79쪽 35행: … and mediated in <u>others</u> ways, by Americans.의 others는 other의 잘못.

또 160쪽의 24행 <u>*Investigations*</u>…'·는 …이어야 한다. Bergonzi가 인용한 David Lodge의 *Changing Places*(1975)의 구절(p. 18)은 이렇다.

American—they do so in a spirit of brisk professionalism that is not interested in 'essential Englishness' or the biography of a nation. Inevitably these attitudes reflect back into the British situation. It is also significant that much of the current interest in literary theory has American origins. Current French theorists are usually translated, and mediated in others ways, by Americans.

If the potential subject-matter of English study has extended spatially, into separate literatures across the globe, it also expands temporally and inexorably at the rate of many hundreds of volumes a year, since new books are continually appearing and are rapidly assimilated into the canon. This is

carefully pondered, finely drafted works of art. He even dreams of publishing a concise, comprehensive survey of English Literature in the form of examination questions: '*Collected Literary Questions*, by Philip Swallow. A book to be compared to Pascal's *Pensées* or Wittgenstein's *Philosophical Investigations* . . . '.

Older academics, of whatever persuasion, were hostile to the idea of overt professionalism in literary study. Their position was not altogether consistent, since they were committed to professional standards of achievement within the

Lodge

questions, elegantly printed with acres of white paper between them, questions that would be miracles of condensation, eloquence and thoughtfulness, questions to read and re-read, questions to brood over, as pregnant and enigmatic as *haikus*, as memorable as proverbs; questions that would, so to speak, contain within themselves the ghostly, subtly suggested embryos of their own answers. *Collected Literary Questions*, by Philip Swallow. A book to be compared with Pascal's *Pensées* or Wittgenstein's *Philosophical Investigations* . . .

But the project had advanced no further than his more orthodox ones, and meanwhile Rummidge students had begun agitating for the abolition of conventional examinations, so that his one special skill was in danger of becoming redundant. There had been times, lately, when he had begun to wonder whether he was entirely suited to the career on which he had been launched some fifteen years earlier.

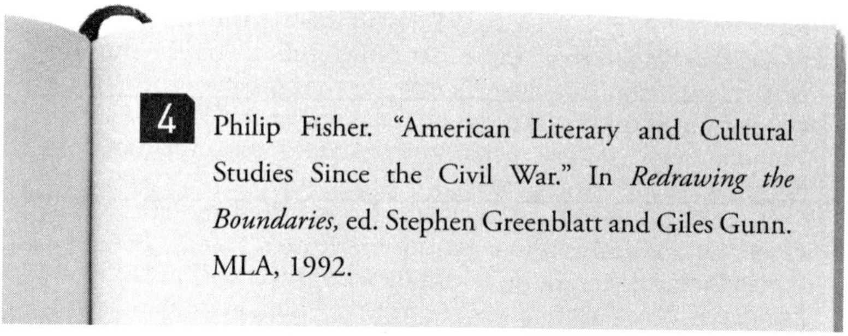

4 Philip Fisher. "American Literary and Cultural Studies Since the Civil War." In *Redrawing the Boundaries,* ed. Stephen Greenblatt and Giles Gunn. MLA, 1992.

241쪽 4–5행: Cultural life in <u>American</u> swings like a pendulum between a diversity of sectional voices and an ever–new project of unity … 의 in <u>American</u>은 America의 잘못이다.

Fisher의 논문은 그의 편저 *The New American Studies: Essays from Representations*(University of California Press, 1991)의 Introduction: The New American Studies(vii–xxii)을 제목만 바꾸어 전재한 것이다. 원문에는 Cultural life in America swings lie a pendulum …(xii)로 바르게 나온다.

*Redrawing*의 한국어판 『경계선 다시 긋기』(한신문화사, 1992)에서는 이 대목이 "미국인에게 있어서 문화생활은 여러 분파의 다양한 목소리와 끊임없는 통일성의 추구 사이에서 … 시계추처럼 왕복하는 생활이다."(p. 346)로 나온다.

PHILIP FISHER 241

the claim of pluralism within American culture. This diversity, which resists the single shelter of myth or ideology, has again and again risen to dominance in what we might call the episodes of regionalism in American cultural history.

Cultural life in American swings like a pendulum between a diversity of sectional voices and an ever-new project of unity, between the representation of the nation as made up of weakly joined districts and the depiction of a central national order. A hundred and fifty years ago our then strongly sectional culture was split along geographical lines: the New England mind, the southern way of life, the West of the pioneers, with their energy and violence. Each section had its own voices and themes, its own philosophies and religions, its

5 David H. Richter. *Falling Into Theory: Conflicting Views on Reading Literature*. Boston: St. Martin's Press, 1994.

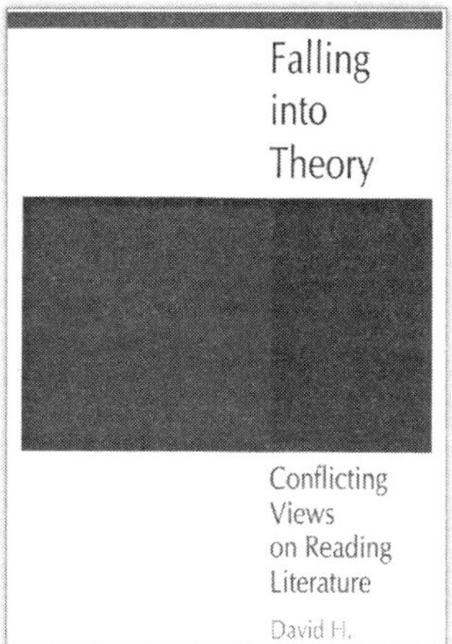

113쪽 27행: different facets, each of which as been for different social, political economy의 as는 has의 잘못이다.

Second Edition(2000) 126쪽 37행에는 놀랍게도 "each of which has been for…"로 고쳐 놓았다.

1984

years, of course. Nevertheless, one need not appeal to any "timeless" quality in Hawthorne. Indeed, according to Tompkins there is no timeless quality to appeal to: instead, each generation of readers has *redefined* Hawthorne's greatness—redefined it in such inconsistent terms that they don't always seem to be talking about the same author. Tompkins dissolves Hawthorne into his different facets, each of which as been for different social, political, economic, or cultural reasons the darling of successive interpretive communities and interest

2000

As for Hawthorne himself, according to Tompkins, all the breaks worked in his favor. Hawthorne's early survival was primarily due to his connections among New England editorial and publishing circles, which kept his works alive through biographies and new editions for the twenty years after his death. After that, his balloon ascended, as Hawthorne's interests in colonial America melded with America's growing fascination with its past. No mere conspiracy of editors could have kept Hawthorne before the public for 130 years, of course. Nevertheless, one need not appeal to any "timeless" quality in Hawthorne. Indeed, according to Tompkins there is no timeless quality to appeal to: instead, each generation of readers has redefined Hawthorne's greatness—and in such inconsistent terms that they don't always seem to be talking about the same author. Tompkins dissolves Hawthorne into his different facets, each of which has been for different social, political, economic, or cultural reasons the darling of successive interpretive communities and interest groups.

Will *The Wide, Wide World* enter the canon of American literature? Will *The House of the Seven Gables* be demoted? It is significant that for all the feminist interest in Warner and her midcentury sisters, Hawthorne's popularity contin-

6 Paul Jay. *Contingency Blues: The Search for Foundations in American Criticism.* Madison, Wis.: The University of Wisconsin Press, 1997.

13쪽 6행: …a triumph be believed was held back…의 be는 he의 잘못이다.

the related problem of how to ground norms and values in a postmetaphysical age, were filtered in America through the competing discourses of transcendentalism and pragmatism. Pragmatism, by the time Santayana was writing, was on the verge of becoming associated in the United States with the triumph of a certain kind of political and material modernity, a triumph be believed was held back on the cultural plane, however, by vestiges of transcendentalism. Santayana therefore endorsed (James's version of) pragmatism as the best hope for America's emergence as a modern culture and nation. Yet, a few years later, Brooks could assert something like the opposite, that is, that modernity

7 Gregory S. Jay. *American Literature and the Culture Wars*. Ithaca: Cornell University Press, 1997.

190쪽 8행: What is at stake is precisely the <u>norming</u> <u>of</u> the "normal." 앞뒤의 문맥으로 보아 norming은 정상화, 표준화의 뜻으로 보인다. 그러나 norm의 용법은 명사뿐이다. 형용사는 normal, 동사는 normalize이다.

shelves with other poor sellers such as Thoreau's *Walden*.

In gay and lesbian studies, to take another example, cultural revision extends beyond including avowedly same-sex–oriented writers in the curriculum, as if adding a queer figure alongside the "normal" writers will do. What is at stake is precisely the <u>norming of</u> the "normal." Gay and lesbian studies challenge the way "normal" heterosexuality invents and reproduces itself. How long can we go on teaching courses on thematic topics related to "love" and "sexuality" while as-

8 Jeremy Paxman. *The English: A Portrait of a People.* London: Penguin Books, 1999.

6쪽 28−29행: … the country had just came though a terrible war의 though는 through의 잘못.

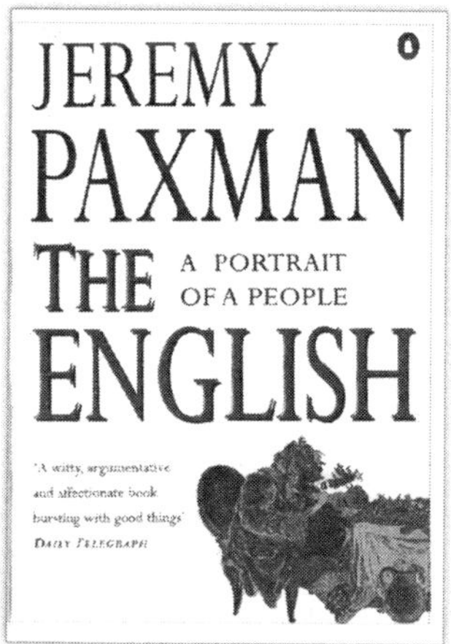

The reasons for this unity are obvious enough – the country had just come though a terrible war, which had required shared sacrifice. The population of England was still relatively homogeneous, used to accepting the inconvenience of discipline and unaffected by mass immigration. It was still insular, not merely in a physical sense but because the mass media had yet to create the global village.

9 Francis Stoner Saunders. *The Cultural Cold War: The CIA and the World of Arts and Letters*. New York: The New Press, 1999.

410쪽 2행: ungenerously to his protestions of innocence의 protestions는 protestations의 잘못이다.

"his"는 Stephen Spender이고, 그가 편집인이던 *Encounter*지가 Congress for Cultural Freedom이 아니라 CIA의 지원을 받았다는 사실을 자기도 몰랐다고 '항변'하였다.

The Cultural Cold War

The CIA and the World of Arts and Letters

FRANCES STONOR SAUNDERS

410 The Cultural Cold War

party in Evanston, Chicago, when fellow guests responded ungenerously to his protestions of innocence? 'There they all were, like so many David Levine caricatures – Daniel Bell and his wife Pearl Kazin Bell, Richard Ellmann, Hannah Arendt, Stephen Spender, Tony Tanner, Saul Bellow, Harold Rosenberg, Mrs Polanyi,' recalled one of the less famous guests. 'They had all been involved with the Congress in some way or another.

10 William E. Cain. "Opening the American Mind." In *Canon vs. Culture: Reflections on the Current Debate*, ed. Jan Gorak. New York: Garland Publishing, Inc., 2001.

10쪽 37행: Students will <u>he</u> enrolled의 he는 be의 잘못. 필자 William E. Cain은 Wellesley Studies in Critical Theory, Literary History, and Culture(2001년까지 19권 출간)의 general editor이다.

CANON VS. CULTURE
REFLECTIONS ON THE CURRENT DEBATE

EDITED BY
JAN GORAK

Here is one possible reading list: *Emma*, *Vanity Fair*, *Jane Eyre*, *Wuthering Heights*, *Great Expectations*, *Middlemarch*, and *The Portrait of a Lady* (James appears on both English and American lists—though there is plenty of debate about that!). This is already a long list, given the density and challenge of these texts and the fact that, in the same semester, the students <u>will he</u> enrolled in three or four other courses as well. It is certainly a fine list, and probably would meet with Kimball's and his cohorts' approval. But I would want to stress that one could assemble a very different list that would be equally fine: *Mansfield Park*, *Villette*, *Bleak House*, *Daniel Deronda*, *The Bostonians*, *Tess of the D'Urbervilles*, and *The Nigger of the Narcissus*. And of course other lists are possible as well, lists that might include novels by Scott, Anne Brontë, Gaskell, Disraeli,

11 Donald E. Pease and Robyn Wiegman, eds. *The Futures of American Studies.* Durham: Duke UP, 2002.

8쪽 28–35행의 인용문 가운데 ⋯⋯We are less inclined now to take readings from a single vantage point on the American experience: instead, we look upon American from a variety of different, often competing, perspectives(319)의 American은 America의 잘못이다.

이 인용문은 Gene Wise의 논문 "'Paradigm Dramas' in American Studies: A Cultural and Institutional History of the Movement." (*American Quarterly* 31, No. 3, 1979)의 일부이다. Wise의 논문은 다시 *Locating American Studies: The Evolution of a Discipline*. Ed. Lucy Maddox. Baltimore: Johns Hopkins University Press, 1999)에 실렸다. *Locating*에는 ; instead, we look upon America from a variety of different, often competing, perspectives(p. 192)로 바르게 나온다.

American Studies today lacks a single synthesis with the influence, say, of the old symbol-myth-image explanation. It also lacks any clear consensus on a "usable" American past. Hence intellectually the last decade has brought disintegration in the movement. But if in one sense dis-integration means decline, in another sense it may mean simply diversification. . . . We are less inclined now to take readings from a single vantage point on *The* American experience; instead, we look upon American from a variety of different, often competing, perspectives. (319)

The present is thus for Wise without a coherent order—it fails to embody the

12 Wayne C. Booth. *The Rhetoric of RHETORIC: The Quest for Effective Communication.* London: Blackwell, 2004.

24쪽 1행: at it was의 at는 as의 잘못.

Rhetoric's Status: Up, Down, and – Up?

In contrast to the academic world at it was when I encountered that scoffing don in Oxford, there are now many journals and professional associations featuring rhetoric.[1] Doctoral degrees concentrating on it are flourishing. Though there are hardly any full departments with the label, the challenges of how to study and improve rhetoric are without question faced by more and more scholars every year.[2]

On the negative side, when you scan through the major journals in "literature," "criticism," "the humanities," "the social sciences," or

13 Kate Fox. *Watching the English: The Hidden Rules of English Behavior*. London: Hodder, 2005.

220쪽 22–23행: Our passion for word games and verbal puzzles is well–known, but it is worth <u>nothing</u> that … 의 nothing은 noting의 잘못.

I would add that reading books ranks as even more popular than DIY and gardening in national surveys of leisure activity, and over 80 per cent of us regularly read a daily newspaper. Our passion for word games and verbal puzzles is well known, but it is also worth <u>nothing</u> that every one of the *non*-verbal hobbies and pastimes that occupy our leisure time – such as fishing, stamp-collecting, train-spotting, bird-watching, walking, sports, pets, flower-arranging, knitting and pigeon-fancying – has at least one, if not many more specialist magazines devoted to it. The more popular hobbies each have at least half a dozen dedicated weekly or monthly publications, as well as umpteen Internet

14 D. G. Myers. "Bad Writing." In *Theory's Empire*, ed. Daphne Patai and Will H. Corral. New York: Columbia University Press, 2005.

358쪽 17행: … that he was "loathe to upset senior scholars…"의 loathe는 loath의 잘못이다. 인용구의 "loathe"는 Myers가 잘못 쓴 것 같다. loath는 형용사이며 싫어서, 지긋지긋하여라는 뜻이고, The boy was loath to be left alone. He was loath to go there. 등으로 쓰인다. loathe는 동사(…을 몹시 싫어하다)이다.

> the left" is Fascist.
>
> But you can sense the strength of Butler's party even more clearly among those who support the Bad Writing Contest. In the last two years, at least five young scholars have submitted entries, asking that their names not be released if they should win. In an unsigned June 1997 letter, one entrant confessed that he was "loathe to upset senior scholars in my field," since alienating them could do "significant damage" to his career.

15 Susan Choi. *A Person of Interest.* New York: Viking, 2008.

3쪽 3행: a/ raw never-mined vein of thought의 never-mined는 never-minded의 잘못.

"Nevermind about that" 하면 "그 일은 신경 쓰지 마시오"라는 뜻이고 Nevermind(명)는 "Pay it no nevermind" ~신경 쓰지 마 / "It makes me no nevermind" ~알게 뭐야. 아무래도 좋다는 뜻.

1.

IT WAS ONLY AFTER HENDLEY WAS BOMBED THAT LEE was forced to admit to himself just how much he'd disliked him: a raw, never-mined vein of thought in an instant laid bare by the force of explosion. Of course, it was typical in his profession for diminishing elders to harbor ill-will toward their junior colleagues. But Lee, who had been tenured in his department for more than twenty years,

16 Margaret Atwood. *Payback: Debt and the Shadow Side of Wealth.* Toronto: Anansi, 2008.

164쪽 16행: drove thet는 that의 잘못.

italism having triumphed and money having become the measure of most things, debt played a significant role in the lives of actual people. In the nineteenth century, industrial mills increased and multiplied, and drove thet capitalist expansion, so I also discussed the sinister attributes traditionally attached to millers — who were thought of as cheats and probably as Devil's-pact-makers,

17 Lan Tran. "The Great Gatsby." In *A New Literary History of America*, ed. Greil Marcus and Werner Sollors. Cambridge, Mass: The Belknap Press of Harvard University, 2009.

577쪽 28행: It was clearly not <u>they</u> answer they wanted··· <u>they</u> answer의 they는 the의 잘못이다.

"American."
"No, where were you *born?*"
"Texas . . ."
It was clearly not <u>they</u> answer they wanted, a denial that served as a constant reminder to my family of how others were, paraphrasing Nick Carraway, "unutterably aware of our identity with this country." We were self-conscious about being viewed as outsiders similar to the ones unwelcomed by our fellow citizens. In 1994, Prop. 187 passed with a 58.8 percent majority vote. That we were, ulti-

18 Bruce Cummings. *The Korean War: A History*. New York: The Modern Library, 2010.

358쪽 21–22행: Philip Roth's *Indignation* appears at first to reinhabit the territory of his collegiate days at Bucknell⋯Marcus Messner, a butcher's son from Newark, goes off to Winesburg College near Cleveland, studies the usual literary suspects, fumbles with girls in the back–seats of cars, and ends up on the dean's list–his shit list: Korea beckons.의 literary suspects는 literary subjects의 잘못이다.

Roth의 소설 *Indignation*(Penguin Books, 2008)의 주인공 Marcus Messner는 고등학교에서 *Julius Caesar*을 읽었고 대학 1학년의 영문학개관 과목에서는 *Macbeth*를 읽었다고 적고 있다(p. 22).

Philip Roth's *Indignation* appears at first to reinhabit the territory of his collegiate days at Bucknell, a return to the terrain of his first novel, *Goodbye, Columbus:* the Midwest. Marcus Messner, a butcher's son from Newark, goes off to Winesburg College near Cleveland, studies the usual literary suspects, fumbles with girls in the backseats of cars, and ends up on the dean's list—his shit list: Korea beckons. Roth's novelistic treatment of the war he lived through does not go beyond the tropes and stereotypes of the time: "swarms" of Chinese, snow, "wave after wave" of Chinese, more

7장 무단어
(Missing Words)

1 Paul Lauter. *Canons and Contexts*. Oxford: Oxford University Press, 1991.

256쪽 9행: signs, particularly:은 새 문단의 시작은 아니다.

11행: depending who "you" are의 depending과 who 사이에 on이 빠졌다. depend는 자동사이다.

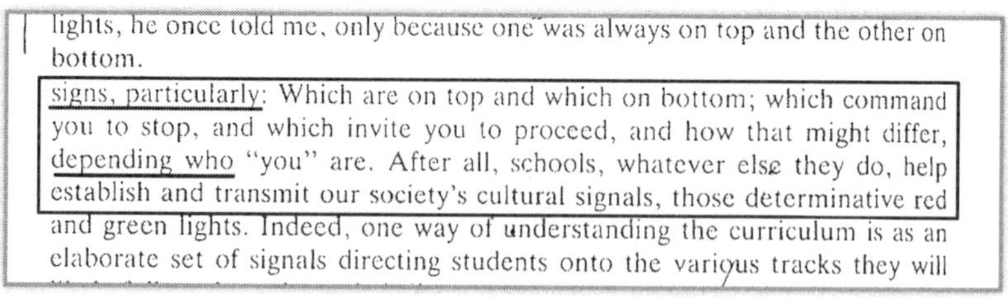

lights, he once told me, only because one was always on top and the other on bottom.

signs, particularly: Which are on top and which on bottom; which command you to stop, and which invite you to proceed, and how that might differ, depending who "you" are. After all, schools, whatever else they do, help establish and transmit our society's cultural signals, those determinative red and green lights. Indeed, one way of understanding the curriculum is as an elaborate set of signals directing students onto the various tracks they will

2 Mette Hjort, ed. *Rules and Conventions: Literature Philosophy Social Theory.* Baltimore: The Johns Hopkins University Press, 1992.

vii쪽 제5행: here와 courtesy 사이에 by(the)가 빠져 있다. By(the) courtesy of는 …의 허가(승낙)에 의하여, 호의로라는 뜻이다. 기사·삽화 등의 밑에는 by 없이 courtesy of …로 적는다.

Acknowledgments

With the exception of "Literary Conventions," by Thomas G. Pavel, the chapters in this volume were all written especially for *Rules and Conventions.* I would like to thank the contributors for their warm cooperation and support. Pavel's essay was first published in his *Fictional Worlds* (1986) and is reprinted here courtesy of Harvard University Press. Comments by David Bell and an anonymous reader for the Johns Hopkins University Press helped improve the manuscript. I am grateful to the Social Sciences and Humanities Research Council of Canada for a postdoctoral fellowship and precious time to work on the anthology. Finally, I would like to thank our editor, Eric Halpern, and our manuscript editor, Carol Ehrlich, for good treatment.

3 Moshe Halbertal. *People of the Book: Canon, Meaning, and Authority*. Cambridge, Mass: Harvard University Press, 1997.

17쪽 34행: it possible 사이에 is가 빠져 있다.

included in the Dead Sea canon.

In addition to the difficulty of dating the sealing of the canon within rabbinic tradition, it possible that other Jewish groups might have had different canons. We lack sufficient historical knowledge to resolve this issue, however, and I do not intend to add speculation to existing conjectures concerning the chronology of the canon. I will focus on a different problem: the consequences of the sealing of the canon for the formation of the text-centered community.

4 David Lodge. *Home Truths*. London: Penguin Books, 1999.

36–37쪽: … She opened her notebook/ and took a ballpen out of her briefcase… a ballpen은 a ballpoint pen의 잘못이다.

cf: 44쪽 21행… gnawing the end of a ball point,…

a ballpoint 또는 a ballpoint pen이 정확한 말이다. Biro는 British English에서 a ballpoint pen를 뜻한다.: Written with a biro / in biro 처럼 쓰인다. Biro는 ballpoint pen을 고안한 Hungary의 발명가 Laszro Biro(1899–1985)의 이름을 딴 것이다.

and took a ballpen out of her briefcase. She looked round the room. 'This is nice. Have you been here long?'

'It used to be our weekend retreat,' said Adrian, 'but it was smaller then. When we decided to leave London, we bought the adjoining cottage and knocked through

Adrian took a deep breath. 'You mean, how could I give up all those long, solitary hours spent staring at a blank page, or out of the window, gnawing the end of a ballpoint, trying to create something out of nothing, to will creatures with no previous existence into being, to give them names, parents, education, clothes, possessions

5 Donna C. Stanton. "On Linguistic Human Rights and the United States 'Foreign' Language Crisis." *Profession 2005*. MLA.

66쪽 24행: …for those experiences create subjects "who cannot be trusted to sustain the enemy's status as enemy," who do not other the "enemy" in a way that war seems to requires(2)의 other는 어순으로 보아 동사지만 other에는 동사의 용법이 없다. 필자 Donna C. Stanton은 뉴욕 시립대 대학원 석좌교수(불어)이며, 2005년도 MLA 회장을 지냈다.

*Profession*은 MLA에서 연 1회 발간하는 "a journal of opinion about and for the modern language profession"이며 전 · 현 회장들과 중진 학자들이 주요 집필진이다. Stanton 교수의 논문은 *Profession* 창간 35주년 회고논집인 *Profession 2012*에 2005년도 대표 논문으로 재수록 되었다(256–271). 258쪽 28행의 "…who do not other the enemy …"는 그대로이다.

Oxford Dictionary of English(2003)를 비롯한 영국의 영어사전에는 'other'의 용법은 adjective와 pronoun 둘뿐이다. *Merriam-Webster's Collegiate Dictionary*. Eleventh Edition(2003)과 *The American Heritage Dictionary of the English Language*. Fifth Edition(2011)에는 1) adjective, 2) noun, 3) pronoun, 4) adverb의 네 용법이 나온다. 동

사 용법은 없다. 그런데 최신의 Merriam-Webster's On-Line 사전을 찾아 보니 other의 동사 용법이 나와 있지 않는가. Can 'Other' be used as a Verb?라는 소제목 하에 이런 문장이 나온다(https://www.merriam-webster.com/words-at-play-other-as-a-verb).

'Other,' which we enter as an adjective, a noun, a pronoun, and an adverb, is increasingly being used as a verb meaning "to treat that culture as fundamentally from another class of individuals, often by emphasizing its apartness.

그리고

The use of other as a verb is rooted in sociology: to other a certain culture or individual is to treat that culture as fundamentally different from any class of individuals often by emphasizing its apartness in traits that differ from one's own.

한마디로 other는 '타자화'(他自化)·'차별화'하다는 뜻의 동사다. 그러나저러나 2011년에 나온 종이 사전에도 없는 용법을 Stanton 교수가 2005년에 스스럼 없이 쓴 것은 놀라운 일이다.

On-line 사전에는 'othering'도 나온다.

The idea of *othering*, as sociologist Yannis Gabriel describes it, is evident in the use of the barbarian to refer to a foreign culture …

또 *Othering* can be as simple as speaking of a group as "them" in relation to another's "us," …

수년 전에 발견한 othering 의 예문을 소개한다.

The point of my analogy is not to compare novels to "natives" but rather to compare their historical construction as opposite Others: where the novel presumably helped cast the native as Other, so postcolonial critique of othering frequently treats the Victorian novel as its epistemological Other.

– Evin O'Connor. "Preface for a Post–Postcolonial Criticism." In *Theory's Empire: An Anthology of Dissent*, ed. Daphne Patai and Will H. Corral. Columbia UP. 2005, p. 307.

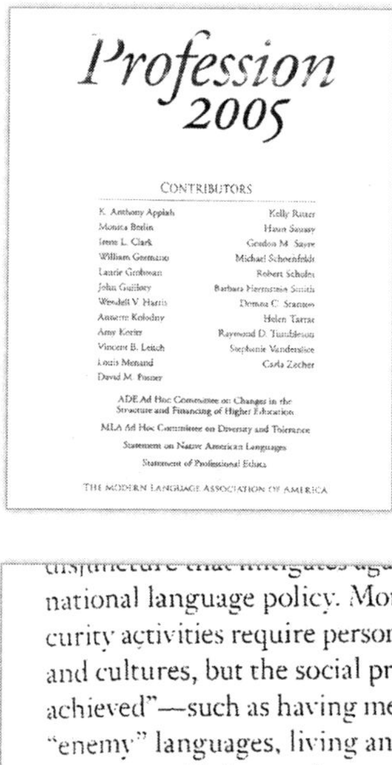

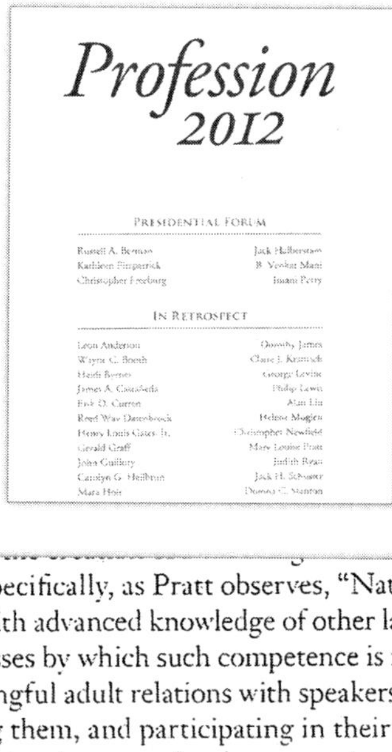

national language policy. More specifically, as Pratt observes, "National security activities require persons with advanced knowledge of other languages and cultures, but the social processes by which such competence is normally achieved"—such as having meaningful adult relations with speakers of those "enemy" languages, living among them, and participating in their communities—are likely to rule out security clearance, for those experiences create subjects "who cannot be trusted to sustain the enemy's status as enemy," who do not other the "enemy" in a way that war seems to require (2).[9]

Despite the complexity of the current crisis—or, indeed, because of

6 Anita Patterson. "T.S. Eliot and D.H. Lawrence." In *A New Literary History of America*, ed. Greil Marcus and Werner Sollors. Cambridge: The Belknap Press of Harvard UP, 2009.

554쪽 28–30행: Eliot's annotations present a salutary admonition those …의 admonition과 those 사이에 to가 빠져 있다.

well be seen as something of a practical joke, a "remarkable exposition of bogus scholarship," as Eliot once described it. Whether we consider "Notes" merely an afterthought, added to allay Horace Liveright's fears that the poem was too short, or a significant revision, Eliot's annotations present a salutary admonition those he called "seekers of sources," errant American critics who, in a quest for serious culture, mistake pedantry for sensibility. At the same time, "Notes on the Waste

7 Gregory S. Jay. *American Literature and the Culture Wars*. Ithaca: Cornell University Press, 1997.

49쪽 31–33행: What more proper place to contest ideas of morality, justice, selfhood, community, truth, and the public good than the college campus?

이 문장에는 동사가 없다. 의문문이므로 what 다음에 is가 있어야 하지 않는가.

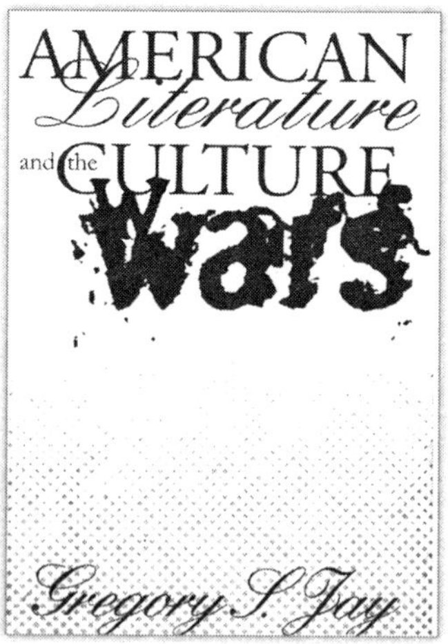

When critics say that education has become too politicized, then, this may be an indication that important debates over crucial human issues are once more finding their proper place on campus (see the excellent chapter "When Is Something 'Political'?" in Graff, *Beyond the Culture Wars*, and his "Teach the Conflicts"). The towers of academe need to be regularly shaken by genuine controversy, not strangled by the vines of utilitarianism and ideology. What more proper place to contest ideas of morality, justice, selfhood, community, truth, and the public good than the college campus? If issues of race and gender and class divide society, then should not these be given a full airing and exploration in the curriculum? The production of a false consensus, whether through the repression of dis-

8장 불일치와 불완전문 (Disagreements and Incomplete Sentences)

1 Paul A. Bove. *Intellectuals in Power: A Genealogy of Critical Humanism.* New York: Columbia University Press, 1986.

48쪽 14–29행: "What is clear… and anthropology"까지 111개 단어로 된 문장에서 that I. A. Richards and a great deal of Anglo-American academic criticism practiced after him의 동사는 emerges(18행) 단수 동사이다. 어떻게 I. A. Richards와 영미 비평이 단수인가. 저자는 a great deal of Anglo-American academic criticism practiced after I. A. Richards로 썼다고 생각하고, 단수형인 emerges로 적었을 것이다. 이는 that it attempts … which it sees라고 이어서 쓴 것을 보면 분명해진다.

ism, even in the international style of Pound, Eliot, and Joyce, can be defined as an extension of Mallarmé's project. What is clear, however, is that I. A. Richards and a great deal of Anglo-American academic criticism practiced after him as a discipline, that is, as an accumulative, cooperative project for the production of knowledge, the exercise of power, and the creation of careers, emerges with a degree of self-consciousness from this nineteenth-century problematic and furthermore that it attempts in its own ways to rebalance what it sees as the disorderly functions of language, to reestablish a linguistic unity through and in a positively productive academic critical discipline that, somewhat belatedly, affiliates itself with and at times tries to master the other positive disciplines such as economics, psychology, medicine, and anthropology. Richards urgently senses that the inflation and differentiation of languages and language study is a threat to a balanced, sane, and healthy civilization. To balance the complex machine of language he initiates a realignment of elements of critical method, rhetoric, and practice with the hope of changing the existence of literature as a special sphere of language unavailable to dis-

2 Carey Kapland and Ellen Cronan Rose, eds. *The Canon and the Common Reader.* Knoxville: The University of Tennessee Press, 1990.

5쪽 5–6행: … Just as the American political response to this threat has <u>been</u> increased isolationism …의 <u>been</u>은 지워야 한다.

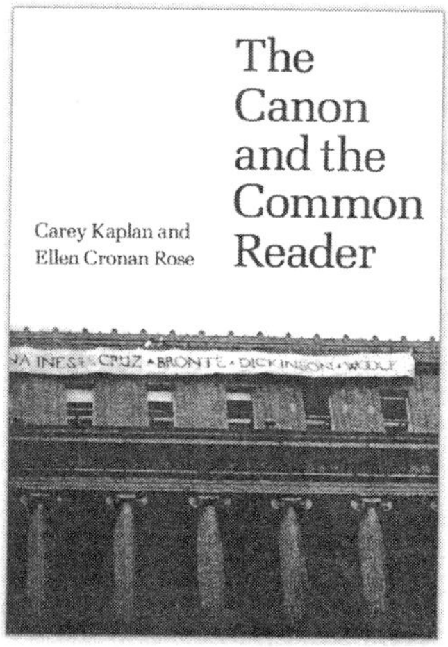

global consciousness, the western claim to both the new scientific and the old humanistic hegemony has become embattled. Just as the American political response to this threat **has been increased isolationism** (coupled with Caribbean colonialism, with its implicit invocation of the Monroe Doctrine), so the cultural response is regressive nostalgia. The authors' goal is an imaginary Tocquevillian America:

3 Vassilis Lambropoulos. *The Rise of Eurocentrism: Anatomy of Interpretation.* Princeton, N. J.: Princeton University Press, 1993.

4쪽 9–10행: The suppression of the character of the piece and of its second major topic are closely linked.

이 문장의 동사는 복수형인 are인데 복수가 되려면 of its second major topic의 of를 없애야 한다.

이 글은 Erich Auerbach(1892–1957)의 MIMESIS: *The Representation of Reality in Western Literature*(1953)의 첫 장인 "Odysseus' Scar"에 관한 것이다. 첫 장은 제목대로 Homeros에 나오는 오디세이의 상처를 다루지만 몇 페이지 안 가서 구약의 Abraham's sacrifice에 치중하고 끝난다. "첫 장(the piece)의 성격을 은폐한 것과 두 번째 주요 화두와는 밀접히 얽혀 있다"는 뜻이다.

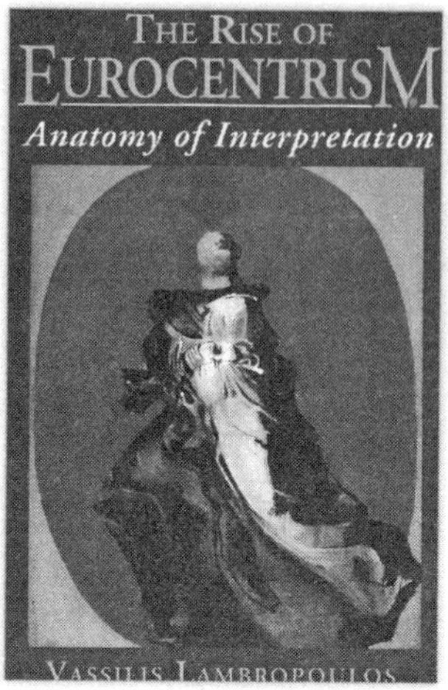

4 CHAPTER ONE

mediately proceeds to conduct a close reading of a classic text. Only after several pages does it become clear that it deals with two texts, rather than one, that it seeks to establish the origins of Western mimetic modes, and that it functions as an introduction to the whole volume. Thus the title is deceptive: while it seems to promise a treatment of a Homeric passage, the chapter is as much about Abraham's sacrifice as it is about Odysseus' scar. It appears, then, that the book is introduced in a surreptitious manner. The suppression of the character of the piece and of its second major topic are closely linked: what at first glance looks like a first chapter and a discussion of the *Odyssey* proves to be an introduction and a comparison of Homer with the Old Testament.

4 John Guillory. *Cultural Capital: The Problem of Literary Canon Formation*. Chicago: The University of Chicago Press, 1993.

5쪽 3–7행: The deterioration of what was in the United States always a very limited program of economic socialization, along with a general decline in the credibility of democratic political institutions, constitute the immediate conditions for the development of a political critique of "representation" in contexts other than those formerly conceived as political. 5행의 constitute는 constitutes의 잘못이다. 이 문장의 주어는 The deterioration이다. 저자는 along(with)을 접속사(connective)로 잘못 쓰고 있다.

Bryan A. Garner 저 *A Dictionary of Modern American Usage*(Oxford UP, 1998)의 **Subject–Verb Agreement E. Misleading Connectives.**(p.624 B)에 이런 설명이 나온다.

The phrases *accompanied by*, *added to*, *along with*, *as well as*, *coupled with*, and *together with* do not affect the grammatical number of the nouns preceding or following them. When such a phrase joins two singular nouns, the singular verb is called for – e.g. :

* "The late Walter Haight of sainted memory, *along with myself* [read *along with me*], *were* [read *was*] phoning a play–by–play of the

scene back to the *Post's* sports department."

lished a last redoubt in the university, where the very extremity of its situation has deformed its discourse by rigidifying certain defensive postures.[4] The deterioration of what was in the United States always a very limited program of economic socialization, along with a general decline in the credibility of democratic political institutions, constitute the immediate conditions for the development of a political critique of "representation" in contexts other than those formerly conceived as political. In retrospect it was only in the wake of liberalism's apparent defeat in American political culture that such agendas as "representation in the canon" could come to occupy so central a place within the liberal academy.[5] The new curricular critique made it possible for the university to become a new venue of representation, one in which new social identities might be represented more adequately, if also differently, than in existing political institutions of American society.

5 Walter L. Reed. "Canonization and Its Discontents: Lessons from the Bible". In *English as a Discipline or Is There a Plot in This Play*, ed. James C. Raymond. Tuscaloosa: The University of Alabama Press, 1996.

109쪽 21행: an anthology or two does not a canon make는 does not make a canon으로 바꾸는 것이 좋다. One robin doth not a springtime make.라는 속담도 있기는 하다.

> not news to anyone perusing this volume. Different approaches are being taken in this renegotiation, the most derivative of which is to set up a countercanon for the excluded community of women, of African Americans, of Americans of Spanish descent, and the like. Various Norton anthologies and publisher's "libraries" of this sort have been produced or are underway. As we shall later see, however, an anthology or two does not a canon make. Less separatist or symmetrical approaches uncover and revalue texts, published and unpub-

6 Gregory S. Jay. *American Literature and the Culture War.* Ithaca: Cornell University Press, 1977.

204쪽 25행: are(not coincidentally)의 are는 is의 잘못이다. 이 문장의 주어는 The collapse이고 those는 바로 앞의 Western metaphysical metanarratives의 동격 대명사이다. 서구의 형이상학적 대담론의 붕괴는 비서방 국민들의 자결권 쟁취 투쟁과 때를 같이 한다는 뜻이다.

> these metanarratives belong to the ideological apparatus of identifiable institutional and historical groups. As Edward Said points out in his critique of Lyotard, the (supposed) breakdown of the metanarratives of "emancipation" and "enlightenment" cannot be comprehended as solely an internal event of Western civilization. The collapse of Western metaphysical metanarratives, especially those of what is called "the Subject," are (not coincidentally) contemporary with the struggle of non-European populations and countries for historical self-determination — for the freedom to be agents rather than subjects.
>
> According to Said, Lyotard "*separates* Western postmodernism from the non-European world, and from the consequences of European modernism — and modernization — in the colonized world."

7 Rene Wellek. "Destroying Literary Studies." In *Theory's Empire: An Anthology of Dissent*, ed. Daphne Patai and Will H. Corral. New York: Columbia University Press, 2005.

47쪽 16–20행

The recent attempts to increase our self–consciousness, to make us aware of our own situation in time and place, to see the "presenticentric predicament," to use the unlovely coinage of A.O. Lovejoy is valuable if it diminishes rampant subjectivity and makes more tolerant of other viewpoints.

50개 단어로 된 이 문장의 주어는 The recent attemps인데 동사는 is이다. attempts는 attempt의 잘못이다. if it diminishes … makes로 보아 분명하다. Wellek같은 대학자에게도 방심의 순간이 있었을까?

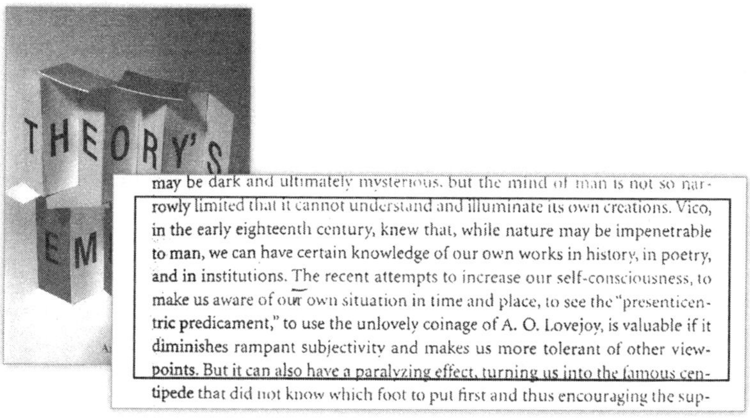
may be dark and ultimately mysterious. but the mind of man is not so narrowly limited that it cannot understand and illuminate its own creations. Vico, in the early eighteenth century, knew that, while nature may be impenetrable to man, we can have certain knowledge of our own works in history, in poetry, and in institutions. The recent attempts to increase our self-consciousness, to make us aware of our own situation in time and place, to see the "presenticentric predicament," to use the unlovely coinage of A. O. Lovejoy, is valuable if it diminishes rampant subjectivity and makes us more tolerant of other viewpoints. But it can also have a paralyzing effect, turning us into the famous centipede that did not know which foot to put first and thus encouraging the sup-

8 Barry Spurr. *'Anglo-Catholic in Religion': T. S. Eliot and Christianity*. Cambridge: The Lutterworth Press, 2010.

257쪽 20행: 동사 are은 is의 잘못이다. 주어구 its cruel persecution of them[the Jews] at various periods in history의 persecution이 주어인데 그 뒤의 various periods를 주어로 착각했을 것이다.

ditionally taught the necessity of the conversion of the Jews to the fullness of religious truth, and its cruel persecution of them at various periods in history are amongst the most shameful episodes of its chequered past. Although the immediate motivations of the Holocaust, in the twentieth century, were nationalist and secular, the phenomenon drew upon age-old prejudices against Judaism in European Christian history. Even during the Nazi atrocities, it has

9 Uchang Kim. "The Body Luminous: The Changing Status of Literature in Korea and the Modern World." *The Journal of English Language & Literature(JELL)*. Volume 59. Number 3. Summer 2013.

불완전 구문 1

36쪽 11–20행: Now we realize에서 20행의 of these historical storms는 133개 단어로 된 복잡한(convoluted) 문장인데 we realize는 무엇을 깨닫는다는 것인가. *He realized that he was in danger*의 문장에서처럼 "realize + that – clause"의 realize라면 이 장문 속에 that –clause에 해당하는 것이 있는가. 그리고 첫 번째 dash(–) 다음의 a lull과 두 번째 dash 다음의 the storms는 the post–Korean war exhaustion의 동위어(coordinates)인가. 그렇다면 이 셋으로 인하여(owing to) 무엇이 어떻게 되었는지 분명치 않다.

17행의 … movements–all of which…의 dash(–)는 comma(,)로 대치해야 relative clauses를 이끌 수 있다.

불완전 구문 2

제3행 The past several decades …에서 제 6행 … for democracy까지 모두 39자로 된 이 문장에는 술어부가 없다. 지난 수십 년 동안 한국은 압축된 근대화 과정을 겪어야만 했다는 것이 이 문장의 취지일 것이다. 그러자면 <u>During</u> the past several decades Korea was pressured to undergo …라고 하면 되지 않겠는가.

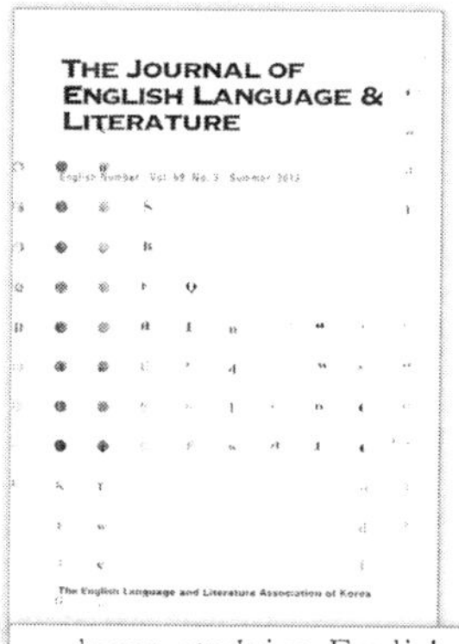

1 began studying English in my college days in the 1950s, the decade marking a time of temporary lull. Now we realize, owing to the post-Korean war exhaustion — a lull within a century and a half of raging storms of turbulent history that had shaken Korean society ever since the mid-nineteenth century — the storms generated by the collapse of the monarchical ancient regime, colonialism, two wars, international and civil, struggle for independence, violence of ideological conflicts, dictatorships and democratization movements — all of which can be summarized, as we look back now, as the birth pang, a little too violent and harrowing as it was, of Korea as a modern nation, for it is possible to say at this moment that the process of transformation has entered into an equilibrium on the basis of industrial economy and democracy more or less achieved through struggles provoked by challenges of these historical storms.

To recall these historical events is not of course to attempt to recite it as

2 in the state of being concerned or distracted.

The past several decades during which Korea was pressured to undergo what is often called the process of "compressed modernization," which included in the first phase the development of industrial economy and in the second the struggle for democracy. The first phase was coercibly imposed on the nation by military dictatorship. It is natural that literature,

10 Theo D'haen. "When 'World Literature' Becomes 'World' Literature." *JELL*. Volume 59. Number 6. Winter 2013.

920쪽 29-34행의 복합문의 33-34행

… when for the particular people from whom it issued had struck its "hour"(Strich 40)의 had struck의 주어가 있는가. the particular people라면 전치사 for를 빼야 한다.

contemporary US concerns.

The truth simply seems to be that in any "major" history of the world's literatures there is no room for "minor" literatures unless they serve "major" interests. The same Fritz Strich that I mentioned before as writing on Goethe, in 1930 published an essay, in German, on "world literature and comparative literary history," in which he argued that each literature that took center-stage in world literature did so when for the particular people from whom it issued had struck its "hour" (Strich 40). Strich's colleague Viktor Klemperer, writing around the same time on

11 Vincent B. Leitch. *Literary Criticism in the 21st Century: Theory Renaissance*. London: Bloomsbury Publishing Plc, 2014.

134쪽 11–14행

Narrowly construed, Empire carries out a retrofitting of Marxist criticism and theory for the new century. More broadly, it develops strong arguments about globalization for cultural theory, which the immediate and voluminous outpouring of responses to it signal.

signal는 signals의 잘못이다. outpouring이 주어인데 of responses를 순간적으로 주어로 착각한 것 같다.

Narrowly construed, *Empire* carries out a retrofitting of Marxist criticism and theory for the new century. More broadly, it develops strong arguments about globalization for cultural theory, which the immediate and voluminous outpouring of responses to it signal. Among the earliest book-length collective responses are *Debating Empire* (2003), edited by Gopal Balakrishnan; *Empire's New Clothes* (2004), compiled by Paul Passavant and Jodi Dean; Negri plus Hardt's own second-round *Reflections on Empire* (2003; trans. 2008); and the extended critique of Atilio Bóron, *Empire and Imperialism* (2005). Much more reaction has followed these immediate substantial responses. *Empire* remains a major work of the new century.

9장 동어반복 (Dittography)

1 William E. Cain. *The Crisis in Criticism: Theory, Literature and Reform in English Studies*. Baltimore: The Johns Hopkins University Press, 1984.

dittography n. unintentional repetition of a letter, word, etc., by a copyist--*The New Shorter Oxford English Dictionary*

또 literature를 literatature로 잘못 쓰는 경우다.

1. 28쪽 21행: … extraction and and association…

and 하나는 잘못이다. 위 인용문은 Jonathan Culler의 *Structuralist Poetics: Structuralism, Linguistics, and the Study of Literature*(Ithaca, NY: Cornell UP, 1975)의 250-51쪽에 나온다. Culler의 글에는 반복이 없다.

2. 270쪽 12행: different from those those the historian offers의 those 하나는 잘못이다.

1

our behavior, whatever our illusions or pretensions about living independently of them. As Jonathan Culler observes, even

> the attempt to "free" the process of reading from constraints imposed by a particular theory of culture requires one to reintroduce some rather powerful rules to apply to the combinations or contrasts produced by random extraction and and association.... Even if "emptied" by a radical theory, the center will inevitably fill itself in as the analyst makes choices and offers conclusions.[6]

Derrida specifically calls for "rigor" and "responsibility" in interpretation ("Structure, Sign, and Play in the Discourse of the Human Sci-

2 grasp the workings of figura~~tive language in texts as his colleague in~~ this other discipline cannot. In my view those of us in English studies can "read" texts—literary and non-literary—and can trace affiliations among them in ways that are distinctive, *different* from those those the historian offers. This is why I retain the idea of a specific discipline called "English studies" even though I seek to enlarge and alter it. We have much to learn from the historian's practice: the appreciation of

The Crisis in Criticism(1984)의 재판(1989)에도 "and and"와 "those those"는 그대로 남아있다.

2 Gerald Graff. *Professing Literature: An Institutional History*. Chicago: The University of Chicago Press, 1987.

216쪽 11행: thought to to show…는 to show로.

least debate—it is nothing if not a dialectic." Parrington might well have retorted that "currents" could be dialectical—as his history in fact might have been thought to to show. But what was at issue for Trilling was Parrington's allegedly uncritical conception of "reality" as "always material reality, hard, resistant, unformed, impenetrable, and unpleasant." It was this crude materialism that had led Parrington to dismiss Poe, Melville, and Henry James as escapists, while excusing writers like Dreiser for writing badly as long as they were properly, as Trilling put it, "impatient of the sterile literary gentility of the

3 Peter Elbow. *What is English*? MLA, 1990.

97쪽 3행: Can can we agree on/or even talk about "quality" or better의 Can can은 중복이다.

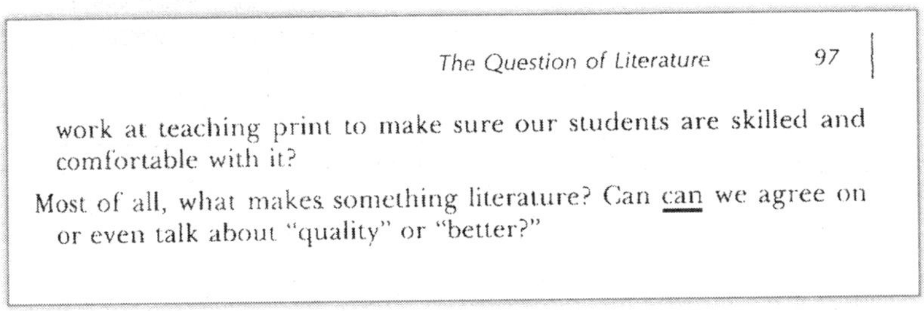
The Question of Literature 97

work at teaching print to make sure our students are skilled and comfortable with it?

Most of all, what makes something literature? Can can we agree on or even talk about "quality" or "better?"

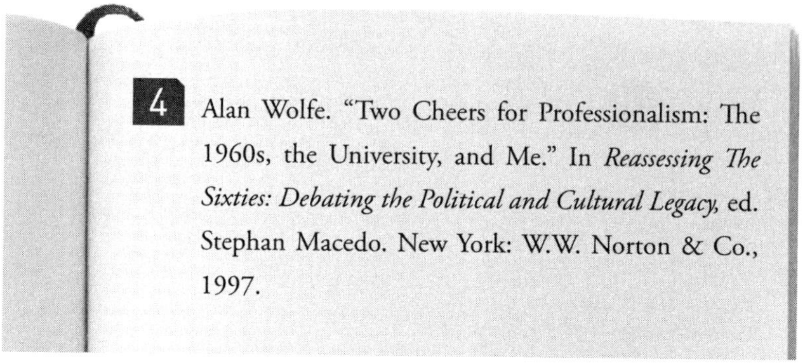

4 Alan Wolfe. "Two Cheers for Professionalism: The 1960s, the University, and Me." In *Reassessing The Sixties: Debating the Political and Cultural Legacy*, ed. Stephan Macedo. New York: W.W. Norton & Co., 1997.

198쪽 25행: those who us who have은 those of us who have의 잘못이다. "who us"가 인용문(Jacoby) 그대로라면 who(sic)로 적으면 필자(Wolfe)가 간과했거나 잘못 적었다는 의심을 벗을 수 있다.

ability to write in ways that few can understand, all the while denouncing their critics as, in Joan Scott's words, "marginal intellectuals."[14] Judith Frank, according to Jacoby, denounces one critic for expecting "the humanities to be utterly transparent to the general population, when the truth is that for those who us who have gone through graduate training, the humanities are a profession. . . ."[15] It is as if these kinds of academic leftists have decided to take all the negative aspects of profes-

5 George Steiner. *Errata: An Examined Life*. London: Phoenix, 1997.

151쪽 20-21행: … the moronic waste / and waste and waste of war, … 이차 대전 말에 16, 17세의 중앙아시아 출신의 소련군 소년병들의 개죽음을 두고 천치 바보같은 전쟁의 폐해라고 말하는 것인데 waste를 세 번 되풀이하고 있다. 앞에서 본 dittography 같기도 하고 의도적인 수사적 강조 같기도 하다.

> robotic resistance and military skills of a moribund *Reich*.
> This unnoticed graveyard makes manifest the moronic waste
> and waste and waste of war, the appetite of war for children.
> Yet it expounds no less the mind-numbing affinities between
> war and high culture, between bestial violence and the noon

George Steiner(1929년생)은 triad에 대해서 각별한 애착(?)이 있어 보인다. 책에서 인물과 언어와 작품을 언급할 때 'English, French and German'(p. 78), 'Hebrew, Greek, Chinese'(p. 83), 'Dante, Lady Murasaki or Pushkin'(p. 95), 'a Descartes, an Einstein', a Wittgenstein'(p.162) 식으로 곧잘 triad를 내세운다. 이 책의 제목도 셋이다. 책등

제목은,

이고, 책표제는 E와 A만 대문자로,

이다. 책 안쪽 표제는,

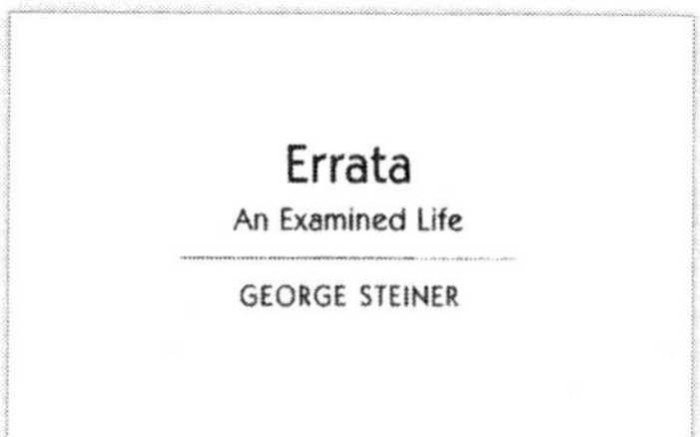

이다. 책등 제목의 ERRATA: 와 책표제의 Errata: 의 colon(:)은 불필요하고 아랫줄의 부제목을 한 줄로 나란히 적을 때나 필요하다.

세 번째인 안쪽 표제가 무난해 보인다.

6 Theodore L. Blumberg. *The Seven Deadly Sins of Legal Writing*. Baltimore, MD: The Archangul Foundation, Inc., 2008.

목차 4 Sin Number Four: Verbosity, or "Blumberg's Rule of of Infliction"의 of of는 of 하나로 족하다.

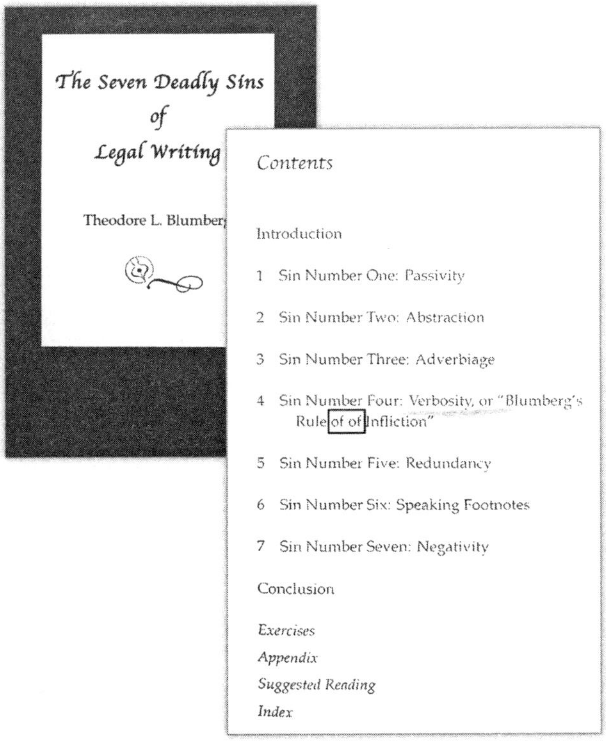
The Seven Deadly Sins of Legal Writing

Theodore L. Blumberg

Contents

Introduction

1 Sin Number One: Passivity

2 Sin Number Two: Abstraction

3 Sin Number Three: Adverbiage

4 Sin Number Four: Verbosity, or "Blumberg's Rule of of Infliction"

5 Sin Number Five: Redundancy

6 Sin Number Six: Speaking Footnotes

7 Sin Number Seven: Negativity

Conclusion

Exercises

Appendix

Suggested Reading

Index

10장 구두점
(Punctuation)

1 Elizabeth W. Bruss. *Beautiful Theories: The Spectacle of Discourse in Contemporary Criticism.* Baltimore. MD: The Johns Hopkins University Press, 1982.

12쪽 28행: Richard's arguments는 Richards's의 잘못이다.

54쪽 17행에는 like Richards's doctrine으로 나온다. Richards는 영국의 비평가·시인인 I(vor) A(rmstrong) Richards(1893–1979)이다. 『문학비평원론』(1924), 『시와 과학』(1926), 『실제 비평』(1929) 등의 저자이다.

저자 Elizabeth W. Bruss는 36세의 나이로 요절한 당시(1981)에 Amherst College의 영문학 과장이었다.

privileged statement about human experience."[26]

At times, however, fidelity to the method of analysis threatened to supplant whatever premises had originally justified it—obscuring for example, Richard's arguments about the ordering of impulses; or the pedagogical goal of making literature less exclusively the province of specialized philological scholarship and more immediately available to the general reader; or the desire to display literary work in opposition to a pervasive modern alienation of labor and to pit aesthetic value against the profit motive.

2 Kermit Vanderbilt. *American Literature and the Academy. The Roots, Growth, and Maturity of a Profession*. Philadelphia: University of Pennsylvania Press, 1986.

484쪽 24행: Ivor [sic] Winters의 [sic]은 Ivor가 틀렸다는 뜻이다. Van Wyck Brooks는 논저 *The Opinions of Oliver Allston*(1941)의 주인공 Allston을 통해서 I. A. Richards, T.S. Eliot, Yvor Winters, R.P. Blackmur, John Crowe Ransom 등 신비평가들(The New Critics)을 혹평했는데 Yvor Winters를 Ivor Winters로 잘못 쓴 것을 Vanderbilt가 지적한 것이다. Ivor는 I(vor) A(rmstrong) Richards의 first name이다. Vanderbilt도 *Index*(p. 604)에서 Richard, I. A.: *Principles of Literary*

*Criticism*로 잘못 적었다. 본문(p. 485)에는 I. A. *Richards's Principles of Literary Criticism*으로 나온다.

> review, an answering argument for the New Critics whom Kazin had attacked while embracing the other Brooks as an ally. The year before, in *The Opinions of Oliver Allston,* Van Wyck Brooks had linked the "coterie-writers" to the dilettantish "school of coterie-critics." Quoting mainly from John Crowe Ransom's *The New Criticism* (1941), Brooks's persona Allston ridiculed I. A. Richards, T. S. Eliot, Ivor [*sic*] Winters, R. P. Blackmur, Ransom, and Cleanth Brooks as trivial critics without values who analyzed poetry with the same mechanistic and scientific zeal as our depressing novelists had been portraying modern man in his environment. Brooks-Allston dreaded the impact of this criticism in the academy among misguided professors

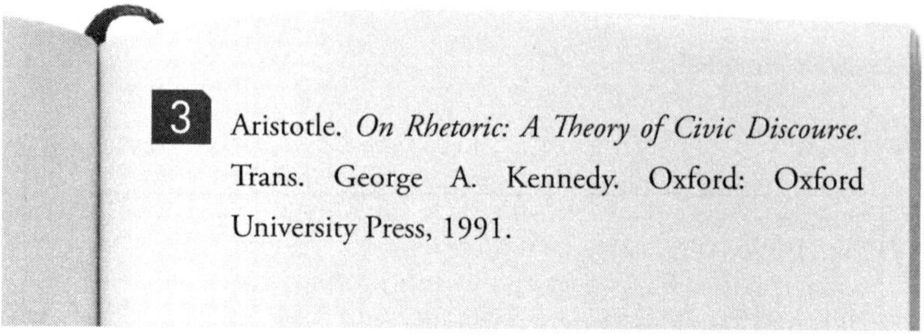

3 Aristotle. *On Rhetoric: A Theory of Civic Discourse.* Trans. George A. Kennedy. Oxford: Oxford University Press, 1991.

42쪽 각주 60의 끝 문장 The underlying logical structure should, however be present는 however,가 되어야 한다. 접속부사인 however는 문두, 문중, 문미(文尾) 어디에서도 콤마(,)로 구분한다.

43쪽 18행의 [*sēmeia*]]는 [*sēmeia*]로.

e.g., "Socrates is mortal, for he is a man," assuming "all men are mortal." Aristotle notes that this is often the case, but it is not a necessary feature of the enthymeme. The real determinant of an enthymeme in contrast to a syllogism is what a popular audience will understand. Aristotle regards rhetoric, and thus the enthymeme, as addressed to an audience that cannot be assumed to follow intricate logical argument or will be impatient with premises that seem unnecessary steps in the argument. The underlying logical structure should, however be present.

61. *Prior Analytics* 1.8, 1.12–14, 1.27; *Posterior Analytics* 1.6, 1.30, 2.12.

think they are offering a *tekmerion*, as though the matter were shown and concluded [*peparasmenon*]. (*Tekmar* and *peras* ["limit, conclusion"] have the same meaning in the ancient form of [our] language.) 18. An example of signs [*sēmeia*]] related as the particular to the universal is if someone were to state that since Socrates was wise and just, it is a sign that the wise are just. This is indeed a sign, but refutable, even if true in this case; for it is not syllogisti-

4 Henry Louis Gates, Jr. *Loose Canons: Notes on the Culture Wars*. New York: Oxford University Press, 1992.

하버드 대학 교수인 Gates는 이른바 Afro-American계 문학비평가들 가운데 가장 영향력 있는 비평가이다. 155쪽에 인용되어 있는 The Library of America 총서 홍보문의 맨 끝에서 두 번째 줄 for readability has well as elegance의 has는 as의 잘못이다. 원문이 그렇게 되어 있었다면 has[sic]로 고쳤으면 좋았을 것이다. Gates가 간과했거나 잘못 옮겼는지도 모른다.

cinct chronology of the author's life and career, an essay on the choice of texts, and some necessary notes. Library of America editions will last for generations and withstand the wear of frequent use. Sewn bindings allow the books to open easily and lie flat. The page layout has been designed for readability has well as elegance. Published by Literary Classics of the United States.

5 Jules Thompson Klein. *Crossing Boundaries: Knowledge, Disciplinarities, and Interdisciplinarities.* Charlottsville: University Press of Virginia, 1996.

5,000 Ph. D's

109쪽 34행: 5,000 Ph. D's는 5,000 Ph.D.s의 잘못이다.

199쪽 28행: joint M. D. – Ph. D programs

Ph. D는 D 다음에 점(point)를 찍어야 한다. M.D.는 Doctor of Medicine의 약자이고 Ph. D.는 Doctor of Philosophy의 약자이다. Ph. D.보다는 PhD로 표시하는 것이 추세이다.

the National Defense Education Act (NDEA)~~. Between 1958 and 1973,~~ NDEA Title VI provided roughly $206 million. Of that amount, $68.5 million went directly to language and area centers that totaled 107 for many years. NDEA-funded centers produced 35,000 bachelor's degrees, 14,700 master's degrees and over 5,000 Ph.D's (Pye 1975, 12).

Quantitative critical mass alone indicates that a threshold level has been achieved. By 1988 there were about six hundred self-declared area studies programs on American campuses, ranging from a handful of faculty and stu-

posed the need for changes in three major areas: upgrading training in mathematics and physics in premedical school and residency programs; narrowing the gap between traditional education and training in the use of modern devices; and increasing the number of joint M.D.–Ph.D programs that stress physical sciences, such as the joint program between Harvard and MIT (*Scientific Interfaces* 1986, 256).

6 John M. Ellis. *Literature Lost: Social Agendas and the Corruption of the Humanities*. New Haven: Yale University Press, 1997.

143쪽 25행: … when Republicans sins are involved…에서 Republicans sins은 Republicans' sins의 잘못이다.

tunistic. By opportunistic, I mean that arguments are deployed according to the needs of the moment: politicians can often be heard making an argument today that is the reverse of what they were saying yesterday. Democratic politicians are for congressional hearings and special prosecutors when Republicans sins are involved, but not when a Democratic administration will be placed at risk, and vice versa. In research, on the other hand, consistency is indispensable. Arguments must always be principled, never opportunistic, because research needs results

7 Roger Kimball. *Tenured Radicals: How Politics Has Corrupted Our Higher Education.* Elephant Paperbacks. Chicago: Ivan R. Dee, Publisher, 1998.

9쪽 15행: … privileges [*sic*]는 이 인용문의 주어 Arguments가 복수형인데 단수형 동사 privileges를 쓴 것이 잘못임을 저자(Kimball)가 지적한 것이다.

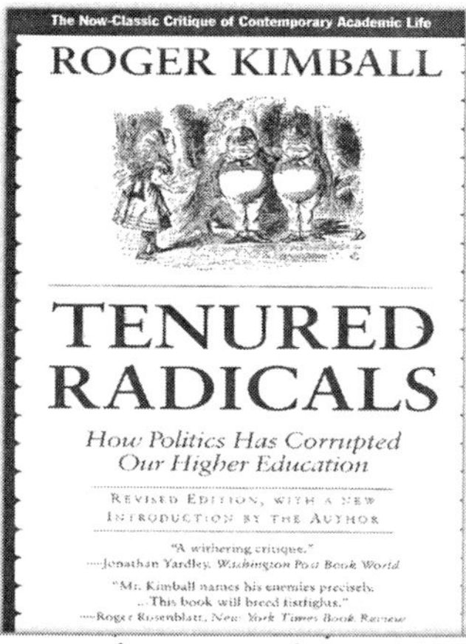

passage just quoted, underlining the word "individual," and commenting "This is a 'RED FLAG' phrase today, which is considered by many to be RACIST. Arguments that champion the individual over the group ultimately privileges [*sic*] the 'individuals' belonging to the largest or dominant group."[10] Such examples could be multiplied indefinitely. What they portend is nothing less than the effort to institute a new form of thought control based on a variety of New Left slogans and attitudes.

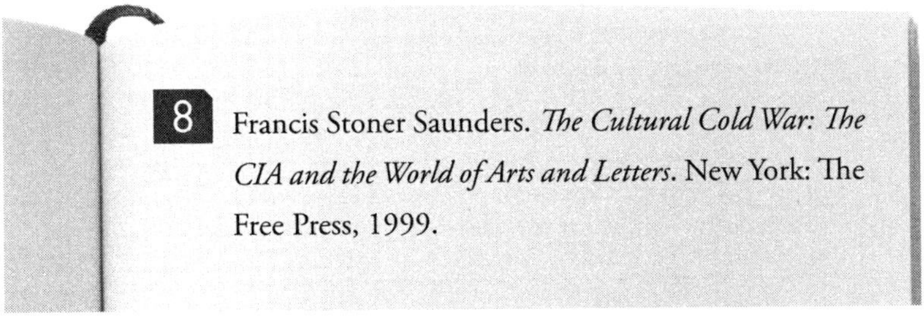
8 Francis Stoner Saunders. *The Cultural Cold War: The CIA and the World of Arts and Letters*. New York: The Free Press, 1999.

333쪽 10행: Nicholas Nabokoff [sic]… 앞쪽 끝에 나오는 여성작가 Mary McCarthy가 Nicholas Nabokov를 Nabakoff로 잘못 쓴 것을 저자인 Saunders가 지적한 것이다.

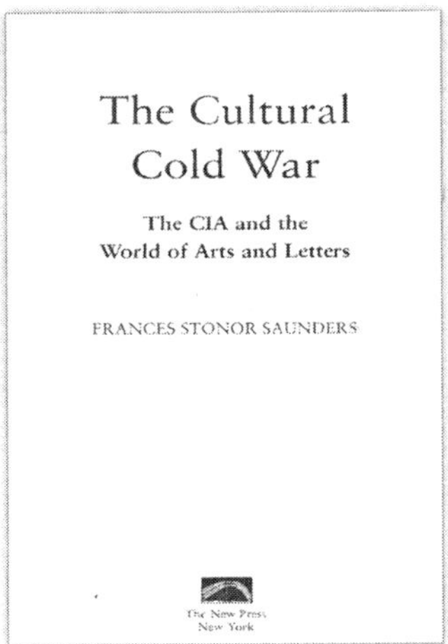
The Cultural Cold War

The CIA and the World of Arts and Letters

FRANCES STONOR SAUNDERS

The New Press
New York

'Expenses, the most beautiful word in modern English,' V. S. Pritchett once declared. 'If we sell our souls, we ought to sell them dear.' Those who did not queue up for *per diems* in Venice could stand in line for them at another Congress event taking place that June in Berlin, the 'Progress in Freedom' conference. Writing to Hannah Arendt, Mary McCarthy gave a wonderfully bitchy account of the personal rivalries and intellectual obfuscations which dominated the conclave: 'The

main event, from the point of view of sheer scandal, was a series of furious clashes between Mr Shils and William [Phillips], on the subject of mass culture, naturally. I swear Shils is Dr Pangloss reborn and without Dr Pangloss's charm and innocence. I said so, in *almost* as many words, when I got into the fight myself. Another feature of the Congress was [Robert] Oppenheimer, who took me out to dinner and is, I discovered, completely and perhaps even dangerously mad. Paranoid megalomania and sense of divine mission . . . [Oppenheimer] turned to Nicholas Nabokoff [sic] . . . and said the Congress was being run "without love". After he had repeated this several times, I remarked that I thought the word "love" should be reserved for the relation between the sexes . . . George Kennan was there and gave a very good and

9 Jan Gorak, ed. *Canon vs. Culture: Reflections on the Current Debate*. New York: Garland, 2001.

85쪽 25행: Ph. D programs는 Ph. D. Programs로

여담 하나. 대학 재직시에 서울과 지방에서 많은 교수들을 만났고 Ph. D로 적힌 영문 명함을 받았었다. 열에 일곱, 여덟 명은 국내 대학 학위소지자들이었다. 서울이나 지방도시의 소규모 명함 가게에 비치되어 있는 샘플 대부분은 Ph. D로 적혀 있었다.

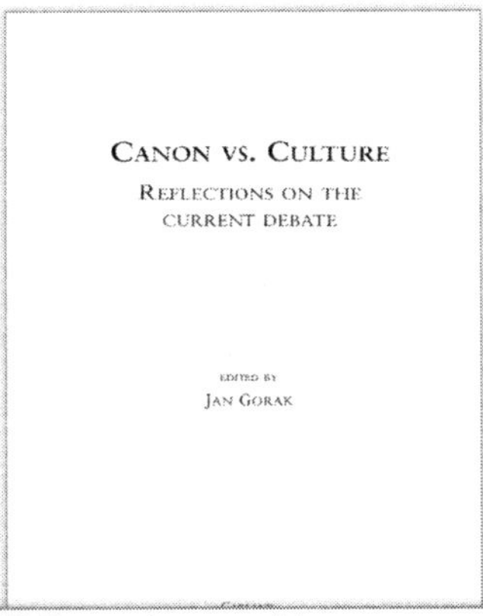

While graduate writing programs do exhibit curricular variety, the core of the vast majority of these programs is the workshop, the studio component of the program. The workshop is central to the Master of Fine Arts degree, the most common graduate degree for writers, and is also important in the less common but growing number of Ph.D programs in creative writing, which usually combine more traditional literary study with workshops and a creative dissertation. The primary "texts" in the workshop are the works created by the individual student-writers during the course, which are then shared and critiqued, but most workshops in some way sup-

10 David Horowitz. *The Professors: The 101 Most Dangerous Academics in America*. New York: Regency Pub. Inc., 2006.

217쪽 3행: … to be an [sic] European, male centered approach to philosophy. Caroline Higgins 교수의 말인데 European의 eu는 ju로 발음하니까 부정(不定)관사는 'a'가 되어야 한다는 것이다.

syllabus informs students. They are joined by "women, people of color, and other diverse groups who have also rejected what they consider to be an [sic] European, male-centered approach to philosophy."[497] Professor Higgins makes no attempt to justify the evident absence of diverse views or scholarly skepticism in her

11장 구분착오
(Wrong Numbering)

1 Younghill Kang. *East Goes West.* New York: Charles Scribner's Sons, 1937.

East Goes West(동양 사람 서양에 가다)는 제1세대 한국계 미국작가 강용흘(姜鏞訖, 1903−1972)의 자서전적 장편소설이다. 첫 작품인 *The Grass Roof*(초당, 1931)에 비하면 구성면에서 매우 복잡하다. 『초당』은 두 권(Book)으로 나누어지고, Book One은 11장(chapters)으로 Book Two는 13장, 총 24장으로 되어 있다.

『동양 사람 서양에 가다』는 목차(contents) 없이 제1부(Part One)로 시작하여 제3부(Part Three)로 이어진다. 각 부는 여러 권(Book)으로 되어 있고, 각 권은 장(Chapter) 표시 없이 여러 장으로 되어 있다. 세분하면 아래와 같다.

Part One: Book One, 9(Chapters); Book Two, 5; Book Three, 6; Book Four, 6

Part Two: Book One, 7(Chapters); Book Two, 6 ; Book Three, 5; Book Four, 5; Book Five, 8; Book Six, 2; Book Seven, 7; Book Eight, 6; Book Nine, 4

Part Three: Book One, 2; Book Two, 4; Book Three, 4; Book Four, 5

총계를 하면 3부 17권 91장이다. 이렇게 복잡하다 보니 numbering

에 착오가 생겼다. Part Three, Book One은 2장뿐인데 제1장 다음에 제3장이 나온다. 또 Part Three는 네 권(Book)인데 Book Three 없이 Book Four, Book Five로 되어 있다.

1965년에 시카고의 Follett Publishing Company에서 나온 *East Goes West* by Younghill Kang이 정정판이다.

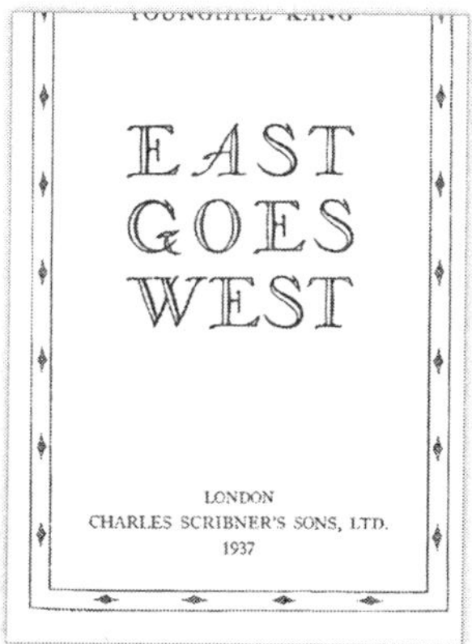

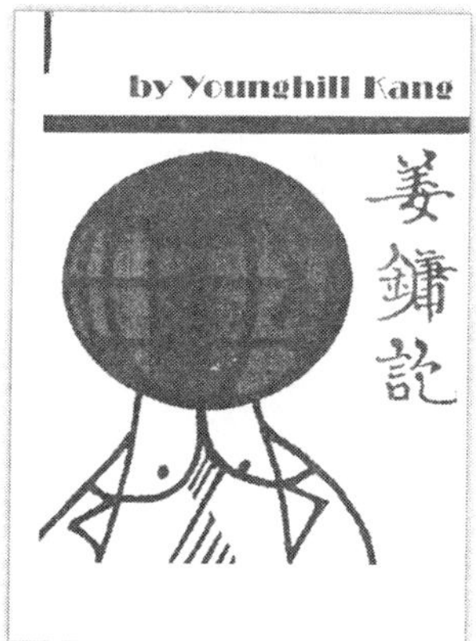

1937

3

I met Miss Churchill through Mr. and Mrs. Winters, with whom I had attended classes in a Boston graduate school. I al-

318

1965

2

I met Miss Churchill through Mr. and Mrs. Winters, with whom I had attended classes in a Boston graduate school. I al-

1937

BOOK FOUR

I

I COME TO A PERIOD in which I was literally a wandering student, a steady occupant of libraries, leading actually a hobo's life, but with the outward leisure of gentleman and scholar. I supported myself by small jobs of free-lancing or other efforts of the brain, and what I lived on is all but in-

1965

BOOK THREE

1

I COME TO A PERIOD IN WHICH I WAS LITERALLY A WANDERING student, a steady occupant of libraries, leading actually a hobo's life, but with the outward leisure of gentleman and scholar. I supported myself by small jobs of free-lancing or other efforts of the brain, and what I lived on is all but in-

2 Paul Lauter, gen. ed. *The Heath Anthology of American Literature*. Volume 2. Lexington. MA: D.C. Heath and Company, 1990.

Younghill Kang (1903-1972)

from *East Goes West*

Book Three 1, 2, 3

히스출판사가 1990년에 출간한 히스미국문학앤솔로지는 대학미국문학 앤솔로지계에 큰 반향을 일으켰다. 종전의 여러 앤솔로지와는 달리 히스앤솔로지는 미국 문학의 전통적인 작가 시인들의 작품을 수록한 동시에 원주민 Native Americans, 흑인, 히스패닉, 아시아계 작가 시인들의 작품을 대량으로 수록했다. 한국계 작가 시인으로는 강용흘과 Cathy Song의 작품이 수록되었다. Cathy Song은 전년도인 1989년에 나온 *Norton Anthology of American Literature* 3rd Edition에도 수록되었다.[1]

히스앤솔로지의 편집 방침은 특이했다. 전국적으로 백 명이 넘는 대학의 미국 문학 교수들로 하여금 전공 작가들과 작품을 선정하여 짧은 소개, 평가문을 달게 하였다. 강용흘은 UC Berkeley의 Elaine H. Kim이, Cathy Song은 UC Santa Barbara의 Shirley Geoklin Lim이

1 김용권.「미국문학정전의 재구성」.『西江人文論叢』第 2輯. 1993. 99-133 참조.

책임 편집을 맡았다. Elaine H. Kim의 *Asian American Literature: An Introduction to the Writings and the Social Context.* Temple UP(1982)는 아시아계 미국문학 연구의 필독서로 널리 알려져 있다.

Younghill Kang(1903−1972)/from *East Goes West* / Book Three 이라는 표제는 잘못이다. 앞에서 언급하였듯이 *East Goes West*는 3부 (Parts)로 되어 있고 각 부는 여러 권(Books)으로 되어 있으므로 Book Three만으로는 어떤 Part의 Book Three인지 알 수 없다. 실은 Part One Book Three이고 6장(Chapter)까지 있다.

1993년 11월 초에 제주도에서 열린 한국아메리카학회의 연차대회에 히스앤솔로지 주간인 Paul Lauter 교수가 참석하여 주제논문을 발표하였다. Lauter 교수는 그 자리에서 히스앤솔로지의 제2판(1994년)의 an advance copy를 선보였다. 발표가 끝난 후 그것을 들추어 보았더니 목차와 본문이 여전히 Book Three로 되어 있었다. Lauter 교수에게 Part One, Book Three로 해야 한다고 말하였더니 "재판본은 고칠 수 있다"고 말하였다. 나는 그 해 12월 말 뉴욕에서 열린 MLA(The Modern Language Association of America) Convention에 참석했다. 신간 서적 전시장의 히스출판사 코너에 들려 제2판(1994)을 살펴보았더니 신통하게도 Part One, Book Three로 되어 있었다. 그러나 목차(xix)는 여전히 from *East Goes West* Book Three로 되어 있었다. 수정 지시를 받은 출판사 편집부의 누군가가 목차 수정을 깜박한 것 같다.

그리고 10여 년이 지난 2005년 10월 말에 경주에서 열린 한국아메리카학회 연차대회에 Elaine H. Kim 교수가 참석했다. 김 교수는 그에 앞서 서강대에서 특별강연을 했고 특강 후에 교수들과의 점심 회식에 참석했다. 나는 그 자리에서 히스앤솔로지 이야기를 꺼냈었다. *East Goes West*의 편집상의 문제라고 하니까 "문제(problem)가 아니고 실수(mistake) 이야기냐"고 반문했다. 초판에는 Part One. Book Three가 Book Three로만 되어 있었다고 하니까 "그랬던가요"라고 말하는데 놀란 기색이 없었다. Lauter 교수나 히스출판사 한테서 아무런 이야기를 들은 바 없고 제2판의 어정쩡한 수정에 관해서도 모르고 있었다.

수년 전에 교보문고에서 *Heath Anthology*의 5판(2006년)을 봤는데 5판 목차는 Part One, Book Three로 바로 되어 있었다. Elaine H. Kim 교수가 뒤늦게나마 바로잡았는지 모른다.

1990

1747	**Younghill Kang (1903–1972)**
1748	*from* East Goes West
1748	_Book Three

from East Goes West

Book Three

I

1948	**Younghill Kang (1903–1972)**
1950	*from* East Goes West
1950	_Book Three

1994

(1994)

from East Goes West

Part One, Book Three

1

George and I were to leave New York about the same time. Pyun had found places for both, as he said he would. Since I could not cook, though George was charitable enough to recommend me, they said I must go as a houseboy, in company with another Korean, Mr. Pak.

"I know Mr. Pak," said George. "And you will have no trouble there."

I became optimistic then:

"My first American step, George, in economic life. I will make money now like Hung-Kwan Pang. On that I will become educated like J.P. Ok, A.B., B.D., M.S.T., M.A., Ph.D."

"I'm sure of Pak," George added, "but I am not sure of Pyun. Pyun has himself learned the American efficiency, though he would be ashamed to say that he is a good business man . . . this shows he still has some Orientality about him. But all the same he may be sending us both out just to get a commission."

"But he is a good friend of yours!"

"I do not like him much. In some ways he is an interesting type of Oriental successful in America. . . . Pyun's Utopia is not unlike that good old Epicurus[1] . . . he believes in eating good meals. He also believes in hard work. So he spends his days in hard work and his nights in good times—a typical New Yorker. He really knows gin. Those who come for the party enjoy themselves and have no headache the next morning. He has an apartment uptown where I often go to play poker (mostly losing). He keeps the entire floor for himself, so he can bring his friends privately. (His friends are mostly girls.) But he will never get anywhere. He has no poetry, no romance! Just skating!"

"Remember," said George to me, "it is not always the money man who is the best dancer, the best drinker, or the best-dressed human being at all. He often leads the dullest existence. That is because he does not know how to create an enjoyable life. It may be that money does not come to the man who knows how to spend it for a good time. But then you can't afford to have a dull life. At any rate—make money but don't sacrifice mystery to make money. When you say, 'Never mind—that will come when I accumulate wealth,' then it may be too late. To scorn delights and live laborious days, that will not do."

I was packed long before George, and presently Pak came in a taxicab with his two suitcases. They were old and worn, not so good-looking as George's. The handle of one was wrapped with strings. Pak was very big and tall, with a phlegmatic face. He had a stubborn hesitating accent; three times his tongue would flutter, sometimes even more, before he could utter a sentence.

[1]Greek philosopher who held that sensuous pleasure was the highest good.

3 A. E. Dyson. *Yeats, Eliot and R. S. Thomas.* London: The Macmillan Press. LTD., 1981.

아래 글은 W. B. Yeats의 시 "Coole Park and Ballylee, 1931"의 분석이다. 이 시는 6 stanzas로 되어 있다. Dyson의 글 118쪽 15행은 "Stanzas iv—v rise once more to nobility"로 시작하고 이어서 "Stanza v begins"로 이어지는데 "Stanza v"는 "Stanza iv"의 잘못이다. 따라서 37행의 "The sixth stanza"는 "the fifth stanza"이다. 그렇지 않으면 119쪽 3행의 "the final stanza"는 있지도 않는 the seventh stanza가 되고 만다.

118 *Yeats, Eliot and R. S. Thomas*

'stormy white' appear almost conjoined as subject, continues the elation aroused by healing intuition as a reality superior to 'knowledge' –

> And is so lovely that it sets to right
> What knowledge or its lack had set awry

– yet the stanza concludes on another off-beat note:

> So arrogantly pure, a child might think
> It can be murdered with a spot of ink.

The use of 'arrogantly' is a brilliant reminder of the ambiguity in moments of elation; and, though 'a child might think' gives the impression that the child is wrong (as no doubt he is, in terms of the emblem), Jeffares reminds us that Yeats had written, in 'The Irish Dramatic Movement', words of more sombre import: 'Did not M. Tribulat Bonhomet discover that one spot of ink would kill a swan?'.

Stanzas iv–v rise once more to nobility. Stanza v begins with an image of old age which must be one of the most universal, and sad, that even Yeats has given. We then realise that we are hearing (not seeing) Lady Gregory, as though she were already half a ghost, moving around in the house that has been built over so long a period, in a tradition of untainted honour and genius, and is shortly, like its owner, to take flight into the unknown. Words such as 'Beloved', 'famous', 'Old' (used twice, with reverence now), 'Great', 'Content or joy' celebrate qualities which have been generated, and regenerated, through t

Yeats's own life in its

great period of the

history). 'Those image

the second line rema

reminds us that we ar

equally 'of the noble

'folly' in old age, but

weighs a multitude of

finds the millions wa

thought that few gre

marrying, or begettin

the human stock.

The sixth stanza, w

l. 2 turns reality to n

unnoticed. Lines 4–5

in Coole Park, or any

touchstone of the suff

Yeats's Poetry: The Major Phase 1916–39 119

and Yeats himself are now already exiles (or is the 'We' reserved for the rest of us?) 'all that great glory spent'.

The final stanza starts with a further, yet more resounding, 'We', which tends to convince me that it is intended as a contrast, rather than a continuation, of the 'We' just commented upon. The famous phrase 'the last romantics' will naturally link, in our hearing of them, with stanza vi of 'The Municipal Gallery Revisited'. Happily, Yeats goes on to offer a comment on the phrase which is, also, one of the major statements upon his own work and intentions:

> We were the last romantics – chose for theme
> Traditional sanctity and loveliness;
> Whatever's written in what poets name
> The book of the people; whatever most can bless
> The mind of man or elevate a rhyme. . . .

Yeats places himself with Milton, Pope, Wordsworth, Tennyson and others – a tradition deeply rooted in European culture – among writers who held the high view of art. Though he has in common with the English romantic poets a desire to celebrate beauty, to keep alive wonder, to search after every evidence of divinity at once in the created world as we perceive it and in the creations which humanity then offers back and adds, he is nothing like the nineteenth-century romantics in their rejection of tradition. No doubt it can be argued (as I have attempted elsewhere) that the English romantics were rejecting not true classical culture, but the aridly intellectual neo-classicism spawned in the seventeenth century by scientific empiricism (a very different thing); in which event, Yeats might be closer to them than at first appears. But he was far too pessimistic to share their central vision; his consciousness is too distinctively complex, too modern, for any real kinship. 'Traditional sanctity and loveliness' remain his ideal, fated though he is, like the vast majority of moderns, to reject the original foundations and to be singularly elusive in his own attempts to construct new ones. The instinct for

Coole Park and Ballylee, 1931

Under my window-ledge the waters race,
Otters below and moor-hens on the top,
Run for a mile undimmed in Heaven's face
Then darkening through 'dark' Raftery's 'cellar' drop,
Run underground, rise in a rocky place
In Coole demesne, and there to finish up
Spread to a lake and drop into a hole.
What's water but the generated soul?

Upon the border of that lake's a wood
Now all dry sticks under a wintry sun,
And in a copse of beeches there I stood,
For Nature's pulled her tragic buskin on
And all the rant's a mirror of my mood:
At sudden thunder of the mounting swan
I turned about and looked where branches break
The glittering reaches of the flooded lake.

Another emblem there! That stormy white
But seems a concentration of the sky;
And, like the soul, it sails into the sight
And in the morning's gone, no man knows why;
And is so lovely that it sets to right
What knowledge or its lack had set awry,
So arrogantly pure, a child might think
It can be murdered with a spot of ink.

Sound of a stick upon the floor, a sound
From somebody that toils from chair to chair;
Beloved books that famous hands have bound,
Old marble heads, old pictures everywhere;
Great rooms where travelled men and children found
Content or joy; a last inheritor
Where none has reigned that lacked a name and fame
Or out of folly into folly came.

88

A spot whereon the founders lived and died
Seemed once more dear than life; ancestral trees,
Or gardens rich in memory glorified
Marriages, alliances and families,
And every bride's ambition satisfied.
Where fashion or mere fantasy decrees
We shift about – all that great glory spent –
Like some poor Arab tribesman and his tent.

We were the last romantics – chose for theme
Traditional sanctity and loveliness;
Whatever's written in what poets name
The book of the people; whatever most can bless
The mind of man or elevate a rhyme;
But all is changed, that high horse riderless,
Though mounted in that saddle Homer rode
Where the swan drifts upon a darkening flood.

89

4 김구슬. 『T.S. 엘리엇과 F.H. 브래들리 철학』. 동인, 2009.

제3부 비평이론의 제1장 엘리엇의 비평이론: 인식론적 통찰(237-270)의 최종항(section)인 V(265면) 자리에 IV가 되풀이 나온다. IV는 257면에서 시작한다.

257

IV

엘리엇은 「던에 있어서의 기상」("The Conceit in Donne")에서 단테와 카발칸티(Cavalcanti) 그리고 던의 수사를 비교, 분석한 바 있다. 이 글에서 엘리엇은 단테와 카발칸티의 이미지들과 던의 이미지들의 차이를 관심의 집중의 차이로 해석하여, 단테의 관심이 전달하려고 하는 관념이나 감성에 있다면,

IV

엘리엇의 '감수성' 이론은 객관적 상관물 이론과 같은 맥락에서 논의되

제3부 비평 이론 — 265

5 MLA. "Two Important Anthologies." PMLA. March 1991. Volume 106. Number 2.

Two Important Anthologies

PMLA는 The Modern Language Association of America(MLA)(1894–)에서 간행하는 미국 최대의 어문학 학술지다. 매년 1월, 3월, 5월, 9월, 10월, 11월 6회 간행되는데 9월 호는 회원 명부(Directory), 회칙 등을, 11월 호는 12월 말에 개최하는 대회의 Program을 싣는다. 11월 호는 12월 말에 개최되는 대회장의 신간 전시장에 전시되는 전국 대학 출판부와 일반 출판사의 신간서를 집중적으로 광고하고 나머지 다른 호에서는 선택적으로 광고한다. 일반 출판사 가운데 Bedford/St Martin's사는 해마다 9월 호와 11월 호의 Back cover에 전면광고를 싣고 있다. 앞의 Two Important Anthologies는 PMLA 안에 실린 전면광고이다. *The Rhetorical Tradition*과 *The Critical Tradition*은 저명 교수·학자들의 "신간평"에 걸맞는 anthologies가 분명하다. 그런데 책과 신간평이 맞지 않는다. 상단의 *The Rhetorical Tradition*의 신간평은 "*The Critical Tradition* is …"로 시작하고, 하단의 *The Critical Tradition*의 오른 쪽 신간평은 "… the history of rhetoric and rhetorical theory …" 운운하고 있다. 위 아래를 대각선으로 연결해야 제대로 된다.

출판사에서 보내 온 원고를 그대로 실었을 테지만 아무도 착오를 발견하지 못한 것이 신기하기만 하다. 알 수 없는 것은 PMLA의 전년도(1990) 3월 호에 실린 두 책의 광고는 제대로 되어 있으니 말이다.

*The Critical Tradition*은 1998년에 Second Edition이 나왔고 2000년에 들어서 제3판이 나왔다.

회원 명부(Directory) 등을 싣는 September Issue는 수년 전에 폐지되고 현재는 LIST OF 2013 MLA MEMBERS가 별책으로 나온다.

1991

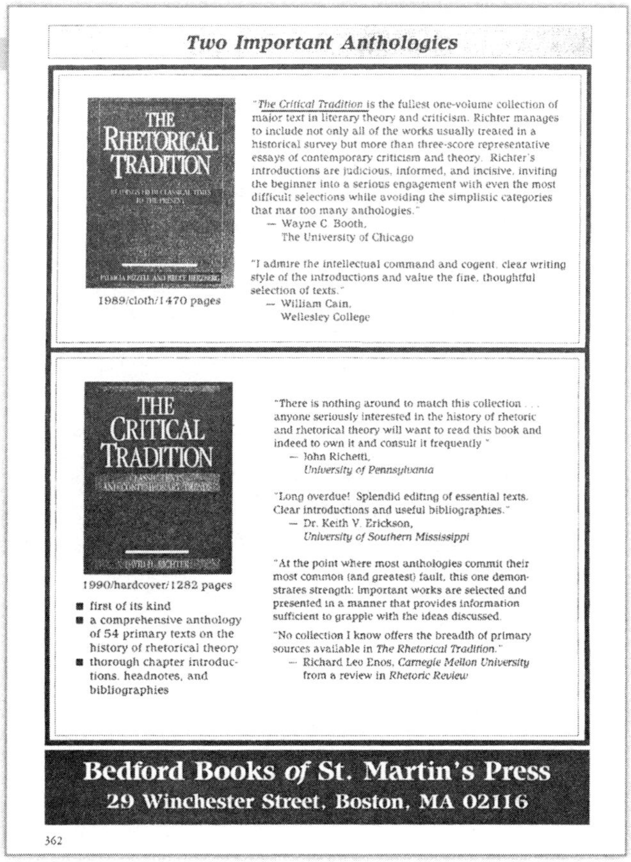

Two Important Anthologies

THE RHETORICAL TRADITION

1989/cloth/1470 pages

"*The Critical Tradition* is the fullest one-volume collection of major text in literary theory and criticism. Richter manages to include not only all of the works usually treated in a historical survey but more than three-score representative essays of contemporary criticism and theory. Richter's introductions are judicious, informed, and incisive, inviting the beginner into a serious engagement with even the most difficult selections while avoiding the simplistic categories that mar too many anthologies."
— Wayne C. Booth,
The University of Chicago

"I admire the intellectual command and cogent, clear writing style of the introductions and value the fine, thoughtful selection of texts."
— William Cain,
Wellesley College

THE CRITICAL TRADITION

1990/hardcover/1282 pages

- first of its kind
- a comprehensive anthology of 54 primary texts on the history of rhetorical theory
- thorough chapter introductions, headnotes, and bibliographies

"There is nothing around to match this collection . . . anyone seriously interested in the history of rhetoric and rhetorical theory will want to read this book and indeed to own it and consult it frequently."
— John Richetti,
University of Pennsylvania

"Long overdue! Splendid editing of essential texts. Clear introductions and useful bibliographies."
— Dr. Keith V. Erickson,
University of Southern Mississippi

"At the point where most anthologies commit their most common (and greatest) fault, this one demonstrates strength: important works are selected and presented in a manner that provides information sufficient to grapple with the ideas discussed.

"No collection I know offers the breadth of primary sources available in *The Rhetorical Tradition.*"
— Richard Leo Enos, *Carnegie Mellon University*
from a review in *Rhetoric Review*

Bedford Books *of* St. Martin's Press
29 Winchester Street, Boston, MA 02116

362

1990

THE CRITICAL TRADITION: Classic Texts and Contemporary Trends

David H. Richter, *Queens College of C.U.N.Y.*

1989/cloth/1488 pages

"*The Critical Tradition* is the fullest one-volume collection of major texts in literary theory and criticism. Richter manages to include not only all of the works usually treated in a historical survey but more than three-score representative essays of contemporary criticism and theory. Richter's introductions are judicious, informed, and incisive, inviting the beginner into a serious engagement with even the most difficult selections while avoiding the simplistic categories that mar too many anthologies."

—Wayne C. Booth, *The University of Chicago*

"I admire the intellectual command and cogent, clear writing style of the introductions and value the fine, thoughtful selection of texts."

—William Cain, *Wellesley College*

THE RHETORICAL TRADITION: Readings From Classical Times to the Present

Patricia Bizzell, *College of the Holy Cross*
Bruce Herzberg, *Bentley College*

1990/hardcover/1296 pages

"There is nothing around to match this collection . . . anyone seriously interested in the history of rhetoric and rhetorical theory will want to read this book and indeed to own it and consult it frequently."

—John Richetti, *University of Pennsylvania*

"The profession *needs* this anthology. I wish it were on my own bookshelf right now."

—Louis Z. Smith, *University of Massachusetts, Boston*

"*The Rhetorical Tradition* is an incredibly useful volume, not only for compositionists and rhetoricians, but for the potentially larger audience of humanists and social scientists becoming more and more interested in rhetoric."

—Steven Mailloux, *Syracuse University*

Bedford Books of St. Martin's Press
29 Winchester Street, Boston, MA 02116
To request examination copies, please call 800-446-8923

356

12장 다수오류
(Multiple Errors)

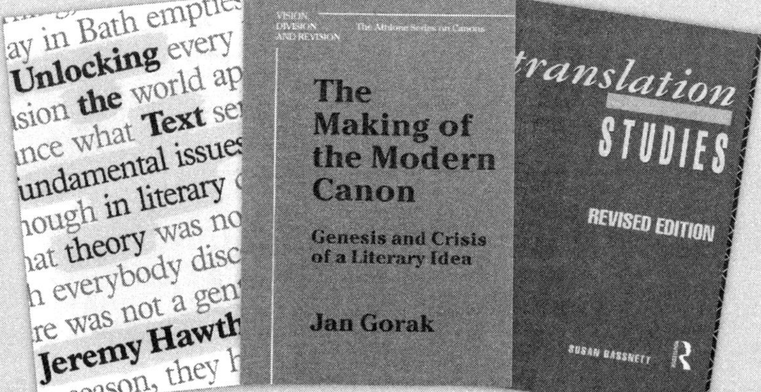

1 Jeremy Hawthorn. *Unlocking the Text: Fundamental Issues in Literary Theory*. London: Edward Arnold, 1987.

1980년대에 나온 수많은 문학이론에 관한 입문 해설서 가운데 국내에서 널리 사용된 책의 하나가 이 책이다. Hawthorn 교수는 이 책 말고도 *A Concise Glossary of Contemporary Literary Theory*(Edward Arnold 1992)를 냈다. 그 후 개정판이 몇 차례 나왔다.

1. 4쪽의 끝 행(39) to one/person <u>many</u> fail to …의 many는 may의 오식이다.

2. 17쪽의 26–27행 'It/depends what you mean by "reading".'의 depends는 자동사이므로 what 앞에 전치사 on이 있어야 한다.

3. 18쪽의 17–18행 Having mentioned 'responding', <u>some comments</u> … are in order this point.에서 Having mentioned … 의 행위자는 사람이므로 무생물 복수 명사가 주어가 될 수 없다.

4. 120쪽 2–4행 "my feeling is … to them"의 them에 해당하는 복수 명사가 없다. 3행의 the reader's experience of life의 experience를 내심으로는 experiences로 여겼던 것 같다.

1990년대에 Hawthorn 교수는 한국영어영문학회의 연차대회에서 초청강연을 했다. 끝난 후 사석에서 앞의 오자를 지적했더니 'Having mentioned …'에 대해선 '이런!' 하면서 겸연쩍은 웃음을 지었다.

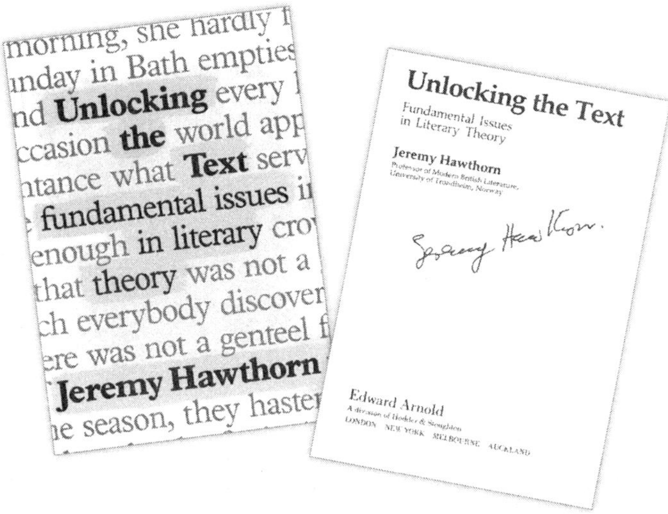

1 has later on in the book; for the time being it is important that we are on our guard against too careless a use of the term 'literature'. We should remember not only that what is a work of literature to one person many fail to qualify as such to someone else, but also that

[1] See for example the essay, 'Theatre for Pleasure or Theatre for Instruction'.
[2] C. Day Lewis (ed.), *The Collected Poems of Wilfred Owen*, London, Chatto, 1963, p.31.

2

reading a book with complete understanding.

One of the reasons why 'reading' can be such a confusing term is that it covers such a range of varying activities. When we ask, therefore, what the relationship between reading and criticizing a literary work is, it is inevitable that the initial response must be, 'It depends what you mean by "reading".' Indeed, once we turn to the reading of complex literary texts then the problem of levels of understanding becomes much more pressing. When we say that we have read *Bleak House* we do not mean that we have unthinkingly and unreflectingly rendered the written text into spoken utterance.

3

Response

Having mentioned 'responding', some comments on the issue of literary response are in order at this point. 'Response' is a far less fashionable critical term today than it has been at times in the recent past. For many critics today it carries rather unscientific and self-indulgent connotations which are not in accord with the mood of the times. Nonetheless, it is a useful term, useful because it isolates an aspect of the literary process that is inadequately dealt with by other alternatives. Response, put simply, is what happens to us when and

4

either explicitly or implicitly.'[131]

My own feeling is that such literary influences are nearly always subordinate to the reader's 'experience of life', and have to be seen in relation to them. There are no purely literary reasons why the eighteenth century preferred *King Lear* with a happy ending, or why Donne's reputation was comparatively low in the nineteenth century and very much higher in the twentieth, or why Flaubert's *Madame Bovary* and D. H. Lawrence's *The Rainbow* should have been subject to legal prosecution when first published while they are now

2 Frank Lentricchia and Thoms McLaughlin, eds. *Critical Terms for Literary Study*. Chicago: The University of Chicago Press, 1990.

Barbara Herrnstein Smith(Value/ Evaluation)

1. 181쪽 5행: ... operating though a wide va/riety~의 though는 through의 잘못.

John Guillory(Canon)

2. 248쪽 20행: from the <u>irreducably</u> complex grounds-의 irreducably는 irreducibly의 잘못

Lee Patterson (Literary History)

3. 260쪽 4행: than these <u>these</u> methodological issues의 these는 중복.

*Critical Terms for Literary Study*의 Second Edition(1995)를 보

면 260쪽의 these these는 these로 바로 되어 있다. 그러나 181쪽의 though와 248쪽의 irreducably는 그대로이다. dittography는 쉽게 잡아낼 수 있지만 철자가 틀린 것은 눈에 잘 띄지 않을 것이다.

1

VALUE/EVALUATION

ideology. Just about every aspect of this familiar conception of literary evaluation has, however, been questioned in recent critical theory.

To begin with, literary evaluation is no longer thought of as confined to the discrete verbal statements of journalistic and academic "critics." The evaluation of a work is seen, rather, as a continuous process, operating though a wide variety of individual activities and social and institutional practices. Moreover, the

2

(*more ironic*, more aesthetically complex) when fully contextualized in a social as well as a purely literary history. And yet it is doubtful whether this complexity can be reduced to the same meaning in every canonical poem. Let us say that it is *real* complexity because it emerges from the irreducably complex grounds of history itself.

3

LEE PATTERSON

literary historians' efforts, is what makes it possible. But it does impose upon them the stipulation that they raise it to consciousness and include it within their interpretive activity.

Perhaps more important than these these methodological issues, the breaking down of the category of literature has made it possible for literary historians to see that literary writing is best understood not as a diacritical or disengaged

3'

LEE PATTERSON

literary historians' efforts, is what makes them possible. But it does impose upon them the stipulation that they raise it to consciousness and include it within their interpretive activity.

Perhaps more important than these methodological issues, the breaking down of the category of literature has made it possible for literary historians to see that literary writing is best understood not as a diacritical or disengaged

3 Jan Gorak. *The Making of the Modern Canon: Genesis and Crisis of a Literary Idea.* London: Athlone, 1991.

1. 24쪽 24행: …believer use to construct a new life의 believer는 believers의 잘못.

2. 46쪽 17행: …self-examination will resore the public life의 resore는 restore의 잘못.

3. 258쪽 4행: … a veil we draw over over all kinds의 over over는 중복.

4. 231~232쪽 끝행. Instead the critic should/ "established by…의 "established"는 establish의 잘못이다.

1 to live: so that we should refer to this test our whole faith and life, as the mason or architect squares his work by the line and plummet'.[32] In Christian eyes, the canonical writings become foundation stones believer use to construct a new life, enabling them to see a new world by virtue of the truths revealed in a sacred book.

One would think that a Church centred on the Pauline dispensation would regard 'the canon' as a divine innovation, a charismatic

2 private conduct which he attributes to Horace rather than to any contemporary models for social behaviour. He sees the canons which would restore the Commonwealth to harmony as emerging from an alliance between civic responsibility and Christian conscience. Only vigorous private self-examination will resore the public life of what he ironically calls 'this golden and truly Augustan age'. He exhorts his readers to careful self-scrutiny, bidding them:

3 thinks instead of stereotypes to be reinforced – leering Arab merchants, scowling Iranian terrorists, chanting mobs. For Said, these cultural canons represent one of the tragedies of contemporary existence, a veil we draw over over all kinds of social disturbance, the bars of the 'iron cage' which Max Weber saw as the dominant image of modern life.[58]

Whether Said sees these canons as quite so dangerous in the hands of artists and critics, their primary producers, remains more doubtful. As Gombrich presents it, a rational life involves us all in a process of perceptual making and matching, of provisional orders forged in the

4 'established by political and persuasive means (they are the same thing) the set of interpretive assumptions from the vantage point of which the evidence will hereafter be specifiable'. Fish's legal language masks a definition of literary study that pushes it in the direction of political lobbying. As he reformulates it, literary interpretation requires that texts 'will be made and remade again whenever the interests and tacitly understood goals of one interpretive community replace or dislodge the interests and goals of another'.[23]

4 Susan Bassnett. *Translation Studies*. Revised Edition. London: Routledge, 1991.

아래는 Errata의 대표적인 형식이다.

	For	Read
xii, line 10,	Even–Zohar	Evan–Zohar
xiii, line 15,	translators' prefaces	translator's prefaces
xv, line 29,	Des/Tour de Babel	Les/Tour de Babel
Page 26, line 10,	is concerned with	is concern with
Page 60, line 5,	Ovid's *Epistles*	Ovid's Epistles
Page 79, line 2,	to establish	to the establishment of
Page110, line 21,	Indent "As an example	As an example …
Page 154, line 11,	Des Tour de Babel	Les Tour de Babel
Page154, line 30,	Even–Zohar	Evan–Zohar
Page 154, line 31,	Even–Zohar	Evan–Zohar

79쪽 2행: the establishment of a hierarchy는 differentiate의 목적어가 될 수 없다. to establish a hierarchy로 고쳐 써야 한다.

Translation Studies(번역학)이라는 용어는 1980년대에 공식 용어로 확정되었고, 1990년대에 들어와서는 인문과학 분야에서 가장 주목받은 학문의 하나로 정립되었다. Bassnett의 『번역학』은 번역학의 역사와 이론을 간결하고도 밀도 있게 다룬 책으로 알려져 있다. 영국의 워릭(Warrick)대 교수인 바스네트 교수는 2003년 1월에 한국영어영문학회 학술대회에서 번역학 특강을 하였고 『번역학』 제3판(2003)에서는 『개정판』의 errata를 모두 정정했다고 말하였다. 그러나 나중에 제3판을 확인해 보니 the establishment of a hierarchy는 그대로 남아 있었다(p. 81, line 30).

1991

Lear, Act III sc.vii, bound, tormented and about to have his eyes gouged out, attacks Regan with the phrase 'Naughty lady', it ought to be clear that there has been considerable shift in the weight of the adjective, now used to admonish children or to describe some slightly comic (often sexual) peccadillo.

Much time and ink has been wasted attempting to

SPECIFIC PROBLEMS OF LITERARY TRANSLATION 79

differentiate between *translations, versions, adaptations* and the establishment of a hierarchy of 'correctness' between these categories. Yet the differentiation between them derives from a concept of the reader as the passive receiver of the text in which its Truth is enshrined. In other words, if the text is

2003

bound, tormented and about to have his eyes gouged out, attacks Regan with the phrase 'Naughty lady', it ought to be clear that there has been considerable shift in the weight of the adjective, now used to admonish children or to describe some slightly comic (often sexual) peccadillo.

Much time and ink has been wasted attempting to differentiate between *translations, versions, adaptations* and the establishment of a hierarchy of 'correctness' between these categories. Yet the differentiation between them derives from a concept of the reader as the passive receiver of the text in which its Truth is enshrined. In other words, if

5 Gordon Hunter, ed. *AMERICAN LITERATURE, AMERICAN CULTURE*. New York: Oxford UP, 1999.

이 책은 미국문학과 미국문화의 형성 발전 과정에 관한 미국 시인, 작가, 비평가, 학자들의 글을 모은 anthology이다. I Formations은 19세기 말까지, II Modern American Criticism은 1900–1945, III Postwar Era는 1945–1970, IV Contemporaries는 1970–1998까지 각각 15, 13, 15, 12편 모두 55편의 평론을 실었다. 필진은 St. Jean de Crevecoeur(1735–1813)을 시작으로 R.W. Emerson, Mark Twain, W. E. B. Du Bois, Kenneth Burke, F. O. Matthiessen, T. S. Eliot, Perry

Miller, Nina Baym, Toni Morrison, Sacvan Bercovitch 등 미국비평의 모든 유파를 대표하는 남·여 비평가를 망라했다. 미국문학사와 비평사의 흐름을 이해하는 데 매우 편리한 논문집이다. 그러나 어찌 된 일인지 옥스퍼드 대학 출판부의 권위와 평판에 걸맞지 않게 오자가 너무나 많다. 몇 개를 적어본다.

Ralph Waldo Emerson. "The American Scholar"

1. 54쪽 22행: …unhonored and <u>upaid</u> task의~ upaid는 unpaid의 잘못.

2. 77쪽 1행: … it is the <u>pure</u>, not the pen의 ~ <u>pure</u>는 purse의 잘못.

3. 79쪽 9행: …eight will be of <u>his</u> character의~ <u>his</u>는 this의 잘못.

4. 97쪽 15행: …This <u>to</u> too cheap ~<u>to</u>는 삭제

Frederic Douglass. "The Meaning of July Fourth for the Negro"

5. 112쪽 13행: The right of the hunter to the prey <u>stand</u> superior ~ <u>stand</u>는 stands의 잘못.

Philip Rahv. "The Cult of Experience in American Writing"

6. 286쪽 1행: Andre Malraux asks in one of <u>is</u> novels ~ <u>is</u>는 his의 잘못.

Perry Miller. "Errand into the Wilderness"

7. 368쪽 25행: The <u>must</u> humiliating element ~ <u>must</u>는 most의 잘못.

Edmund Wilson. "Harriet Beecher Stowe"

8. 380쪽 24행: Yet in continued to be read ~ in은 it의 잘못.

Dwight MacDonald. "Masscult and Midcult"

9. 400쪽 17행: … an eleven–world summary ~ world는 word의 잘못.

1

I have now spoken of the education of the scholar by nature, by books, and by action. remains to say somewhat of his duties.

They are such as become Man Thinking. They may all be comprised in self-trust. Tl office of the scholar is to cheer, to raise, and to guide men by showing them facts amid appearances. He plies the slow, unhonored and upaid task of observation. Flamsteed ar Herschel, in their glazed observatories, may catalogue the stars with the praise of all me and, the results being splendid and useful, honor is sure. But he, in his private observ

2

THE AMERICAN SCHOLAR 77

college, he who endows it with money or with mind? Even there it is the pure, not the pen, that is the symbol of honor, and the University is "up for California," not Parnassus.

Even in politics the purse turns the scale. Let a party wrestle never so hard, it cannot throw the dollar. Money controls and commands talent, not talent money. The successful

3

ture all your days, and whatsoever you may gain in girth, you shall not take in thought enough to add half an inch to your stature.

Out of every hundred American literary works printed since the century began, about eighty will be of his character. Compare the four most conspicuous periodicals of America with the four great Quarterlies of England, and you see how inferior our literature is to theirs—in all things, in form and in substance too. The European has the freedom of a well-bred man—it appears in the movement of his thought, his use of words, in the easy

4

peare into the universe. And hardly a mortal man, who, at some time or other, has not elt as great thoughts in him as any you will find in Hamlet. We must not inferentially nalign mankind for the sake of any one man, whoever he may be. This to too cheap a purchase of contentment for conscious mediocrity to make. Besides, this absolute and unconlitional adoration of Shakespeare has grown to be a part of our Anglo Saxon superstitions. The Thirty Nine articles are now Forty. Intolerance has come to exist in this matter. You must believe in Shakespeare's unapproachability, or quit the country. But what sort of a belief is this for an American, a man who is bound to carry republican progressiveness into

5

Americans have, within the past two years, been hunted down and, without a moment's warning, hurried away in chains, and consigned to slavery and excruciating torture. Some of these have had wives and children, dependent on them for bread; but of this, no account was made. The right of the hunter to his prey stand superior to the right of marriage, and to *all* rights in this republic, the rights of God included! For black men there is neither law nor justice, humanity nor religion. The Fugitive Slave *Law* makes mercy to them a crime; and bribes the judge who tries them. An American judge gets ten dollars for every victim he consigns to slavery, and five, when he fails to do so. The oath of any two villains

6

286 MODERN AMERICAN CRITICISM, 1900–1945

"How can one make the best of one's life?" André Malraux asks in one of is novels. "By converting as wide a range of experience as possible into conscious thought." It is precisely this reply which is alien to the typical American artist, who all too often is so absorbed in experience that he is satisfied to let it "write its own ticket"—to carry him, that is, to its own chance or casual destination.

In the first part of *Faust* Goethe removes his hero, a Gothic dreamer, from the cell of scholastic devotion in order to embroil him in the passions and high-flavored joys of "real

7

stand firm on his first resolution, and to condemn the clown of history for taking the wrong turning: yet this is a desolating sort of stoicism, because it always carries with it the recognition that history will never come back to the predicted path, and that with one's own demise, righteousness must die out of the world.

The must humiliating element in the experience was the way the English brethren turned upon the colonials for precisely their greatest achievement. It must have seemed, for those who came with Winthrop in 1630 and who remembered the clarity and brilliance with which he set forth the conditions of their errand, that the world was turned upside down and inside out when, in June 1645, thirteen leading Independent divines—

8 out of print. Up to the time when it was reprinted, in 1948, in the Modern Library Series, it was actually unavailable except at secondhand.

What were the reasons for this eclipse? It is often assumed in the United States that *Uncle Tom* was a mere propaganda novel which disappeared when it had accomplished its purpose and did not, on its merits, deserve to live. Yet in continued to be read in Europe, and, up to the great Revolution, at any rate, it was a popular book in Russia. If we come to *Uncle Tom* for the first time today, we are likely to be surprised at not finding it what we imagined it and to conclude that the postwar neglect of it has been due to the strained situation between the North and the South. The Northerners, embarrassed by the memory of the war and not without feelings of guilt, did not care to be reminded of the issue which had given rise to so much bitterness. In the South, where before the war any public discussion of slavery had by general tacit agreement been banned, nothing afterwards was

9 take 'm out and look at 'm very often," says his stage manager, sucking ruminatively on his pipe. "We all know that *something* is eternal. And it ain't houses and it ain't names, and it ain't earth, and it ain't even the stars. . . . Everybody knows in their bones that *something* is eternal, and that something has to do with human beings. All the greatest people ever lived have been telling us for five thousand years and yet you'd be surprised how people are always losing hold of it. There's something way down deep that's eternal about every human being." The last sentence is an eleven-world summary, in form and content, of Midcult. I agree with everything Mr. Wilder says but I will fight to the death against his right to say it in this way.

6 Lee Morrissey, ed. *Debating The Canon: A Reader from Addison to Nafisi*. New York: Palgrave, 2005.

1. Franz Fanon. "On National Culture"

   67쪽 1행: condamnation은 condemnation의 잘못.

2. Franz Fanon. "On National Culture"

   69쪽 19행: …is however necessary는 ~ is, however, necessary로

3. Pierre Bourdieu. "The Field of Cultural Production"

   105쪽 23행: …that breaks with work … often takes the form … takes는 take로

4. John Guillory. "Canonical and Noncanonical"

   208쪽 17행: signifiesnothing~는 signifies nothing

1

FRANTZ FANON 67

country. Colonialism's condamnation is continental in its scope. The contention by colonialism that the darkest night of humanity lay over pre-colonial history concerns the whole of the African continent. The efforts of the native to rehabilitate himself and to escape from the claws of colonialism are logically inscribed from the same point of view as that of colonialism. The native intellectual who has gone far beyond the domains of Western culture and who has got it into his head to proclaim the exis-

2

henceforward he is even capable of laughing at his past cowardice.

This tearing away, painful and difficult though it may be, is however necessary. If it is not accomplished there will be serious psycho-affective injuries and the result will be individuals without an anchor, without a horizon, colourless, stateless, rootless—a race of angels. It will be also quite normal to hear certain natives declare "I speak as a Senegalese and as a Frenchman . . ." "I speak as an Algerian and as a Frenchman . . . The intellectual who is Arab and French, or Nigerian and English, when he comes up

3

PIERRE BOURDIEU 105

when an avant-garde play is performed to a bourgeois audience, or the contrary, as more often happens). It is significant that breaks with the most orthodox works of the past, i.e. with the *belief* they impose on the newcomers, often takes the form of *parody* (intentional, this time), which presupposes and confirms *emancipation*. In this case, the newcomers "get beyond" ["dépassent"] the dominant mode of thought and expression not by explicitly denouncing it but by repeating and reproducing it in a sociologically non-congruent context, which has the effect of rendering it incongruous or even absurd.

4

the process of canon formation and the immediate social conditions giving rise to the debate about the canon. For while the debate seems to its participants to be about the contents of the literary canon, its significance goes well beyond the effects of any new consensus about a truly "representative" canon. The canon debate signifiesnothing less than a crisis in the form of cultural capital we call "literature."

The concept of "cultural capital" is derived from the work of Pierre Bourdieu,

13장 비사실 · 비진실 (Nonfactual & Untrue)

1 崔載瑞.「現代 主知主義 文學理論의 建設」. 朝鮮日報 1934. 8.7-8.20.

"하여튼 문학 전통 - 즉 객관적 규준에 의하여 개개의 작품을 통제하고 판단하려는 이 주지적 기도"는 T. S. 엘리엇(T. S. Eliot)이「전통과 개인의 재능」(Tradition and the Individual Talent, 1919)에서 제시한 것이다. 이 같은 "외부적 권위"(The Outside Authority)를 배척하고 오로지 "내부의 음성"(the Inner Voice)을 따라야 한다는 것은 J. M. 마리(Murry)가「비평의 기능」(The Function of Criticism, 1923)에서 주장한 것이다. 엘리엇은 같은 제목인「비평의 기능」(The Function of Criticism, 1923)에서 마리의 입장을 다시 반박하였다.

그런데 "비평이 ['의'의 오식인 듯] 노 대가인 미들튼 마리"는 잘못이다. 마리(John Middleton Murry, 1889-1957)는 1889년생이고 엘리엇(Thomas Stearns Eliot, 1888-1905)보다 일 년 아래다. 또 전통을 따르는 것은 보통 노년층이고 젊은 층은 쇄신을 찾지 않는가. 혹 최재서는 미들튼 마리를 길버트 마리(Gilbert Murray, 1866-1957)와 혼동하지 않았을까. 길버트 마리는 당대의 저명한 희랍 문학 학자이자 유리피데스(Euripides) 극의 역자였다. T. S. 엘리엇은 평론집 *The Sacred Wood*(1920)에 실린 평론「유리피데스와 마리 교수」(Euripides and Professor Murray)에서 "마리 교수는 유리피데스와 우리들 사이에 희랍어보다 더 뚫기 어려운 장애물을 끼어 넣었다…"고 비우호적인 평을 내린 바 있다.

現代 主知主義 文學理論의 建設

376

우고 세상 사람이 누구나 다 아는 의견에도 한마디 수작을 붙이지 않고선 참지 못하는 職業的 批評家를 그는 제일 멸시할 것이다.

하여튼 文學 傳統——즉 客觀的 規準에 의하야 개개의 作品을 통제하고 판단하려는 이 主知的 企圖는 外部的 權威를 극력 배척하고 오로지 「內部의 음성」에만 복종하려는 浪漫派로부터 당연히 공격을 받을 것이다. 과연 批評이 老大家인 미들톤·마리는 〈批評의 機能〉에서 內部의 음성을 입장으로 삼고 엘리옷을 논박하였다. 엘리옷은 〈批評의 職能〉이란 논문에서 이를 다시 반박하였다. 그리고 「內部의 음성」이라는 불확실한 방법 대신에 比較와 分析에 의한 事實의 吟味를 역설하였다. 그는 實踐的 批評家의 가장 중요한 조건으로서 事實에 대한 고도로 발달된 感覺을 든다. 「事實에 대한 感覺은 결코 사세하거나 평범한 재능이 아니다. 事實에 대한 感覺은 비상히 진보가 늦기 때문에 그 완전한 진보는 아마도 文明의 절정을 의미할 것이다. 왜 그러냐하면 우리가 정통하여야 할 事實의 영역은 너무도 많고 그리고 우리의 가장 외부적인 영역, 知識의 영역과 통제의 영역은 저편 영역의 催眠性의 공상으로 말미암아 둘러쌓여 있으니까」라고 그는 말한다. 그리고 세익스피어에 관하어 괴—테나 코울릿쥐가 제공하는 찬란한 의견보다도 그의 세탁 계산서 한 장이라도 발견하는 것이 얼마나 유익할런지 모르겠다, 라고 그는 말한다. 엘리옷은 결코 理論的 評論家는 아니다. 따라서 그의 근소한 이론만을 가지고는 그의 진의를 포착하기 어렵다. 그의 다수한 實際的 批評과 작년에 출판된 批評史論인 〈詩의 效用〉을 아울러 읽어 비로소 그의 정신을 이해할 수 있으리라고 생각한다. 하여간 그는 詩人의 個性을 너무도 경시한다는 의심을 받고 있다. 그러나 엘리옷에 있어 個性의 滅却은 결코 個性의 死滅을 의미하지 않는다. 그것은 엘리옷 자신이 〈詩와 宣傳〉에서 설명한 바와 같이 「자기의 個人的인 것이 非個人的이며 一般的인 것과 융합하여 완성됨에 따라 個人的인 것이 사멸해 버리는 것이 아니라, 도리어 풍부하여지고 확대하고 진전하며, 더욱 더욱 個人的이 아닌 것으로 됨에 의하야 더욱 個人的이 됨」을 의미한다. 그리하여 沒個性的 手段에 의하야 유아독존의 小我를 벗어나 광대무변한 大我에 도달하자는 것이다.

(朝鮮日報, 1934·8·7~8·20)

2 Cleanth Brooks and Robert Penn Warren. *Understanding Poetry.* Fourth Edition. New York: Holt, Rinehart and Winston, 1976.

Cleanth Brooks(1906–94)와 Robert Penn Warren(1905–89)은 20세기 중반기의 미국 비평의 주류를 이루었던 The New Criticism의 대표적 이론가 비평가들이며 이 두 사람의 공저 *Understanding Poetry*(1938, 1950, 1960)은 미국 대학 영문과의 시 교육을 혁신 시킨 것으로 평가 받는다. 제4판(1976)은 저자들의 말대로 제2판과 제3판을 “thoroughly and radically” 개선하였다. 수록된 시의 총수는 3판의 218편보다 127편이 증가한 345편에 이른다. 이 가운데 제4판에서 처음 소개된 시는 188편이다. 제2장 Description: Images, Moods, And Attitudes의 Forward에서 논의된 12세기, 14세기의 일본 시 3편과 *Supplemental Poems* 가운데 실린 중국시 2편이 여기에 속한다. 중국시는 Ezra Pound의 *Cathay*(1915)에 들어 있는 이백(李白, 701–762)의 “Separation on the River”(黃鶴樓送孟浩然之廣陵)와 “The River-Merchant's Wife: A Letter”(長干行)의 2편이다. 첫 시는 이백이 문우인 맹호연(689–740)을 황학루에에서 배웅하는 정황을 적은 시이

다. 두 번째 시는 어느 젊은 아내가 타관에 나가 있는 남편의 안부를 묻는 글이고, 이 남녀는 이백이 창출한 허구 인물이다.

그런데 이백의 두 시에 대한 Brooks · Warren의 논평(p. 105)은 매우 놀랍다. "파운드는 이 두 시를 연관시키지 않았지만 수법과 주제상으로 둘은 어렵지 않게 연관시킬 수 있다. 첫 번째 짧은 시는 시제("Separation on the River Kiang")가 나타내는 대로 연인들 아니면 부부의 이별(the parting)의 정황을 제시한다… 두 번째의 긴 시는 [짧은 시]의 남자가 그의 젊은 아내 곁을 오래 떠나 있고… 아내는 남편이 하루속히 돌아오기를 바라는 편지를 쓴다…"는 것이다.

브룩스와 워렌은 시제 "Separation"이 보통 남녀 간 특히 부부간의 이별 또는 별거를 뜻한다는 데 근거하여 '두 연인' 또는 '부부'의 이별로 단정한 듯 하다. 그러나 파운드는 이 두 시를 처음부터 연관시키지 않았다. *Cathay*(1915)를 보면 "Four Poems of Departure"라는 표제하에

> *Light rain is on the light dust. /…/…/ But you, Sir, had better take wine ere your departure, / For you will have no friends about you/ …/* (*Rihaku* or *Omakitsu*)

라는 epigraph 형식의 첫 시에 이어서 "Separation on the River Kiang"이 나오고 그 다음에 "Taking Leave of a Friend"(送友人)와 "Leave-Taking Near Shoku"(送友人蜀)이 뒤따라 나온다. (*Selected Poems* by Ezra Pound, ed. with An Introduction by T. S. Eliot. Faber and Faber, 1956, 135–136). 여기서 Separation은 남자들 friends(友人, 故人) 간의 이별, 차라리 배웅(seeing off)을 뜻한다. Brooks 교수가 이

네 편의 시를 읽었다면 "*Separation on the River Kiang*"의 당사자는 남녀가 아니라 남자(友人)라는 것을 알았을 것이다. 한편 "The River Merchant's Wife: A Letter"(長干行)은 *Cathay*의 네 번째 시로 따로 나온다(129–130).

Pound의 중국시 번역, 아니 차라리 "창조적 오역" 등에 관해서는 많은 비평과 논의가 이어졌다. 그 중에서 Hugh Kenner의 *The Pound Era*(Berkeley, Cal: UC Press, 1971)이 가장 상세하다. Brooks 교수가 이 책을 읽은 것 같지는 않다.

Separation on the River Kiang

Ezra Pound [*1885–1972*]

Ko-Jin goes West from Ko-Keku-to,
The smoke-flowers are blurred over the river,
His lone sail blots the far sky,
And now I see only the river,
The long Kiang, reaching heaven.

The River-Merchant's Wife: A Letter

Ezra Pound [*1885–1972*]

While my hair was still cut straight across my forehead
Played I about the front gate, pulling flowers.
You came by on bamboo stilts, playing horse,
You walked about my seat, playing with blue plums.
And we went on living in the village of Chokan:
Two small people, without dislike or suspicion.

At fourteen I married My Lord you.
I never laughed, being bashful.
Lowering my head, I looked at the wall.
Called to, a thousand times, I never looked back.

At fifteen I stopped scowling,
I desired my dust to be mingled with yours

Forever and forever and forever.
Why should I climb the look out?

At sixteen you departed,
You went into far Ku-to-yen, by the river of swirling eddies,
And you have been gone five months.
The monkeys make sorrowful noise overhead.

You dragged your feet when you went out.
By the gate now, the moss is grown, the different mosses,
Too deep to clear them away!
The leaves fall early this autumn, in wind.
The paired butterflies are already yellow with August
Over the grass in the West garden;
They hurt me. I grow older.
If you are coming down through the narrows of the river Kiang,
Please let me know beforehand,
And I will come out to meet you
As far as Cho-fu-Sa.

by *Rihaku* •

Though Pound does not connect the two foregoing poems, it is not difficult to associate them, in both method and theme. The first short poem, as the title indicates, gives us some of the details of the parting of lovers, or a husband and wife. The man, presumably, is traveling up the Kiang River to the west, and his loved one watches as long as she can see the sail of the boat taking him away from her.

The second and longer poem suggests that this man, or someone like him, has indeed been away for a long time from his young wife, and that now she is writing him a letter in which she tells him—not so much by direct statement as by implication—how much she has missed him and how eager she is to learn of his return.

3 김학동 편. 『정지용 전집 I 시』. 민음사, 1988.
최동호 편저. 『정지용 사전』. 고려대학교 출판부, 2003.
유종호 선. 『정지용시선』「유리창」. 민음사, 2011.

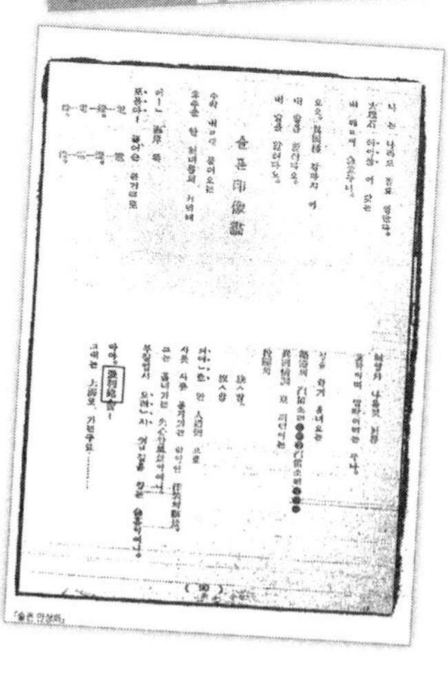
슬픈 印像畵

「슬픈 인상화」

愛施利와 愛利施

『시 전집』에 실린 "슬픈 印象畵"(1926)는 16행 시인데 맨 끝 2행은 아래와 같다.

> 아아, 愛施利, 黃!
> 그대는 上海로 가는구려 --

『시 전집』 말미에는 정지용의 일본어 시가 몇 편 실려 있는데 「悲しき印象畵」(1927)는 내용이 「슬픈 인상화」와 같고 길이는 17행이다. 맨 끝 2행은 아래와 같다.

> ああ 愛利施 黃　　　(아아 애리스 황
> 彼の女は上海に行く　　그녀는 샹해로 떠난다)

'그대는 상해로 …'의 '그대'는 2인칭이고 '그녀'는 3인칭이므로 두 시의 톤은 확연히 다르다. 愛施利는 영어 Ashley의 한자 표기이고 愛利施는 Alice의 한자 표기이다. Ashley는 원래는 성(姓)이었는데 남자 이름으로 그리고 여자 이름으로 쓰였다. 「슬픈 印象畵」와 같은 해에 나온 Ernest Heminway(1899–1961)의 *The Sun Also Rises*(1926)의 여주인공이 Lady Brett Ashley이다. 이보다 10년 후에 나온 Margaret Mitchell(1900–49)의 *Gone with the Wind*(1936)의 등장인물의 한 사람이 Ashely Wilkes이다. Ashley는 20세기 말에는 미국에서 두 번째로 인기 있는 여자 이름이었다. Alice는 처음부터 여자의 이름이었고 영국의 작가 Lewis Carroll(1832–1898)의 *Alice's*

Adventures in Wonderland(1865)와 *Through the Looking Glass*(1872)의 a childheroine의 이름으로 유명하다. Alice는 1900년 England와 Wales에서 Top Ten First Names 가운데 Florence와 Mary에 이어 3위에 올랐다.

그런데 정지용이 「슬픈 印象畵」와 「悲しき印象畵」의 여주인공을 愛施利와 愛利施로 따로 불렀을까? 최정호 교수 편의 『정지용 사전』(2003)의 제1부 시어 풀이와 용례에 애시리 황(愛施利 黃) 항목이 나온다(223쪽): '애시리'는 서구 여성의 이름으로 많이 쓰이는 Ashley의 한자식 표기(이승원). 그는 흘러가는 失心한 風景이여니…/ 부즐없이 오랑쥬 껍질 씹는 시름…// 아아, 愛施利 黃! / 그대는 上海로 가는구료… (「슬픈 印象畵」)

또 愛施利 黃은 『정지용 사전』의 제2부 시어의 특성 연구의 3장 시어의 특성 통계도표와 고유명사, 인칭대명사, 가족용어에도 나온다. 그러나 愛利施 黃은 어디에도 보이지 않고 「悲しき印象畵」가 제4부 연표와 서지의 1927년 항에 한 번 나온다. 그런데 놀라운 일이 있다. 제3부 원문과 자료사진의 주요작품 2의(2) 첫 발표 원문의 두 번째(458쪽)가 「슬픈 印象畵」인데 맨 끝 2행은,

> 아아, 愛利施 黃
> 그대는 上海로 가는구료… (원문종서)

가 아닌가.

그렇다면 愛施利는 愛利施의 오기이다. 『정지용 전집 I 시』의 편자인 김학동 교수가 愛利施를 愛施利로 잘못 옮긴 것이 분명하다. 일

본어 시의 愛利施 黃은 한 옆에 エリシ ファング(에리시 후앙)이라는 가타카나(片假名) 표기가 달렸는데도 愛施利 黃으로 읽었을 것이다. 『정지용 사전』의 편저자 최동호 교수도 "김학동의 꼼꼼한 원전 대조를 통해 편집한 《정지용 전집 1 시》"(365쪽)에 기대어 원전 재대조라는 필수적인 절차를 생략했을 것이다.

『정지용 사전』에는 이 밖에도 결코 가볍지 않은 실수가 보인다. 시인의 도시샤대학 수학연도에 관한 실수다. 「머리말」(최동호)에 "지용의 同志社 大學 영문과 졸업논문 「Imagination in the Poetry of William Blake」(1926)"라는 대목이 나온다(iii). (Imagination 앞의 The가 빠져 있다.) [생애와 연표]의 1926년 전기 항에는 "3월 예과를 졸업하고 4월 영문학과에 입학했다"고 나온다. 1929년(28세) 전기 항에는 "6월 교토의 도시샤대학 영문과를 졸업하고"라고 나온다. 그런데 친필 졸업논문(524-545)의 끝에 "Dec. 24. 1928"라고 적혀 있는 것을 보면 졸업은 3월이 아니었을까. 6월 졸업은 학제에 없었을 것이다.

『정지용 사전』 제 1부 「시어 풀이와 용례」의 '점경'(點景) 풀이(283쪽), "멀리 점점이 이루어지는 경치"도 잘못이다. "풍경화에 사람이나 짐승 등을 그려 넣어서 정취를 더하는 일"이 본 뜻이다(『동아 새국어사전』 1994년). 그러니까 「슬픈 印象畵」의 '시멘트를 깐 人道側으로 사푹 사푹 옮기는/하이얀 洋裝의 点景'의 '点景'은 여인(상)이다.

추기

유종호 선 『정지용시선』 「유리창」에 실린 「슬픈 印象畵」의 맨 끝

행도

　아아 애시리(愛施利)　황(黃)

　그대는 상해로 가는구료… (53쪽)

이다. 민음사 편집부는 『정지용시선』「유리창」을 꾸미면서 원전 재대조를 하지 않았던 것 같다.

4 조성식. 『영어와 더불어』 「제1권 망향기」, 「제2권 학창시절」. 신아사, 1992.

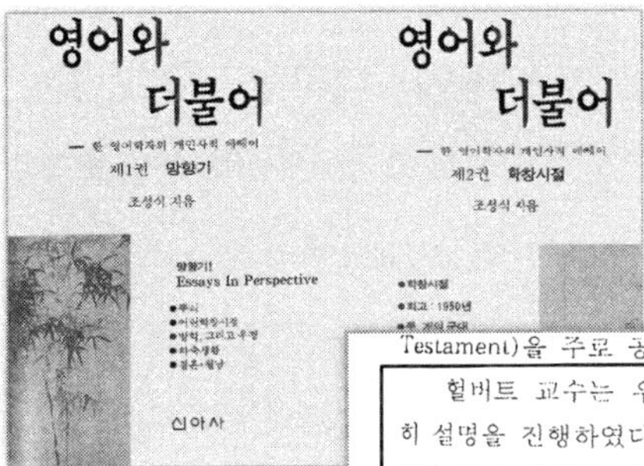

1

Testament)을 주로 공부했다.

헐버트 교수는 우리들이 알아듣을 수 있도록, 되도록 천천히 설명을 진행하였다. 그러나 예과 때 블라이스(Bryth) 교수로부터 영어 회화를 배워서, 알아듣는 데 그리 어려움은 없었다. 처음 「창세기」(Genesis)부터 시작했는데, 어찌나 사람들의 이름이 많이 나오는지 정신을 차릴 수 없었던 기억이 난다. 구약을 대충 읽은 다음 신약(New Testament)으로 들어갔는데, 이 공부는 상당히 오랫동안 계속되었다. 이렇게 일찍은 아니지만 여하간 이런 공부를 통해 성서의 내용을 간략하게나마 알게된 것은

2

하는 것은 물론이고 커(Dr. W. C. Kerr) 교수는 영작문을, 지금의 일본 천황의 황태자 시절 그에게 영어를 가르치기도 한 영국인 브라이스(R. H. Bryth) 교수는 영어회화를 가르쳤고, 그 외에 약간 정도가 높은 고등 영문법 시간도 있었다.

예과 시절에 읽은 작가들의 이름을 기억나는 대로 적어보면, 헌(Lafcadio Hearn), 갈즈워지(John Galsworthy), 콘라드

인용문 1은 『제2권 학창시절』의 25쪽에, 인용문 2는 『제1권 망향기』의 119쪽에 나온다.

저자가 경성제국대학 예과에서 영어회화를 배운 영국인 블라이

스/브라이스(Bryth)는 블라이스(Blyth)의 잘못이다. Reginald Horace Blyth(1898–1964)는 1923년에 London 대학의 University College 영문과를 졸업하고 1924년에 동창생인 Anna Bercovitch(철학 전공)과 결혼한 후 그해 8월에 서울에 도착하여 9월에 개교한 경성제국대학 예과에서 강의를 시작했다. Anna부인은 경성도립상업학교에 출강하여 영어회화를 가르쳤는데 거기서 이인수(1916–1950) 학생을 '발견'한 후 부부의 숙소에서 지내게 했다. Anna부인은 부부 간의 불화로 1934년 4월에 영국으로 혼자 돌아가는 길에 이인수를 데리고 갔다. 이인수는 그 해 9월에 런던 대학에 입학하였고 40년 6월에 영어영문학 B. A. Honours시험에 합격함으로써 영국 대학에서 영문학을 전공한 최초의 한국인이 되었다. 이인수는 40년에 귀국한 후 광복 후에 고려대 영문과 교수가 되었고, 1949년에 T. S. Eliot의 장시 *The Waste Land*를 우리말로 번역했다. 이인수 교수는 1950년의 6·25 사변 중에 비명으로 갔다.

한편 블라이스 교수는 1944년에 도쿄에 건너갔으며 종전 후에는 학습원 등에서 영어를 가르치면서 일본 불교와 고전문학의 번역과 연구에 몰두했었다. 이에 앞서 블라이스 교수는 1945년 12월에 일본정부가 GHQ(연합국총사령부)에 의뢰한 「천황인간선언」 초안의 영문 초안을 작성하였다. 조성식(1922–2009)은 경성제국대학 예과를 마친 후 일본 군대에 입대하여 장교로 복무하였고 광복 후 경성제국대학의 후신인 경성대학에 편입학하여 1946년 8월에 졸업하였다. 그후 서울대 사대에서 다년간 교수를 지냈고, 다시 고려대로 전임하여 정년퇴임하였다.

5 유성덕. "성경이 *Paradise Lost*와 *The Piligrim's Progress*에 끼친 영향 비교." 『밀튼 연구』. 제2집, 1992.

*Triumphs of Imagination*의 저자는 Northrop Frye가 아닌 Leland Ryken이며, Ryken이 Frye의 견해를 소개한 것이다. 인용 부호가 없으므로 Frye 자신의 말(언급)이 무엇인지 알 수 없다.

Ryken의 책명은 *Triumphs of Imagination*, *The Triumphs of Imagination*(Note 1), *Triumphs of the Imagination*(Bibliography, p. 169)의 세 가지로 표시되어 있다. 정확한 책명은 *Triumphs of Imagination: Literature in Christian Perspective*(1979)이다.

I

*Triumphs of Imgination*에서 Northrop Frye의 다음과 같은 언급속에서 영문학의 토대를 이루고 있는 것은 성경이라는 것을 충분히 감지할 수 있다.

Northrop Frye has for some time been asserting that the Bible should be the foundation for literary education. The Bible forms the lowest stratum in the teaching of literature. The Bible is an indispensable book for anyone who wishes to understand literature.[1]

성경이 *Paradise Lost*와 *The Pilgrim's Progress*에 끼친 영향 비교 **169**

House, 1981.

Ryken, Leland. *Triumphs of the Imagination.* Illinois : Inter-Varsity Press, 1979.

Ryken, Leland. *The Appocalyptic Vision in Paradise Lost.* New York : Oxford Univ. Press, 1970.

Saintsbury, G. *A history of English Prose Rhythm.* London : Macmillan, 1912.

Saintsbury, G. "The Authorized Version and the Triumph of the Ornate Style," *A History of English Prose Rhythm,* London : Macmillan, 1912.

Schwarz, W. "The History of Principles of Bible Translation in the Western World," *Bable* LX, 1963.

6 Cecelia Tichi. "American Literary Studies to the Civil War." In *Redrawing the Boundaries: The Transformation of English and American Literary Studies*, ed. Stephen Greenblatt and Giles Gunn. MLA, 1992.

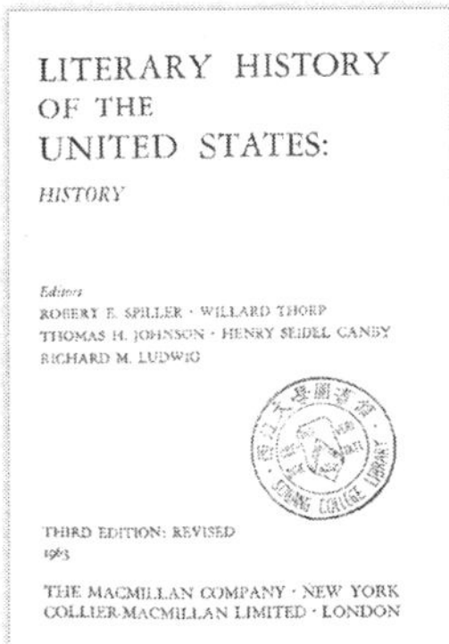

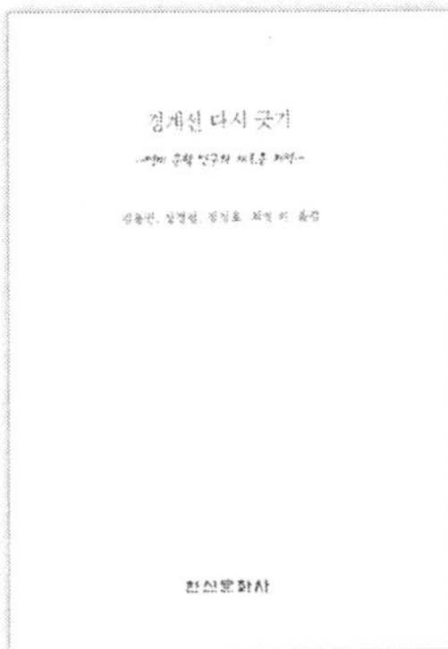

> gies measure the shift in the canon, the literary history compendiums reveal the changed census of those considered qualified to form it and comment on it. Of the contributors to *Literary History of the United States*, edited by Robert Spiller et al. (1946; rev. ed. 1953), all fifty-five were white men, while *The Columbia Literary History of the United States*, edited by Emory Elliot (1986), lists seventy-four contributors, sixteen of whom are women and at least four of whom are specialists in ethnic or minority American texts.

210쪽 33–34행: "Of the contributors to *Literary History of the United States* [*LHUS*], edited by Robert Spiller et al. (1946; rev. ed. 1953), all fifty–five were white men…" *LHUS*의 집필자 55명 전원이 백인 남자였다는 것은 사실이 아니다. 목차 II The Republic의

12 Philosopher–Statesmen of the Republic의 필자는 백인 여성인 Adrienne Koch이다. Koch는 18세기 전문가로 *Jefferson and Madison: The Great Collaboration*(Knopf, 1950)의 저자이다. *LHUS*는 1960년대에도 미국문학 박사학위 종합시험 준비를 위한 필수 참고서였다. 앞의 논문의 팔자인 Cecilia Tichi(Vanderbilt대 교수)는 1970년대 초에 박사과정을 이수한 것 같다. *LHUS*를 이은 *Columbia Literary History of the United States*, edited by Emory Elliot(1986)의 집필진은 총 74명이고 그 가운데 16명이 여성이다. Tichi 교수는 제3부 1865–1910 III Women Writers and the New Woman(589–606)의 필자이다.

*Redrawing the Boundaries*의 한국어판 『경계선 다시 긋기』(한신문화사, 1998)의 302쪽에 "이 문학사[*LHUS*]의 제12장 Philosopher–Statesmen of the Republic을 집필한 에이드리언 코호(Adrienne Koch)는 백인 여성이다"라는 역자주가 실려 있다.

ARTHUR PALMER HUDSON	FREDERICK B. TOLLES
EVERETT L. HUNT	CARL VAN DOREN
THOMAS H. JOHNSON	JOHN D. WADE
HOWARD MUMFORD JONES	DIXON WECTER
ADRIENNE KOCH	GEORGE F. WHICHER
JOSEPH WOOD KRUTCH	STANLEY T. WILLIAMS
LEWIS LEARY	LOUIS B. WRIGHT
HARRY T. LEVIN	MORTON D. ZABEL
TREMAINE MC DOWELL	

7 Giles Gunn. "Interdisciplinary Studies." In *Introduction to Scholarship in Modern Languages and Literatures*, ed. Joseph Gibaldi. Second Edition. MLA, 1992.

250쪽 22–23행: *Theory of Literature*, edited by Rene Wellek and Austin Warren.⋯

Theory of Literature (1948)는 Wellek와 Warren의 편저가 아니고 공저이다. 총 20장 가운데 1–2, 4–7, 9–14, 19장은 Wellek이, 3, 8, 15–18장은 Warren이 썼고 20장은 공동으로 썼다.

Introduction to Scholarship 가운데 Jonathan Culler가 집필한 Literary Theory(201–235)에는 *Theory of Literature*, the title of Wellek and Warren's book suggests⋯라고 나온다.

like Leonard B. Meyers that music can never rid itself completely of the element of story, the venerable association of music with literature and literature with music—so intelligently interpreted in texts like T. S. Eliot's *Music of Poetry*, Calvin S. Brown's *Music and Literature*, Carl Dahlhaus's *Musikästhetik*, Steven Paul Scher's *Literatur und Musik*, John Hollander's *Untuning of the Sky*, or even the chapter "Literature and the Other Arts" in *Theory of Literature*, edited by René Wellek and Austin Warren—has rarely led to the programmatic development of interdisciplinary approaches to the study of either the musicality of literary forms and meanings or of the literary dimensions of music. In musical studies itself, however, the case is different, as the interdisciplinary fields of opera studies, ethnomusicology, and even the aesthetics of music amply attest.

Similarly, despite countless distinguished examples, the long record of informed study of the relations between the visual and the verbal arts has only

work presented as of general interest.

Theory of Literature, the title of Wellek and Warren's book, suggests an account of literature's defining and distinguishing characteristics and, perhaps, of its social, ethical, intellectual, and political dimensions and uses. A good deal of theoretical writing in the 1960s and earlier did focus specifically on the nature of literature. For Roman Jakobson and the Russian formalists, the "literariness" of literature involved the foregrounding of language itself, the dependence of a work's effect and significance on its relations to other works of the literary

8 Jonathan Arac. "What is the History of Literature." In *The Uses of Literary History*, ed. Marshall Brown. Durham: Duke University Press, 1995.

integration or disruption. In the history of literature the renegotiation of the canon links determination by audience and predecessors with determination by materials. Readers expect to see certain things treated, while the historian departs from predecessors by finding new materials to be treated. In recent years, we expect such innovations to be organized in relation to gender or race, but Alastair Fowler's Short *History of English Literature* surprised readers by its emphasis on the persistent force of the georgic mode.

From the perspective of historicality, a crucial feature of the history of literature is that its object itself is historical. Consider the dif-

24쪽 27–28행. ⋯ Alastair Fowler's <u>*Short*</u> *History of English Literature* [*Forms and Kinds from the Middle Ages to the Present*. Basil

Blackwell, 1987]은 잘못이다. "Short"라는 단어는 없다. Fowler의 『영문학사』는 Index 16쪽을 포함하여 총 395쪽이다.

1957년에 나는 Northrop Frye의 *Anatomy of Criticism*(1957)과 William K. Wimsatt와 Cleanth Brooks 공저 *Literary Criticism: A Short History*(1957)을 함께 입수했는데, 윔새트와 브룩스 공저의 부제 *A Short History*를 보고 무척 놀랐던 일을 지금도 기억하고 있다. 그 책은 16″×24″ 크기에 서문이 xv쪽, 본문이 755쪽, 색인이 xii쪽으로 총 782쪽이나 되는 큰 책인데 그것을 "소사"라고 이름 붙인 이유가 뭔지 지금도 모르겠다. 또 1990년 풀브라이트 방문교수로 서울대에 왔던 Donald Barlow Stauffer의 미국시사도 *A Short History of American Poetry*(1974)이다. 이 책은 서문이 viii쪽, 본문이 427쪽, 색인이 10쪽으로 총 447쪽이다. 파울러의 책은 서문이 ix쪽, 본문이 378쪽, 색인이 26쪽이어서 스토퍼보다는 52쪽이나 짧다. 혹시 Arac이 윔새트·브룩스의 책따위를 머리에 떠올리고 아무 생각 없이 "Short"라고 불렀을까.

Fowler의 『영문학사』는 부제가 말하는 대로 중세에서 현재에 이르는 영문학을 형식과 장르의 관점에서 다루고 있어 작가와 작품 중심의 여느 영문학사와는 다르다. 그래서 이 책은 미국을 위시하여 영국 밖의 여러 나라에서 영어로 씌어진 문학작품의 형식과 장르를 두루 논의하고 있다. Fowler는 『영문학사』를 앞서 *Kinds of Literature: An Introduction to the Theory of Genres and Modes*(Harvard University Press, 1982)를 발표하였다.

20세기 말에 나온 영문학사로는 Andrew Sanders의 *The Short*

Oxford History of English Literature(1994)가 있는데 본문이 639쪽이고 Index를 포함하면 678쪽에 이른다. Fowler의 책보다 183쪽이 많다. Standers의 "Short"의 기준은 무엇인지 이것도 헷갈린다.

9 Paul Jay. *Contingency Blues: The Search for Foundations in American Criticism*. Madison: The University of Wisconsin Press, 1997.

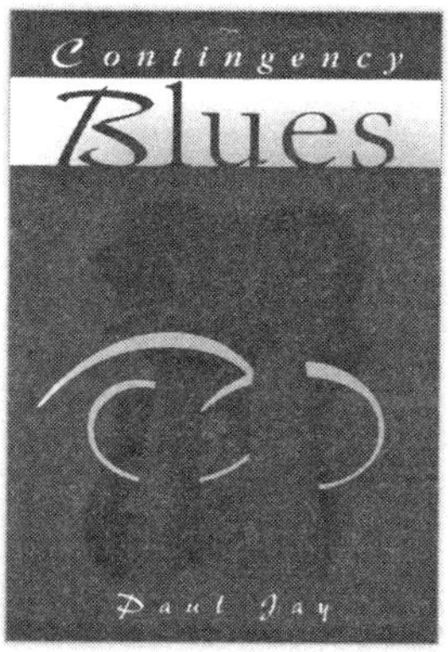

저자인 Paul Jay는 현대 미국비평에서 post-structuralist pragmatism을 대변하는 사람으로 Stanley Fish, Richard Rorty와 Barbara Herrnstein Smith의 세 명을 거론하고, 『서론』에서 『결론』에 이르기까지 도처에서 이들을 논의한다. 「색인」(Index)에도 Fish, Rorty, Smith의 저서의 인용 면수가 나온다. 그런데 「인용문헌」(Works Cited)에는 Barbara Herrnstein Smith가 Smith, Barbara Herrnstein으로 나오지 않고 Herrnstein Smith, Barbara로 나온다. Herrnstein Smith가 성명이고 Barbara가 이름이라는 것이니 잘못이다. Smith의 저서 *Contingencies of Value: Alternative Perspectives for Critical Theory*(Cambridge: Harvard University Press, 1988)도 Hernnstein Smith, Barbara 뒤에 나온다.

Habermas, Jürgen. *The Philosophical Discourse of Modernity: Twelve Lectures*. Trans. Frederick Lawrence. Cambridge: MIT P, 1987.

Hansen, Olaf. *Aesthetic Individualism and Practical Intellect: American Allegory in Emerson, Thoreau, Adams, and James*. Princeton: Princeton UP, 1990.

Held, David. *Introduction to Critical Theory: Horkheimer to Habermas*. Berkeley: U of California P, 1980.

Henderson, Greig. *Kenneth Burke: Literature and Language as Symbolic Action*. Athens: U of Georgia P, 1988.

Herrnstein Smith, Barbara. *Contingencies of Value*. Cambridge: Harvard UP, 1988.

Hicks, Emily. *Border Writing*. Minneapolis: U of Minnesota P, 1991.

Horkheimer, Max, and Theodor Adorno. *Dialectic of Enlightenment*. Trans. John Cumming. New York: Continuum, 1982.

Huyssen, Andreas. *After the Great Divide: Modernism, Mass Culture, Postmodernism*. Bloomington: Indiana UP, 1986.

Jacobson, David. *Emerson's Pragmatic Vision: The Dance of The Eye*. University Park: Penn State UP, 1993.

Silverman, Kaja. *The Subject of Semiotics*. Oxford: Oxford UP, 1983.

Simons, Herbert W., and Trevor Melia, eds. *The Legacy of Kenneth Burke*. Madison: U of Wisconsin P, 1989.

Southwell, Samuel. *Kenneth Burke and Martin Heidegger: With a Note against Deconstructionism*. Gainesville: U of Florida P, 1987.

Spillers, Hortense, ed. *Comparative American Identities: Race, Sex, and Nationality in the Modern Text*. New York: Routledge, 1991.

Stein, Gertrude. "Composition as Explanation." *Selected Writings of Gertrude Stein*, ed. Carl Van Vechten. New York: Vintage, 1962. 511–23.

Stewart, Susan. "The State of Cultural Theory and the Future of Literary Form." *Profession 93*. New York: Modern Language Association, 1993. 12–15.

Van Leer, David. *Emerson's Epistemology: The Argument of the Essays*. Cambridge: Cambridge UP, 1986.

Waugh, Patricia. *Practising Postmodernism/Reading Modernism*. London: Edward Arnold, 1992.

Smith, Barbara Herrnstein. Contingencies of Value: Alternati Perspectives for Critical Theory. Cambridge: UP. 1988

10 김치규.「한국 영문학의 어제와 오늘 (5) 김치규 선생을 찾아서」『안과 밖』. 1999년 상반기. 제6호.

224쪽 23행 "영국의 유명한 영문학자인 체임버스(E. K. Chambers)의 추천장을…"의 체임버스는 R(aymond) W(ilson) Chambers(1874−1942)의 잘못이다. R. W. Chambers는 이인수 교수가 다닌 London대학 영문과 교수이며 Juain Professor(1922−42)를 지냈고, 1933년에는 Philological Society의 회장을 지냈다. 고대영어와 르네상스기 영문학이 전공이며 *Width*(1912), *Beowulf: an Introduction to the Study of the Poem*(1921), *On the Continuity of English Prose from Alfred to More*(1932)의 저자이다. 그리고 체임버스 교수는 Langland와 More등을 다룬 논문집 *Man's Unconquerable Mind*(1939)의 자필본을 추천장과 함께 귀국길인 이인수에게 들려 보냈다.

한편 Sir E(dmund) K(erchever) Chambers (1866−1954)는 Oxford 출신으로 1892년에서 1926년까지 영국정부 교육부에서 근무하면서 대작 *The Medieval Stage*(4 Vols, 1923)와 *Shakespeare: A Study of the Facts and Problems*(2 Vols, 1930)를 발표했다. 이밖에도 Coleridge(1938), Matthew Arnold(1947) 평전과 Milton, Donne의 편저를 냈으나 평생 동안 교수직에 있지는 않았다.

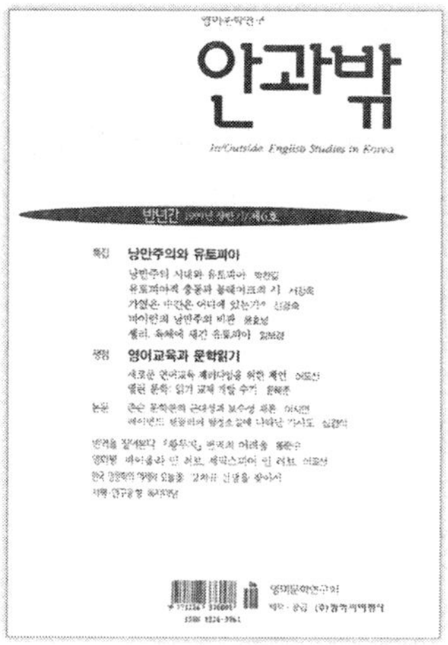

의 『악의 꽃』을 과외로 가르쳐주셨어요. 불어 발음도 아주 좋으셨지요. 아마 독일어는 더 나았을 겁니다. 그런데 런던에 계실 때 2차대전이 일어났는데, 당시 이인수 선생의 국적은 일본이어서 적성국인이 되어버렸지요. 그래서 적성국 사람들을 본국으로 돌려보내는 귀환선을 타고 돌아왔는데, 영국의 유명한 영문학자인 체임버스(E. K. Chambers)의 추천장을 가져왔어요. 이선생이 보여주신 적이 있는데, 조그만 백지에 짤막하게 두 문단으로 씌어 있었어요. 이선생이 말씀하시길, 이 글은 짧

11 C. Scott Littleton. "Japan." *In World Mythology*, ed. Roy Willis. Duncan Bairol Publishers, 1993, 2006.

110쪽 컬럼 A 8행: the Korean/ Kingdom of Paekche(near modern Pusan)…이라니!

111쪽: 일본 열도 서쪽에 한반도의 동남단이 보이는데 이것도 Korean Kingdom of Paekche이다!

*World Mythology*는 Egypt, Greece, Rome, Africa 등을 포함하여 19개의 국가와 대륙의 Mythology를 다루고 있다. 동양권은 India, China, Tibet, Mongolia, Japan, Southeast Asia의 다섯이다. "백제(오늘의 부산 근처)왕국"이 Korea에 관한 유일한 언급이다.

JAPAN

Every Shinto shrine has a simple torii (gateway) at the entrance to its precincts. This torii rising from the sea is linked with the Miyajima shrine near Hiroshima, sacred to the three divine daughters of the storm god Susano.

Lying off the northeast coast of the Eurasian landmass, from which it is separated by the Tsushima Straits, Japan is at once *in* East Asia, but not really *of* East Asia. Its history, in the strict sense of a literate historical tradition, began late by Western standards: the conventional starting date is 552AD when the king of the Korean kingdom of Paekche (near modern Pusan) sent some Buddhist missionaries to the emperor of Japan as a gesture of good will. At that time, the principal Japanese institution was the *uji*, or clan. Each *uji* seems to have controlled its own territory and to have been composed of both commoners and aristocrats, and almost certainly had its own mythology, which centred on a divine ancestor.

By the beginning of the 6th century, one of these clans (sometimes referred to as the Yamato clan, from the region of central Honshu that still bears this name) had managed to gain effe[illegible] hegemony over the others – and, by extension had [illegible] whic[illegible] pres[illegible] Japa[illegible]

T[illegible] the [illegible] obje[illegible] on t[illegible] adve[illegible] Japa[illegible] Bud[illegible] initi[illegible] "mo[illegible] mini[illegible] the [illegible] culn[illegible]

SOURCES OF JAPANESE MYTHOLOGY

The primary source for Japanese mythology, the *Kojiki*, or Record of Ancient Matters, is the oldest surviving imperial genealogy. The final text was compiled by a courtier named Ono Yasumaro from several earlier texts (no longer extant) after receiving a commission from the Empress Gemmei in AD711. The work was formally presented at court four months later, in the first month of AD712. Written in a curious mixture of archaic Japanese and Chinese, the *Kojiki* begins with the creation of the world, the origin of the gods, the divine ancestry of the imperial family, and ends with the death of the Empress Suiko in AD641.

The second major source is the *Nihonshoki*, or Chronicle of Japan, compiled by several scholars at around the same time as the *Kojiki*, and completed in AD720. Except for its poetry, the *Nihonshoki* is written in classical Chinese and is strongly influenced by Chinese (and Korean) historical and mythological traditions and dynastic chronicles. For this reason, the *Nihonshoki* is, on the whole, less reliable than the *Kojiki* as a source for indigenous myth.

Other sources include the *Kogoshui*, or Gleanings from Ancient Stories (AD807), various norito (ancient Shinto prayers), the *fudoki* (8th-century provincial "gazetteers"), and the first great anthology of Japanese poetry, the *Manyoshu* (c.AD760).

TIME CHART

660 BC	Traditional date for accession of first emperor, Jimmu-tenno
4th-5th centuries AD	Rise of Yamato court, traditionally after an invasion of Yamato from the southwest
AD 552	First Buddhist missionaries reach Japan from the Korean kingdom of Paekche
AD 710	Foundation of Nara, first permanent capital of Japan, modelled after the Tang capital Changan (modern Xian)
AD 712	*Kojiki* myth compilation presented to Empress Gemmei
AD 720	Completion of *Nihonshoki* myth compilation
794-1868	Heian (modern Kyoto) serves as imperial capital of Japan
1192	First military government (shogunate) established at Kamakura
1600	Japan unified after Battle of Sekigahara
1603-1868	Tokugawa shogunate: a time of national isolation
1868-1912	Meiji period: the restoration of imperial power
1872	Shinto adopted as state religion
1946	Emperor denies his own divinity

MYTHIC SITES AND SACRED PLACES

MOUNT TAKACHIHO Mountain in Kyushu where Honinigi descended from heaven (see p.120).
ISE Site of the Grand Shrine of Amaterasu and the Rice God: the most sacred place in the Shinto religion (see p.115, margin).
THE HI RIVER Now in Shimane Prefecture. Susano is believed to have landed near its headwaters when he was banished from heaven (see p.117).
IZUMO-TAISHA Site of the Grand Shrine of Okuninushi (sometimes called Daikokusama), offspring of Susano and the protector of the imperial family (see pp.118-20).
KUMANO Site of Jimmu-tenno's encounter with the bear spirit (see p.122).
THE KANTO PLAIN Site of Yamato-takeru's battle with the Emishi (see p.122).
URAGA STRAITS Here Yamato-takeru's consort sacrificed herself to a water spirit on a rough sea crossing, to calm the waves (see p.122).

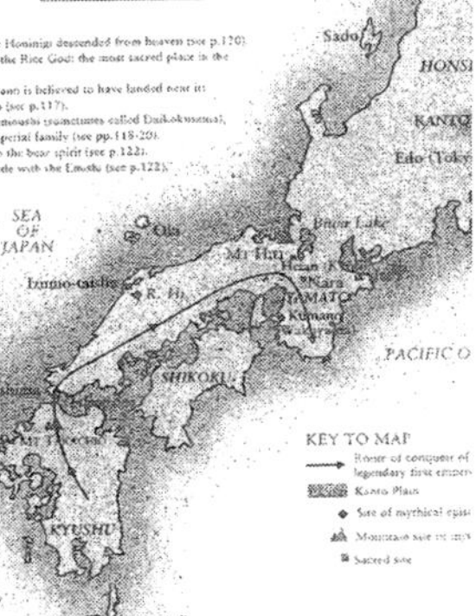

SHINTO

Shinto, "The Way of the Gods", centres on the worship of *kami*, divinities believed to inhabit every distinct phenomenon in nature, including human beings. From 1872 to 1945 Shinto was the state religion of Japan, but after the Second World War it reverted to being a "congregational" religion, in which each shrine, or *jinja*, is only loosely related to the others. The most important annual event at every *jinja* is the *matsuri*, or shrine festival. An image of the local *kami* is carried around the neighbourhood on the shoulders of young men and women – thereby sanctifying both the vicinity and the carriers.

12 Hua Hsu. "The First Asian Americans." In *A New Literary History of America*, ed. Cireil Marcus and Werner Sollors. Cambridge: The Belknap Press of Harvard UP, 2009.

But what did it mean? How could such a term possibly describe the diverse backgrounds and experiences of immigrants from throughout Asia, and collapse the sometimes-contentious histories that divided them?

The first wave of immigration from Asia came in the 1840s, as Chinese laborers arrived to build the transcontinental railroad. Starting in the 1870s and 1880s, the promise of work lured immigrants from Japan, Korea, and the Philippines to the sugarcane plantations of Hawaii and the farms of the West Coast. And in the early 1900s, laborers from India arrived, also in search of work. Each wave was greeted with a different shade of animosity, usually determined by the United States' relationship with the various Asian nations. For example, China—crippled by the Opium War of 1839 to 1842 and the uneven treaties that resulted—was vir-

958쪽 21–23행: 일본, 한국, 필리핀 이민이 1870년대와 1880년대부터 시작했다는 것은 사실과 다르다. 일본 이민은 소수의 망명자와 학생들이 1860년대에 왔으나 상당수(significant)는 1890년대에 왔다. 한국 이민은 20세기 초 1903년에서 1905년 사이에 약 7천 명이 하와이의 설탕농장에 왔다. 필리핀 이민은 1900년대 초에 주로 학생들이 왔다가 상당수는 귀국했고, 1920년대에 노무자들이 이민을 왔다. 인도의 노무자들은 1900년대 초에 왔다.[1]

---

1 Roger Daniels, "Asian Americans," *Encyclopedia of American Social History*. Vol. II. New York. Scribners, 1993. 873–890 참조.

13 이태동. "우리에게 페스탈로치는 없는가". 동아일보 2010년 3월 30일.

오피니언 　　　　　　㉮ 제27580호 동아일보

| 이태동 칼럼 |

우리에게 페스탈로치는 없는가

문학평론가·서강대 명예교수

지난해 말 대통령의 취임 2주년을 맞이 치적을 평가하는 여론조사에서 교육 분야가 가장 낮은 점수를 얻었다. 때늦은 감이 없지 않지만 최근 이명박 대통령이 교육 개혁에 강력한 의지를 보인 것은 매우 환영할 만한 일이다. 우리가 직면한 교육 문제는 여러 요인이 너무나 복잡하게 얽힌 구조적인 문제이므로 쉽게 해결을 볼 수 없겠지만 결의에 찬 대통령의 노력이 좋은 결과를 가져오리라 믿고 싶다.

교육 문제는 오랜 시간에 걸쳐 누적됐지만 과거 어느 정권도 만족할 만큼 손을 쓰지 못했다. 이 같은 고질적인 교육 문제는 이 대통령에게는 4대강 사업이나 세종시 문제보다 더 시급한 도전과 책임을 요구한다. 버락 오바마 미국 대통령이 미국의 교육 개혁 필요성을 이야기하면서 한국의 교육열을 좋은 예로 언급했지만 실제로 우리나라 공교육은 겉으로 나타난 것보다 훨씬 심각한 문제점을 안고 있다.

국민은 교육과학기술부가 신성한 교육 업무를 관장하므로 정부 부처 가운데 가장 깨끗하다고 믿지만 기대와 달리 부패의 온상(溫床)이라는 풍문이 널리 퍼졌다. 어번 공정택 전 교육감의 구속으로 서울시교육청이 비리로 얼룩져 있음이 밝혀졌다. 교육 행정의 총수가 이렇게 부패했으니 그의 지시를 받던 일선 학교가 건강한 교육을 할 수 있었겠는가. 비록 부분적이라고 하지만 이 나라 공교육의 장(場)이 이렇게 부패한 물신주의로 얼룩지고 이념적 갈등으로 찢겨 있다면 그대로 놓아 둘 수 없다.

교육문제 1차 책임도 답도 교사

지금 일부 중고등학교에서는 교사가 학생을 무서워할 정도로 위엄을 잃어버리게 됐는가 하면 수업 시간에 적지 않은 학생이 부끄러움을 느끼지 않고 책상에서 잠에 빠지는 일까지 나타난다고 한다. 더욱이 학생이 학교 교사보다 학원 선생을 더 믿고 무서워한다고 한다. 언제부터인지 모르지만 학교 교육이 권위를 잃고 무너지기 시작한 틈새로 사교육 시장의 영향력이 밀물처럼 밀려와 통제 불능 상태에 가깝게 됐다. 학교에서 정규 교육이 이뤄지는데도 사교육의 황금 시장은 날이 갈수록 확대된다. 학교 교육이 얼마나 부실하기에 사교육 기업이 주식 시장에 상장을 해서 엄청난 부를 축적한단 말인가. 자녀를 가진 대부분의 중산층은 사교육을 위해 너무나 많은 돈을 지불해 가정이 무너질 정도로 심각한 위기에 처해 있다.

자본주의 사회의 치열한 경쟁과 한국인의 남다른 교육열이 합쳐져 만들어 낸 현상이지만 사교육 문제로 이 같은 고통을 겪는 것은 일종의 허영심 때문에 현실을 있는 그대로 받아들이지 않는 후진적인 의식 문제에서 비롯됐다. 우리 주변에서는 거의 모두가 과외를 하니 살아남기 위해서라도 따라 하지 않을 수 없는 실정이다. 어느 미국 작가가 썼듯이 "각자가 자기 능력에 따라 할 수 있는 일만 충실히 잘해도 아무도 패배자라고 말하지 않는다"는 진실을 우리가 눈먼 욕망 때문에 외면하는 것이 무척 안타깝다.

교육 환경을 이렇게까지 황폐하게 만든 책임은 일차적으로 교육을 담당하는 교사에게 있다. 교육자는 성직자같이는 될 수 없지만 그들의 역할에 비유할 만큼 사명감을 가져야 한다. 일제강점기 이후 근대화가 되기 전까지만 해도 비록 궁핍하기는 했지만 많은 수의 뜻있는 교사는 사명감과 긍지를 가지고 가르쳤다. 그들의 최대 목표와 보람은 어린아이에게 숨어 있는 재능을 발견하고 상상력을 키워 사회에 나가 실현하도록 교육하는 일이었다. 적어도 그들은 존 듀이의 교육 철학을 실천에 옮긴 위대한 교육자 하인리히 페스탈로치의 희생적인 삶은 물론이고 미국의 여교사 크리스타 매콜리프가 어린아에게 희망과 꿈을 심어주기 위해 우주선 챌린저호를 타고 하늘로 오르다가 장렬하게 산화한 것과 같은 헌신적인 교육자의 정신을 다만 얼마만이라도 가슴에 품고 싶었다.

어떤 극약처방도 사명감만 못해

지금 어린 학생과 청소년을 가르치는 교사 가운데 과연 몇 사람이 교육자로서 이렇게 투철한 의식을 갖고 있을까. 혹시 그들 대부분은 산업사회가 시작되자 희생적인 교육자로서의 삶보다 정년이 보장되고 안정된 생활을 누릴 수 있어서 교사직을 택하지는 않았을까.

대통령이 미국의 미셸 리와 같이 탁월하고 헌신적인 교육감이 없어 교장을 공모제로 하고 현직 검사를 교과부에 파견하는 것은 안팎으로 부끄러운 일이지만 극약처방인 줄 안다. 문제는 교육환경이 지금과 같이 계속되고 공모제를 통해 선발된 교장은 물론 일선 교사가 교육자로서 투철한 사명감과 도덕적인 책무감 없이 임한다면 이 대통령의 교육 개혁도 기대하기 어렵다는 점이다. 그들의 용기 있는 변신과 국민의 의식 개혁 없이는 학교 교실을 사교육 시장의 범람으로부터 지키고 교육 환경을 선진국 수준으로 개선하기는 불가능하다.

세 번째 열 28행: "적어도 그들은 존 듀이의 교육 철학을 실천에 옮긴 위대한 교육자 하인리히 페스탈로치의 희생적인 삶은 물론이고…"

요한 하인리히 페스탈로치(Johann Heinrich Pestalozzi 1746–

1827)는 스위스의 교육 개혁자이고 존 듀이(John Dewey 1859-1952)는 미국의 교육 철학자이다. 듀이보다 113년 앞서 태어났고 듀이가 태어나기 32년 전에 죽은 페스탈로치가 어떻게 해서 듀이의 교육철학을 실천에 옮길 수 있었는가.

필자의 착각도 문제이지만 신문사의 컬럼 담당부서에 교열 보는 사람이 없었는지 궁금하다.

14 유홍준. "김관호의 해질녘". 조선일보 2012년 1월 9일 토요일.

유홍준의 국보순례 [145]

김관호의 해질녘

언젠가 '월간미술'이 '한국 근대 유화 베스트 10'을 설문 조사한 결과 베스트 1로 선정된 작품은 일본 동경예술대학에 소장되어 있는 김관호의 '해질녘'(사진)이었다. 김관호(金觀鎬 1890~1958)는 동경예술대학 서양화과를 졸업한 두 번째 한국인 유학생이었다. 평양의 부잣집 아들로 태어난 그는 1916년에 수석으로 졸업하고 그해 '문부성 전람회'에 졸업작품인 '해질녘(夕暮)'을 출품하여 영예의 특선을 차지했다.

'해질녘'은 대동강에서 목욕하는 두 여인을 그린 누드화이다. 보랏빛으로 물든 석양의 능라도 풍경은 인상파 화풍으로 아련하게 묘사하고 풍만한 두 나부(裸婦)의 뒷모습은 몽환적인 낭만파 화풍이다. 당시 매일신보는 이 사실을 대서특필하면서 춘원 이광수의 흥분에 가득 찬 관람기를 게재했다. '아! 특선, 특선이라! 특선이라면 미술계의 왈성 급제다… 장하도다 우리 김군!' 그러나 신문은 '벌거벗은 그림인고로' 게재하지 못함을 양해 바란다고 했다. 일제에 멸시받고 있던 상황에서 그들의 가장 권위 있는 공모전에서 특선을 했다는 것은 오늘날 김연아의 금메달만큼이나 자랑스러운 것이었다.

김관호는 근대미술의 기린아로 데뷔했지만 미술계를 이끌어가는 화가로 성장하지는 못했다. 졸업한 그해에 평양에서 개인전을 열고, 제2회 조선미술전람회에 '호수'라는 누드작품이 입선되고, 1925년에는 평양에서 김찬영과 '삭성회(朔星會)'라는 회화연구소를 개설하여 길진섭, 문학수, 정관철 같은 제자를 길러냈다. 그러나 1927년 무렵 그는 소리소문없이 화단에서 사라졌다. 술과 사냥에 빠졌다는 씁쓸한 소식만 들려왔다. 그는 근대의 문턱에서 잠깐 나타났다 사라진 샛별 같은 존재로 끝났다.

해방 때 평양에 있던 김관호는, 그의 며느리가 증언하기를 조선미술가동맹의 고문으로 불려나가 30년 만에 다시 붓을 잡아 폴란드에서 열린 조선미술전에 '모란봉의 가을'을 출품하기도 했지만 1958년 10월 20일, 79세로 쓸쓸히 세상을 떠났다고 한다.

명지대 교수·미술사

김관호(1890−1958)는 79세로 사망?

"김관호는 … 1958년 10월 20일, 79세로 쓸쓸히 세상을 떠났다고 한다." 1958에서 1890을 빼면 68이니까 69세로 세상을 떠난 것이다.

15 Bruce Cummings. *The Korea War: A History*. New York: The Morden Library, 2010.

The Korean War Began in 1945?

241쪽, 29-31행: The Pacific War began in 1931 and ended in 1945, just as the Korean War began in 1945 and has never ended, even if the fighting stopped in 1953. The Korean War가 시작했다는 1945년은 1950년의 잘못이 아닌가. 저자가 이 책의 서두에 실은 CHRONOLOGY에는 1950-1953 the Korean War 항이 나온다. 그리고 INTRODUCTION(xv-xiv)의 첫 문장은 이렇게 시작한다. This is a book about the Korean War, written for Americans … a discrete, encapsulated story beginning in June 1950 and ending in July 1953 … (xv). "Just as the Korean War began in 1945"는 이 책의 종장인 Chapter Nine Requiem: History in the Temper of Reconcilation(225-243)의 끝부분(p. 241)에 나온다. 그런데 놀라운 것은 위 두 전쟁의 시기 구분-태평양전쟁(1931-1945)과 한국전쟁(1945-1953)은 "the American demarcations"이 아니고 한국과 일본의 많은 역사(서)의 관행적인 구분이라는 것이다. … "many histories in Japan and Korea conventionally begin these conflicts in 1931 and 1945 …"(p. 242)! "일본과 한국의 많은 역사서"에 관해서는 아는 바

가 없고 읽은 바도 없지만, these conflicts가 "conflicts of arms"(무력충돌 · 교전)을 뜻한다면 the Korean War는 1950년에 시작한 것이 분명하다.

there has been no "closure" to either war from the North [illegible] standpoint; neither has come to an appropriate resolution. [illegible] are not the American demarcations for these wars, of cou[illegible] many histories in Japan and Korea conventionally begin th[illegible] conflicts in 1931 and 1945, and the history-obsessed North K[illegible] trace a straight line from the present back to that long-lost fi[illegible] of March in 1932. Those who suffer terrible wars have a fine[illegible] of when they begin and when they end.

If Americans have trouble reflecting on this "forgotten wa[illegible]

14장 오인용
(Wrong Quotations)

1 金秉喆. 『韓國近代飜譯文學史 研究』. 乙西文化社, 1975.

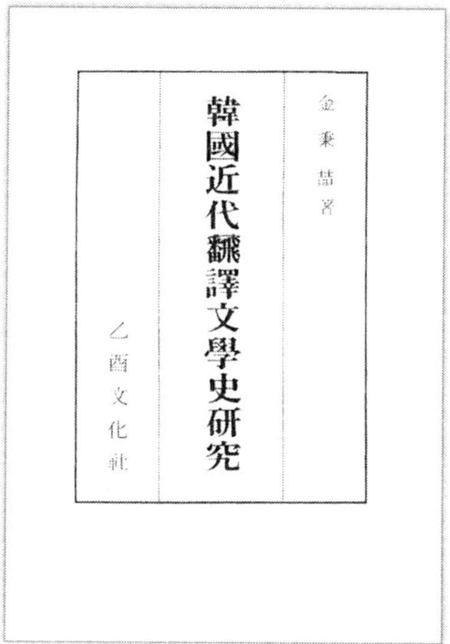
金秉喆 著
韓國近代飜譯文學史研究
乙酉文化社

W. B. Yeats의 8행시의 2행 누락

아일랜드 시인 윌리엄 버틀러 예이츠의 시 "He wishes for the Cloths of Heaven"(1899)은 8행시인데 인용시(405쪽)에는 6, 7행이 빠져 있다.

"쉼"은 한국 최초의 역시이며, 안서 김억(岸曙 金億 1893-195?)이 번역문예주간지인 「태서문예신보」(泰西文藝新報)의 11호

(1918.12.14.)에 발표하였다. 안서는 시제의 cloths(천)을 옷(clothes)으로 오역하였다.[1]

Deçà, delà,
Pareil à la
Feuille morte.

여기에 저기
날아 흣터지는
落葉이어라

(例 3) **He Wishes for the Cloths of Heaven**

William Butler Yeats

Had I the heaven's embroidered cloths,
Enwrought with golden and silver light,
The blue and the dim and the dark cloths
Of night and light and the half-light,
I would spread the cloths under your feet
Tread softly because you tread on my dreams.

꿈

윌리암. 벗터, 이옛츠

내가 만일 光明의
黃金, 白金의 짜아너인
하늘의 繡노ᄒᆞᆫ옷
날과 밤, 또는저녁의
프름, 아득함 또는 어두움의
물들인 옷을 가젓다ᄒᆞ면
그대의 발아래 펼치나
아々 가난ᄒᆞ여라, 所有난 꿈뿐임이
그디의 발아페너꿈펴노니
나의싱각 가득ᄒᆞᆫ꿈위로
그디여 가만히 밟고 서라

He wishes for the Cloths of Heaven

Had I the heavens' embroidered cloths,
Enwrought with golden and silver light,
The blue and the dim and the dark cloths
Of night and light and the half-light,
I would spread the cloths under your feet:
But I, being poor, have only my dreams;
I have spread my dreams under your feet;
Tread softly because you tread on my dreams.

1 김용권. 「예이츠의 번(오)역 100년: "He Wishes for the Cloths of Heaven"을 중심으로」. 『한국예이츠저널』. 제40권. 2013년 봄 참조.

2 Beongheon Yu. *The Great Circle: American Writers and the Orient*. Detroit: Wayne State University Press, 1983.

Japan vs. Japans

78쪽 10행 "… impenetrable Japan"의 Japan은 Japans의 잘못이다. 위 인용은 Herman Melville(1819–1891)의 소설 *Moby-Dick*(1851)의 111장 The Pacific의 일부이다. 20여 년 전에 필자의 부탁으로 서울대의 신문수 교수가 찾아본 Eugene F. Irey 편 *MOBY-DICK INDEX CONCORDANCE*(New York: Hendrick House, 1978)에 의하면 *Moby-Dick* 안에 단수형 Japan은 열 번, Japanese는 여덟 번이 나오고 복수형 Japans은 꼭 한 번 나온다. 앞의 The Pacific 장의 'impenetrable Japans'이 그것이다.

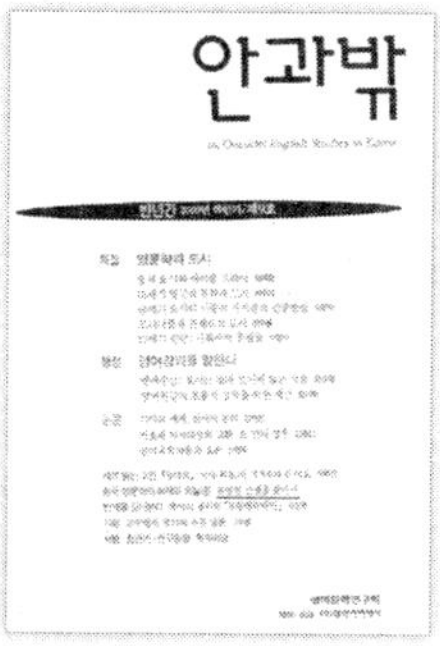

Yu

talists who looked beyond Japan—to China and especially to India.

Once the nineteenth century had entered into its second half, Japan became increasingly visible. When Melville wrote of "low-lying, endless, unknown Archipelagoes and impenetrable Japan,"[4] he may well have remembered its shoreline seen from his whaling ship. And Hawthorne, if only he had wanted, could have written the narrative of Commodore Matthew C. Perry's historic expedition to Japan.[5] All of a sudden

Kazin

yesterday planted by the recentest race of men, and lave the faded but still gorgeous skirts of Asiatic lands, older than Abraham; while all between float milky-ways of coral isles, and low-lying, endless, unknown Archipelagoes, and impenetrable Japans. Thus this mysterious, divine Pacific zones the world's whole bulk about; makes all coasts one bay to it; seems the tide-beating heart of earth. Lifted by

American Literature Princeton, 1966), pp. 66 and 86, respectively.

3. *Selections from Cotton Mather*, ed. Kenneth B. Murdock (New York, 1926), p. 307.

4. Chapter III, "The Pacific," *Moby Dick*. For a discussion of Melville's interest in the Orient, see James Baird, *Ishmael* (Baltimore, 1956).

5. He was approached for the assignment while serving as U.S. Consul in Liverpool. In his journal for December 28, 1854, Hawthorne also wrote: "The world can scarcely have in reserve a less hackneyed theme than Japan" (quoted in Miner, p. 18).

나는 60년대 초 미네소타 대학원에서 공부할 때 *Moby-Dick*을 두 번 읽었다. 한 번은 Charles Foster 교수의 American Renaissance II Hawthorne, Thoreau, Melville 과목에서였고 텍스트는 Alfred Kazin 편의 Riverside Edition이었다. 두 번째는 Jacob Levenson 교수의 PhD Seminar: American Studies에서였다. 나는 Levenson교수의 칭찬을 들은 "Landscape Imagery in *Moby-Dick*"라는 seminar paper를 귀국 후에 염치도 없이 Note라는 단서를 달고 『영어영문학』 제20권(1966)에 실은 적이 있다.

그러나 나는 그때까지만 해도 "impenetrable Japans"를 보지 못했다. 그러다 70년대 말엔가 대학원의 19세기 미국 소설 강의 시간 중에 우연히 이 복수형을 발견하고 놀랐다. 그리고는 내 나름대로 궁리를 해봤다. "impenetrable Japans" 바로 앞에 "low lying, endless, unknown Archipelagoes"라는 복수형이 나와 있으므로 Archipelagoes 와 Japans는 parallelism(대구법 對句法)로 볼 수 있겠다고 생각했다. 그러나 제24장 The Advocate의 "If that double-bolted land, Japan, is ever to become hospitable, it is the whale-ship alone to whom the credit will be due…"(p.101)에 나오는 "이중으로 빗장을 건 나라 일본"이 "문호를 굳게 닫은 일본들"이 된 것은 이상하지 않는가 싶었다. 혹시 "impenetrable Japans"는 오식이 아닐까 하는 생각이 들었다. 실제로 20세기 초 30년 동안에 나온 *Moby-Dick*의 reprints에는 corrupt texts가 적지 않았고 그 후에도 the Melville Industry boom을 타고 수많은 판본이 나왔었다. 그래서 국내에 들어온 *Moby-Dick*의 판본을 눈에 띄는 대로 모았다. Norton Critical Edition의 *Moby-Dick*(1967)은 말할

것 없고 Harper & Row출판사의 A Perennial Classic(1966), The New American Library의 A Signet Classic(1961), Bantam Books(1967) 같은 포켓판도 모았다. 그런데 판본에 따라서 책 제목이 *Moby-Dick* 또는 *Moby Dick*이거나, 장(chapter)수를 아라비아 숫자 아니면 로마 숫자로 표시하는 것이 다를 뿐 어느 판본을 찾아보아도 "impenetrable Japans"는 "impenetrable Japans"였다. 그래서 "Japans"는 오식이 아니라는 것을 확신하게 되었다. 그러자 80년대 후반에 유병천(劉秉千) 교수의 *The Great Circle*을 읽게 되었고 제4장 Yankee Pilgrims in Japan에서 "impenetrable Japan"이라는 단수형을 발견하였다. 이 대목을 보는 순간 나는 드디어 개정판이 나왔는가 싶어서 흥분한 마음으로 책 뒷부분의 Notes를 떠들어 제4장의 4번 노트(p.239)를 찾아 보았다.

노트 4번은 다소 실망스러웠다. "The Pacific"은 *111*장인데 아라비아 숫자가 아니고 로마 숫자 III로 표기되어 있었다. 로마 숫자로는 CXI이어야 맞다. 또 인용문의 인용 페이지가 나와 있지 않고, 어느 판본인지 출판사와 연도도 나와 있지 않았다. 유 교수의 저서가 1983년에 나왔으므로 이 판본은 1983년 이전에 나왔을 것이고 내가 모르는 판본일 수도 있겠다고 여겼다.

그리고 한동안 잊고 있다가 『안과밖 2000년 하반기』 제9호에 실린 『유병천 선생을 찾아서』라는 대담을 읽으면서 "impenetrable Japan"이 다시 생각이 났다. 그 해 초겨울의 어느 날 마침 서울에 계신 유 선생께 전화를 드렸다. 선생님 저서에서 인용한 *Moby Dick*은 무슨 판이었습니까?라는 물음에 유 선생은 "Riverside Edition인데 무슨 일이냐"고 반문하셨다. Riverside Edition은 바로 내가 줄곧 사용해 온 판본이 아닌가. 그래서 CXI장의 "impenetrable Japan"은 "impenetrable Japans"인데요 하니까 "그래요? 다시 봐야겠는데"라는 말로 통화가 끝났다. 그 후 다시 통화는 없었다. 유 교수가 Japans를 Japan으로 표기한 것은 의도적인 것은 아니라고 여겨진다. 단수형인 Japan에 익숙해진 눈에 선례가 없는 복수형 Japans가 보이지 않았을 것이다. 아니 보고도 보지 않았을 것이다. 아무튼 나의 궁금증은 풀렸다. 그 후 옥스퍼드 출판부의 Oxford World's Classics의 *Moby Dick*의 최근판(1988년)을 구했는데, 편자인 영국의 Tony Tanner 교수는 NOTE ON THE TEXT(xxvii)에서 1851년 10월에 나온 영국판보다 한 달 후에 나온 미국판을 대본으로 삼은 것은 미국판에는 Melville 자신의 자구수정이 들어 있기 때문이라고 했다. 미루어 "impenetrable Japans"는 처음부터 그랬던 것이다.

3 John T. Mayer. *T. S. Eliot's Silent Voice.* Oxford: Oxford University Press, 1989.

the glazen watch

169쪽의 24행: …the glazen (coated over, staring but not seeing) watch kept by Matthew Arnold and Waldo Emerson은 T.S. Eliot의 초기시 "Cousin Nancy"의 11-12행의 변형이다.

broke barren hills that seemed changeless, not necessarily a positive gain, and pursued modern fashions indiscriminately. Indeed, how can the glazen (coated over, staring but not seeing) watch kept by Matthew Arnold and Waldo Emerson (whose effectiveness as guardians of nineteenth-century liberal values is mocked by the demeaning, democratic familiarity of "Matthew" and "Waldo") possibly prevent modern individualists such as Nancy from assailing and altering for the worse what the received wisdom of Georgian England and Wilsonian America took as "the faith"?

[18] *T. S. ELIOT*

Upon the glazen shelves kept watch
Matthew and Waldo, guardians of the faith,
The army of unalterable law.

Meyer는 the glazen shelves의 shelves를 watch로 바꿔 놓았다. "번쩍이는 주시(注視)"는 어떤 것인가.

4 James Longenbach. "'Mature Poets Steal': Eliot's Allusive Practice." In *The Cambridge Companion to T.S. Eliot,* ed. A. David Moody. Cambridge: Cambridge UP, 1994.

181쪽에 인용된 3행시는 Eliot의 초기 시집 *Prufrock*(1917)에 들어 있는 "Cousin Nancy"의 마지막 3행(11–13)의 변형이다. Eliot의 *The Complete Poems and Plays 1909–1950*(New York: Harcourt Brace and Company, 1952)에 실린 "Nancy Cousin"의 11–13행은 다음과 같다.

ll the modern dances." Commenting on her rebellious attitude, the final tanza introduces a note absent from the other poems of 1915.

> Upon the shelf kept watch
> Matthew and Waldo, guardians of the faith,
> The army of unalterable law. (lines 11–13)

The diction of that final pentameter is completely at odds with the nervous rhythms throughout the rest of the poem: it stands apart even if we do not know that Eliot stole it from George Meredith's sonnet "Lucifer in Starlight," which describes Satan's fall from heaven. If we do recognize the allu-

[18] *T. S. ELIOT*

> Upon the glazen shelves kept watch
> Matthew and Waldo, guardians of the faith,
> The army of unalterable law.

Longbach는 11행의 the glazen shelves를 the shelf로 바꿔 놓았다.

5 조성식. 『영어발달사』. 한국문화사, 1994.

530쪽을 보면 Defoe, Dryden, Addison, Campbell등 18세기의 대표적 문인들은 프랑스어 단어들이 영어에 유입되는 것을 마땅찮게 여겼다고 한다. 그런데 인용문의 "I"은 네 사람 중 누구인가. Baugh & Cable의 *A History of the English Language*(1978)의 해당 페이지를 보면 In 1711 Addison wrote in the *Spectator*(No. 165): "I have often wished … as valuable"라고 나온다. Addison이 필자이므로 I 다음에 [Addison]을 적어 넣고, 글 전체는 인용부호를 둘러야 한다.

할 수는 없었다.

18세기를 대표하는 쟁쟁한 문필가들은 대체로 프랑스 어휘가 더이상 영어에 들어오는 것을 매우 못마땅하게 생각하고 있었다. Defoe, Dryden, Addison, Campbell 등도 프랑스 어휘의 범람을 좋지 않게 여기고 있었다. 영국 사람들은 외국어를 들여오는 것을 몹시도 좋아하여 맹목적으로 프랑스어를 들여온다. 결과적으로 영어를 세련시키기는 커녕 도리어 오염시키고 있다고 탄식하고 있다. 그래서 법률이나 무역을 관장하는 관리가 있듯이, 언어를 감시하는 사람이 있어야 한다고 말하기도 하였다. 그러나 당시 유럽에서 프랑스어가 차지하고 있던 위상을 생각할 때, 이러한 프랑스 어휘의 유입은 어찌할 수 없는 상황이었을 것이다. 더구나 18세기에 들어와서 영국이 세계 각처에 진출함에 따라, 도리어 외래어의 도입이 한층 늘어만 갔다.

I have often wished, that as in our constitution there are several persons whose business is to watch over our laws, our liberties, and commerce, certain men might be set apart as superintendents of our language, to hinder any words of foreign

us; their talent is to prescribe fashions, not words." [1] The feeling was very common. In 1711 Addison wrote in the *Spectator* (No. 165): "I have often wished, that as in our constitution there are several persons whose business is to watch over our laws, our liberties, and commerce, certain men might be set apart as superintendents of our language, to hinder any words of a foreign coin, from passing among us; and in particular to prohibit any French phrases from becoming current in this kingdom, when those of our own stamp are altogether as valuable." Even quite late in the century Campbell could say, "Nay, our language is in greater danger of being overwhelmed by an inundation of foreign words,

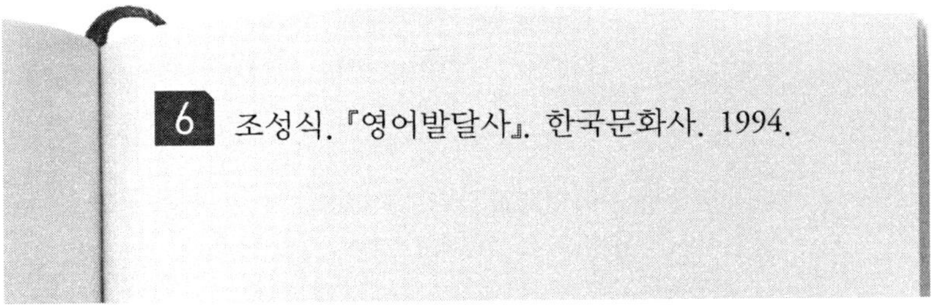

6 조성식. 『영어발달사』. 한국문화사. 1994.

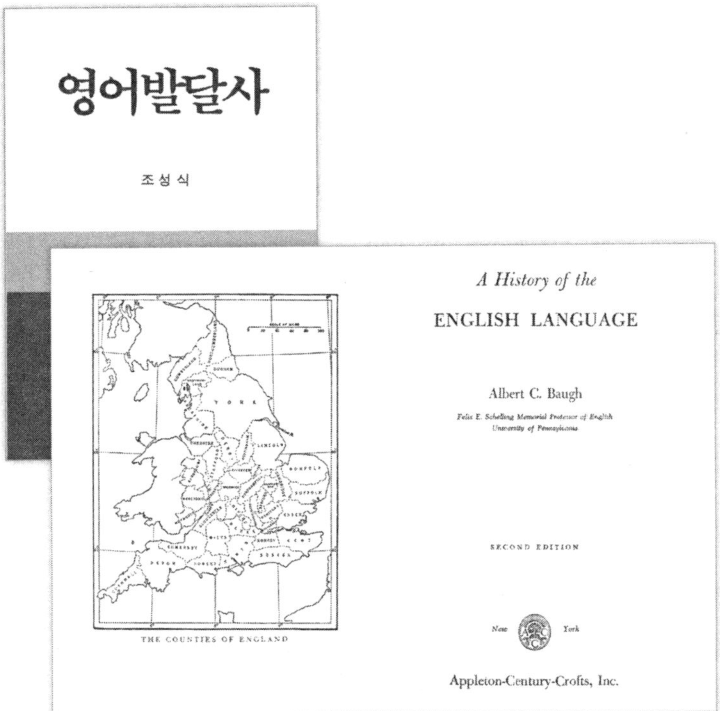

555쪽에 실린 인용구: … "to agree upon … advantageous changes."는 본문과 연결이 되지 않는 불완전구이다. Baugh · Cable의

『영어사』를 보면 In their proposals they stated their aim to be "to agree upon … advantageous changes"로 되어 있다. 그래서 적어도 …they stated their aim to be 가 "to agree upon…" 앞에 나와야 한다. 그리고 to agree upon…에서 to the artificial creation of scientists에는 인용부호를 둘러야 한다. 본문 554쪽에 나오는 Roberts S. Bridges, Henry Bradley 등 영어순화협회(Society for Pure English) 회원들의 말을 인용한 것이기 때문이다.

> ...to agree upon a modest and practical scheme for informing popular taste on sound principles, for guiding educational authorities, and for introducing into practice certain slight modifications and advantageous changes... Now, believing that language is or should be democratic both in character and origin, and that its best word-makers are the uneducated classes, we would prefer vivid popular terms to the artificial creations of scientists.
>
> 여기서 지역적으로 존재하고 있는 방언의 존재를 무시할 수는 없다.

> not until after the Armistice that it began its activities. The original committee was composed of Henry Bradley, the distinguished philologist, Robert Bridges, the poet, Sir Walter Raleigh, Oxford Professor of English Literature, and Logan Pearsall Smith, a well-known literary man. The moving spirit was the poet laureate. In their proposals they stated their aim to be "to agree upon a modest and practical scheme for informing popular taste on sound principles, for guiding educational authorities, and for introducing into practice certain slight modifications and advantageous changes." They specifically disavow any intention "of foolish interference with living developments." Their hope of directing the development of the vocabulary seems, in the light of history, perhaps overoptimistic, but their recognition of the popular voice inspires confidence. "Now, believing that language is or should be democratic both in character and origin, and that its best word-makers are the uneducated classes, we would prefer vivid popular terms to the artificial creations of scientists." This at least is sound doctrine. One must likewise applaud the recognition given to local dialects, from which the standard speech has

7 조성식. 『영어발달사』. 한국문화사, 1994.

Jespersen 오인용

657쪽 제2행: "프랑스어와 비교하면 영어는 '남성적'이다"라는 표현이 나오는데 저자가 인용한 Jespersen의 *Growth and Structure of the English Language*(1956)에는 프랑스어가 아니라 '다른 여러 언어'(others)와 비교하면 매우 남성적이라고 나온다. 그리고 본문에 나오는 "음운론, 형태론, 구문론 전 분야"는 원문의 "things phonetical, grammatical, and lexical"과는 맞지 않는다.

> 러한 여건 역시 세계어로 진출한 미국영어의 입지를 크게 진작시킬 것으로 생각된다. 프랑스어와 비교하면 영어는 매우 "남성적"이라는 인상을 받게 될 것이며, 표현이 간결하고, 직접적이며, 명쾌하다는 특징을 가지고 있다. 음운론(phonology), 형태론(morphology), 구문론(syntax) 전 분야를 훑어보면 그 조직이 대체로 간결하며, 강력하고, 대담하다는 것을 얼른 알 수 있다.[1]
>
> ...it seems to me positively and expressively *masculine*, it is the landuage of a grown-up man and has very little childish or feminine about it. A great many things go together to produce and to confirm that impression, things phonetical, grammatical, and lexical, words and turns that are found, and words and turns that are not found, in the language.

composite to have their whole essence summed up in one short expression. Nevertheless, there is one expression that continually comes to my mind whenever I think of the English language and compare it with others: it seems to me positively and expressly *masculine*, it is the language of a grown-up man and has very little childish or feminine about it. A great many things go together to produce and to confirm that impression, things phonetical, grammatical, and lexical, words and turns that are found, and words and turns that are not found, in the language. In dealing with the English language one is often reminded of the characteristic English handwriting ; just as an English lady will nearly always write in a manner that in any other country would only be found in a man's hand, in the same manner the language is more manly than

8 여석기. 「셰익스피어 극의 다원적 통일」『햄릿과의 여행 리어와의 만남: 여석기 영문학 논집』. 생각의 나무, 2001.

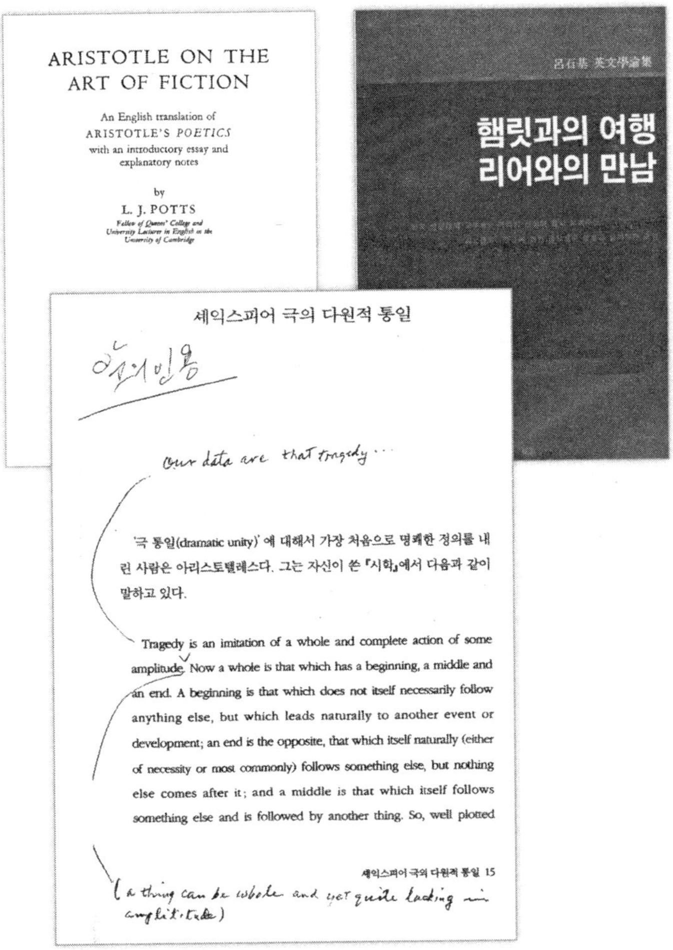

ARISTOTLE ON THE ART OF FICTION

An English translation of ARISTOTLE'S *POETICS* with an introductory essay and explanatory notes

by

L. J. POTTS

Fellow of Queens' College and University Lecturer in English in the University of Cambridge

呂石基 英文學論集

햄릿과의 여행 리어와의 만남

셰익스피어 극의 다원적 통일

Our data are that tragedy ...

'극 통일(dramatic unity)'에 대해서 가장 처음으로 명쾌한 정의를 내린 사람은 아리스토텔레스다. 그는 자신이 쓴 『시학』에서 다음과 같이 말하고 있다.

Tragedy is an imitation of a whole and complete action of some amplitude. Now a whole is that which has a beginning, a middle and an end. A beginning is that which does not itself necessarily follow anything else, but which leads naturally to another event or development; an end is the opposite, that which itself naturally (either of necessity or most commonly) follows something else, but nothing else comes after it; and a middle is that which itself follows something else and is followed by another thing. So, well plotted

셰익스피어 극의 다원적 통일 15

(a thing can be whole and yet quite lacking in amplitude)

> fables (i.e., plots) must not begin or end casually, but must follow the pattern here described(J. Potts' Translation, Chapter 7).

이처럼 더할 나위 없이 명쾌하게 갈파한 플롯의 개념 속에는 무엇보다도 철저하게 인과율이 강조되어 있다. 같은 저서의 또 다른 부분을 인용해보면, 그의 주장은 더욱 뚜렷해진다.

> The fable is an imitation of an action, that action must be a complete unit, and the events of which it is made up must be so plotted that if any of these elements is moved or removed the whole is altered and upset. For when a thing can be included or not included without making any noticeable difference, that thing is no part of the whole(Chapter 8).

> CHAPTER 7. So much for analysis. Now let us discuss in what sort of way the incidents should be plotted, since that is the first and chief consideration in tragedy. Our data are that tragedy is an imitation of a whole and complete action of some amplitude (a thing can be whole and yet quite lacking in amplitude). Now a whole is that which has a beginning, a middle, and an end. A beginning is that which does not itself necessarily follow anything else, but which leads naturally to another event or development; an end is the opposite, that which itself naturally (either of necessity or most commonly) follows something else, but *Fable*

앞의 인용은 아리스토텔레스의 『시학』의 일부다. 인용문 끝의 괄호 안의 J. Potts' Translation의 책명은 이 논문의 어디에도 나와 있지 않는데 Potts의 책명은 이렇다.

ARISTOTLE On the Art of Fiction: An English Translation of THE POETICS with an Introductory Essay and Explanatory Notes by L. J. POTTS. Cambridge University Press, 1953.

[『햄릿과의 여행 리어왕의 만남』의 제2부의 세 번째 논문 「유진 오닐과 희랍비극」(1999)의 참고문헌 끝(292쪽)에

L. J. Potts. *Aristotle On the Art of Fiction: An English Translation of Aristotle's Poetics*, 1953, Cambridge Univ. Press가 나온다.]

위 논문의 인용방식은 Potts와는 다르다. 인용은 "Tragedy is an imitation of a whole and complete action of same amplitude"로 시작하는데 Potts역은 "Our data are that tragedy is an imitation of a whole and complete action"으로 되어 있다. Potts역뿐만 아니라 S. H. Butcher(1895), T.S. Dorsch(1965), Richard Janko(2001)역은 다같이 "…that tragedy is an imitation…"으로 되어 있다. 따라서 tragedy를 문장의 주어로 하려면 …tragedy is an imitation…로 하면 된다. 실제로 위 논문은 원래 『영어영문학』 15(June 1964) Shakespeare Quarter-centenary: Special Issue의 권두논문 「Shakespeare극의 multiple unity」이었고 거기서는 "……tragedy is an imitation…"로 소문자로 표시되어 있다. (문장 안에서 일부를 생략할 때는 영어에서는 점이 셋인데 일본과 한국식은 점이 여섯이다.)

저자는 tragedy의 중요성을 강조하기 위하여 대문자 Tragedy로 시

작한 것으로 보이는데 그러려면 첫 글자의 대문자를 square bracket(꺽쇠괄호 또는 각 괄호[ ]) 안에 넣어[T]ragedy로 표시하면 된다. 원 문장에서는 소문자 tragedy였다는 뜻이다.

또 Potts역에는 "tragedy is … some amplitude" 끝에 (a thing can be whole yet quite lacking in amplitude)이 있으므로 (…)로 생략 부분을 표시하는 것이 바람직하다. 그리고 위 문절의 끝 문장 "so, well plotted fables(i.e. plots)must not begin or end … described"의 (i. e. plots)는 Potts역에는 없다. fables 곧 plots라는 뜻인데 원 저자가 삽입한 것은 괄호( )로 표시하고 제3자가 보탠 것이라면 꺽쇠괄호 [ ]를 써야 한다. 실제로 1964년의 논문에서는 꺽쇠괄호로 바르게 표시되어 있다.

Chapter 8의 인용방식은 더 큰 문제다.

"The fable is an imitation of an action, that action must be a complete unit, and…"(p. 16) 첫 문장과 둘째 문장은 다같이 단문(simple sentence)이며 병치된 것이므로 둘째 문장의 "that action"과 "must be"는 논리적으로 불가능하다.

but he confined the plot of the *Odyssey* to an action that has the kind of unity I mean, and he did the same with the *Iliad*. Accordingly, just as in the other imitative arts the object of each imitation is a unit, so, since the fable is an imitation of an action, that action must be a complete unit, and the events of which it is made up must be so plotted that if any of these elements is moved or removed the whole is altered and upset. For when a thing can be

[1] This is obscure. Margoliouth explains it as an allusion to the prostitute Klepsydra in a lost comedy.

28

Potts역에서는 이렇게 되어 있다. “Accordingly, … so, since the fable is an imitation of an action, that action must be a complete unit,…”(p. 28). 이것은 복문(a complex sentence)이다. 즉 종속접속사인 since로 시작하는 종속절(a subordinating clause)과 그에 따른 주절(a main clause)로 된 복문이다. 저자는 왜 ‘since’를 뺐을까. 놀랍게도 저자의 1964년 논문에도 since가 빠져 있다.

9 여석기. 「리어의 최후」『햄릿과의 여행 리어와의 만남』. 생각의 나무, 2001.

리어의 최후

비극의 종말은 주인공의 죽음으로써 끝난다는 일반적인 관례가 이루어지고 있다는 단순한 사실을 넘어, 『리어왕』에서 주인공의 최후는 여러 가지 비평적 문제를 던진다.

> A happy ending…… as if the living martyrdom that Lear had gone through…… the flaying of his feelings alive, did not make a fair dismissal from the stage of life the only decorous thing for him. If he is to live and be happy after, if he could sustain this world's burden after, why all this pudder and preparation…… why torment us with all this unnecessary sympathy?[1)]

램(Charles Lamb)이 위와 같이 단언함으로써 이 극의 결말이 주인공

리어의 최후 29

앞의 인용문은 Charles Lamb(1775–1834)의 수필 “On the Tragedies of Shakespeare”의 일부이다. 첫 행의 ending과 as if 사이, 두 번째 행의 through와 the flaying 사이, 다섯 째 행의 preparation과

why torment 사이에 점(dot, period, point)이 여섯 개씩 나온다. 영어 문장 안의 단어나 어구를 생략할 때는 점 셋 (…)으로 표시하고 문장과 문장 사이의 생략은 점 넷(….)으로 표시한다. 점 여섯(……)으로 표시하는 것은 한국식이고 일본식을 따른 것이다. 그런데 Lamb의 문장의 점들이 생략 부호라면 첫 문장은 구문상 매우 불안정하다. 둘째 행의 동사 did not make의 주어는 A happy ending인가 as if the living martyrdom인가 the flaying인가 아니면 셋 다인가. 이 대목의 원문을 그대로 옮기면 아래와 같다(Bennett A. Cerf and S. Klopfer, eds. *The Complete Works and Letters of Charles Lamb*. The Modern Library. 1935, p.299).

> with it show: it is too hard and stony; it must have love-scenes, and a happy ending. It is not enough that Cordelia is a daughter, she must shine as a lover too. Tate has put his hook in the nostrils of this Leviathan, for Garrick and his followers, the show-men of the scene, to draw the mighty beast about more easily. A happy ending!—as if the living martyrdom that Lear had gone through,—the flaying of his feelings alive, did not make a fair dismissal from the stage of life the only decorous thing for him. If he is to live and be happy after, if he could sustain this world's burden after, why all this pudder and preparation,—why torment us with all this unnecessary sympathy? As if the childish pleasure of getting his gilt robes and sceptre again could tempt him to act over again his misused station—as if, at his years and with his experience, anything was left but to die.
>
> Lear is essentially impossible to be represented on a stage. But how many dramatic personages are there in Shakspeare, which though more

원문은 놀랍다. A happy ending 은 exclamation mark(!)로 끝나고 있지 않는가. as if와 the flaying 앞의 punctuation mark는 생략부호가 아니고 dash(—)이다. A happy ending! 해피엔딩이라니!(앞에서 언급된 Nahum Tate의 개작『리어 왕』은 a happy ending으로 끝난다)에 대한 Charles Lamb의 반론이 dash(—)로 시작하고 있는 것이다.

또 the living martyrdom 다음의 dash(—)는 다른 말로 말하자면 the flaying of 이라는 뜻이다. 따라서 'did not make…'의 주어는 the living martyrdom과 the flaying의 둘이다.

『햄릿과의 여행 · 리어와의 만남』은 실망스러울 정도로 교정이 부실하다.

10 송승철. 「망각에서 지양으로」 『영어영문학 연구 50년』. 이화여자대학교 한국문화원 편. 혜안, 2006.

57쪽 7-10행: "…한국 영어영문학의 출발을 따지는 작업은 경성제국대학과 동경제국대학을 넘고 넘어 영국 튜더 왕조 시대의 윌리엄 라일리 파커까지 거슬로 올라간다"(한국영어영문학회편 48). 무슨 말인가. 권두논문인 "한국영어영문학회 50년: 출범과 성과"의 필자(김용권)는 영학에 관하여 이렇게 적었다. "영학(English Studies)의 제도사 연구의 선구자인 윌리엄 라일리 파커(William Riley Parker)에 의하면 영학은 튜더 왕조시대부터 시작한다"(48쪽). 파커의 견해는 *College*

English(February, 1968)에 실린 논문 "Where Do English Departments Come From?"에서 인용한 것이다.

필자는 경성제국대학과 동경제국대학에 관해서는 48쪽에서 언급하지 않았다. 동경제국대학 영문과에 관해서는 「일본의 영어영문학 연구」라는 소제목(54쪽) 하에서, 경성제국대학 영문과에 관해선 「식민지시대의 영어영문학 연구」(57쪽)에서 논의하였다. 영학이 일본과 한국에 이입된 경위를 밝혔을 뿐이다. 그렇기는 하나 한국 영어영문학의 기원이 경성제국대학과 동경제국대학을 넘고 넘어 영국 튜더 왕조 시대(튜더 왕조 시대의 대학)로 거슬러 올라간다고 한 것은 약간 낯간지러운 과장(hyperbole)으로 보아 넘길 수 있다.

송승철

> 마자 두 가지 고약한 문제가 앞을 가로막는다. 하나는 기점을 설정하는 문제이다. 해체이론이 우리에게 가르쳐 준 것은 '기원'이란 또다시 새로운 기원으로 후퇴하는 신화일 따름이라는 것이다. 한국영어영문학회 창립 50주년 기념사업의 일환으로 작년에 발간된 『한국 영어영문학회 50년』이 마땅한 예가 될 것이다. 권두에 실린 「한국영어영문학회 50년: 출범과 성과」에 따르면 한국 영어영문학의 출발을 따지는 작업은 경성제국대학과 동경제국대학을 넘고 넘어 영국 튜더 왕조 시대의 윌리엄 라일리 파커(William Riley Parker)까지 거슬러 올라간다(한국영어영문학회편 48). 더구나, 우리 영어영문학의 경우에는 기원의 신화라는 관점에서 볼 때 '끝없는 지연'보다 더

김용권

> 는다. 그리고 미국대학에 영어영문과(Department of English)가 생긴 것은 이보다 늦은 1880년대, 90년대이다.
>
> 영학(English Studies)의 제도사 연구의 선구자인 윌리엄 파커(William Riley Parker)에 의하면 영학은 튜더왕조시대부터 시작한다.

그러나 “튜더 왕조시대의 윌리엄 라일리 파커까지 거슬러 올라간다”는 무슨 말인가. 윌리엄 라일리 파커가 튜더 왕조시대 사람이라는 뜻인가 아니면 튜더 왕조 시대를 거론한 윌리엄 라일리 파커라는 뜻인가. 파커의 논문은 앞에서 적은 대로 1968년에 발표된 것이므로 동경제국대학이나 경성제국대학 보다 몇십 년 후의 일이다. 파커는 미국근대어문학회(The Modern Language Association of America, MLA)의 회장(1959년)을, 그 전에는 사무총장(Executive Director, 1947−56)을 역임했다. MLA는 학회에 대한 그의 공적을 기리기 위해 William Riley Parker Prize(PMLA 게재 우수논문상)을 제정하여 1964년부터 수여하고 있다.

11 趙成植. 『셰익스피어 構文論 I』. 해누리, 2007.

11. Shakespearian vocabulary.

> 다음 沙翁이 구사한 방대한 語彙를 고찰하는 순서가 되었다. Goad는 사옹이 사용한 어휘의 수를 3만개, Milton은 8천개, Authorized Version에서는 6천개의 낱말이 쓰였다고 말하고 (Some 30,000 words were enough for Shakespeare, some 8,000 for Milton, and some 6,000 for the Authorized Bible. 1958: 18), Potter는 사옹이 25,000, Milton이 12,000, Winston Churchill이 60,000 개에 달하는 낱말을 사용하였다고 한다.

저자는 제I권의 1. 제목을 Shakespearian English: An Introduction으로 1의 11은 Shakespearian Vocabulary라고 적고 있다. 이보다 앞

서 저자가 한국영문법학회 학회지 『영문법』 제5권 1호(2001)에 기고한 논문 제목도 Shakespearian English: An Introduction이고 2의 10은 Shakespearian Vocabulary이다. Shakespeare가 쓴 영어와 Shakespeare의 영어 어휘를 다룬 것이므로 Shakespearian이라는 형용사보다는 Shakespeare's English, Shakespeare's Vocabulary로 하는 것이 적절한 표현이다. *The Cambridge Bibliography of English Literature*(1966) I권의 William Shakespeare항(539-608)의 언어 관련 소제목은 Shakespeare's Language, Shakespeare's English, Shakespeare's Vocabulary(588-589)로 되어 있다.

저자는 앞에서 Shakespeare의 어휘수를 Goad는 30,000개, Potter는 25,000개라고 말했다고 적고 있다. Goad와 Potter는 『구문론』의 Index에 나오지 않으며, 『영문법』 논문의 Bibliography에도 올라 있지 않다. Potter의 인용문 끝에 달린 "1950; 20"을 미루어 보아 *Our Language*(London: Penguin, 1950)가 출전으로 보인다. 그리고 Goad는 *Language in History*(London, 1958)의 저자인 Harold Goad로 보인다. 그러나 저자는 30,000개와 25,000개의 차이가 어떻게 생긴 것인지에 대해 아무런 설명을 하지 않는다.

David Crystal은 *The Cambridge Encyclopedia of the English Language*(2003, 1995)에서 Shakespeare의 어휘수는 약 30,000(some 30,000)이라고 말한다(p.123). 이 숫자는 1986년 *The Story of English*라는 BBC television series에서 소개된 것이고, Marvin Spevack의 *Complete and Systematic Concordance to the Works of Shakespeare* 1968-80(Harvard UP)이 출전이라고 말하고 있다.

Spevack의 *Concordance*는 "29,066 different words and 884,647 words in all"을 기재하고 있다. Crystal은 The Nature of the Lexicon항(p.118)에서 *lexemes*(어휘소)를 설명한다. 쉽게 말해서 사전의 headwords(올림말)이 lexemes이다. *Concordance*는 goes, going, gone을 모두 different words로 기록하지만 사전은 이처럼 어형변화(inflection)한 낱말들은 모두 go라는 headword 안에 수용한다. Shakespeare의 어휘를 lexeme에 따라 계산하면 20,000 이하로 줄어든다고 말한다.

Crystal을 앞서 Henry Kucera는 *The American Heritage Dictionary of The English Language*, Third Edition(1992)에 실린 "The Mathematics of Language"(xxxi–xxxiii) 안에서 "Shakespeare's complete works consist of a total of 884,647 words of text containing a total of 29,066 different words, including proper names."(xxxii)라고 말한다. 이어서 Kucera는 play에서 파생한 plays, playing, played를 독자적인 단어로 볼 것인가 아니면 the stem form의 파생어로 볼 것인가를 정해야 한다고 말한다. 전자인 경우 단어수는 4개가 되고 후자의 경우는 inflection이 다른 문법적 어군을 지닌 한 단어가 되는데 이것이 *lemma*이다. 전통적인 사전의 올림말이 곧 lemma이다(lexeme와 같다). Kucera는 Shakespeare가 사용한 29,066는 word forms이지 lemmas가 아니라는 것이고, Shakespeare의 작품에 들어 있는 lemma의 총수는 18,000 정도라고 말한다. Crystal이 Shakespeare의 lexemes를 20,000 미만이라고 한 데 대해서 Kucera의 lemmas는 18,000 정도 이므로 2,000 정도의 차이가 난다.

Crystal은 2004년에 출간한 *The Stories of English*(Penguin Books

2004)에서도 29,066 대 20,000을 되풀이 하고 있다(p. 316). 그런데 Spevak가 말한 884,647는 전통적인 Shakespeare의 작품에 *Two Noble Kinsmen*과 *King Edwards III*을 포함시키면 930,000 정도로 증가할 것이라고 말한다. 덧붙여서 Alfred C. Hart는 *Review of English Studies* 19(1943)에 실린 "The Growth of Shakespeare's Vocabulary"에서 17,677 different words를 제시했다고 한다(p. 544, note 5). Kucera의 18,000은 이것을 염두에 둔 것인지 모른다.

15장 오용—1
(Misusage)

1 이중언어학회.『이중언어학』, 1981~.

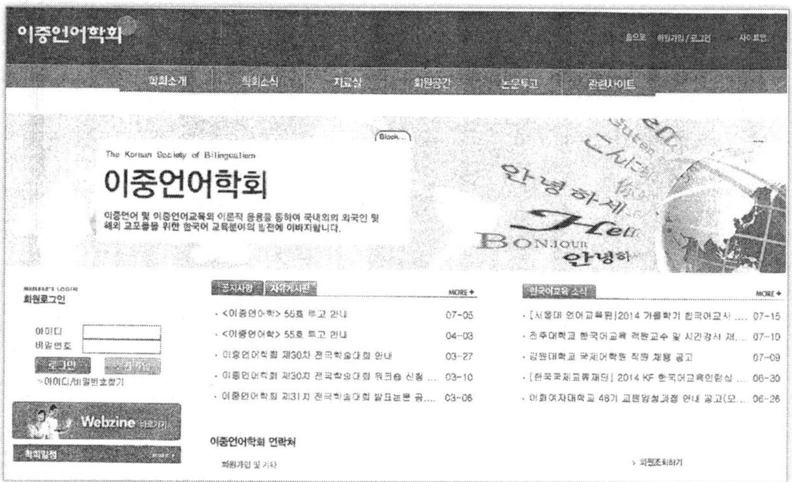

Bilingualism의 오역

이중언어학회(The Korean Society of Bilingualism)라는 학회가 있다. 1981년에 창립 된 이후 50회가 넘는『이중언어학』지를 발간했고 30회가 넘는 전국학술 대회를 개최했다고 한다. 그런데 "이중언어"라는 언어가 있는 것인가.

여느 국어사전을 보면 겹침·두 겹·중복을 뜻하는 '이중'(二重)으로 시작하는 단어들이 줄지어 나온다. 이중과세·이중국적·이중매

매·이중의식·이중창(二重窓)·이중주(二重奏) 등이다. 동일한 과세 물건에 대하여 같은 성격의 조세를 두 번 이상 매기는 일이 이중과세이다. 한 사람이 동시에 두 나라의 국적을 가지면 이중국적자이다. 이중창은 방한·방음 등의 목적으로 겹으로 만든 창이다. 그렇다면 '이중언어'는 어떤 것인가. 서로 다른 두 언어 이를테면 한국어와 일본어, 또는 한국어와 영어가 겹쳐진 언어인가. 도시 그런 언어란 있지 않는다.

'이중언어'라는 말이 영어 bilingualism의 번역이라면 더 큰 일이다. 이 학회를 창립한 사람들은 영한사전이나 영영사전을 찾아보지도 않았는가. 『동아프라임영한사전』(1990)의 정의를 보자.

bilingual [bailiŋgwəl] *a*. **두 나라 말을 하는**, 두 나라 말로 쓴 – *n*. 두 나라 말을 하는 사람. ~ly *ad*.

bilingual education 두 언어 병용교육 (영어가 서투른 소수민족 학생에게 그 모국어로 교육을 하는 제도)

bilingualism [bailíŋgwəlìzm] *n*. U 1. 2개 국어 상용 (常用). 2. 2개 국어를 말하는 능력.

Merriam Webster's Collegiate Dictionay 11th Edition(2003)의 정의를 들어 본다.

bilingual (1828) (발음·어원 생략) *adj* 1.: having or expressed in two languages 〈a ~ document〉 〈an officially ~nation〉 2: using or able to use two languages esp. with equal fluency 〈 ~ in English and Japanese〉 3: of or relating to bilingual education–– **bilingual** *n* –– **bilingually** *adv*

bilingual education *n* (1972): education in an English–language school system in which students with little fluency in English are taught in both their native language and English

bilingualism *n* (1873) 1: the ability to speak two languages 2: the frequent use (as by a community) of two languages 3: the political or institutional recognition of two languages. 위 세 단어의 접두사 bi– 는 둘 two를 뜻한다. mono–는 하나, tri–는 셋, multi–는 다수의 뜻이다. 한 언어만을 말하는 사람은 a monolingual, 세 개의 언어를 하는 사람은 a trilingual, 다수의 언어를 말하는 사람은 a multilingual이다. Bilingualism에 이어 trilingualism, multilingualism도 나온다. 끝으로 한국영어학계 교수들이 공동 집필한 『英語學 辭典』(신아사, 1990)에 실린 bilingualism의 풀이(132–133)의 첫 대목을 소개한다.

Bilingualism 〈二語使用〉 [言]

한 개인이 두 개 이상의 언어를 모국어 화자(native speaker)와 같은 정도로 사용할 수 있는 능력을 말한다. 좁은 의미로는 두 언어의 사용만을 가르키고 세 개 이상의 언어의 경우 다어사용(multilingualism)이라고 부른다.

2개 국(언)어 사용이나 삼개 국어사용은 국가와 지역에 따라 다르다. 중국의 동북 삼성의 옌벤(延邊)에서는 중국어와 조선어가 쓰인다. Afghanistan에서는 Pashto와 Persian이, Bangladesh에서는 Arabic과 English와 French가, Canada에서는 English와 French가 쓰인다. Egypt

에서는 Arabic, English, French를, Israel에서는 Hebrew와 공용어로 Arabic과 English를, Myanmar에서는 Burmese와 공용어로 English가, New Zealand에서는 English와 Maori가, Singapore에서는 Mandarin, Malay, Tamil, English(Singlish)가 쓰인다. 미국은 English가 주 언어이지만 지역에 따라 Spanish, French, Hawaiian이 공용어로 쓰인다.

The Korean Society of Bilingualism이 한국어와 다국적 이주자들의 언어를 아우르는 것이라면 multilingualism으로 이름을 바꿔도 좋을 것 같다. 유럽에는 The European Research Center on Multilingualism and Language Learning이 있다(Mercator, 2008. www.mercator-research.eu/minoritylanguages/eu-minorities 참조).

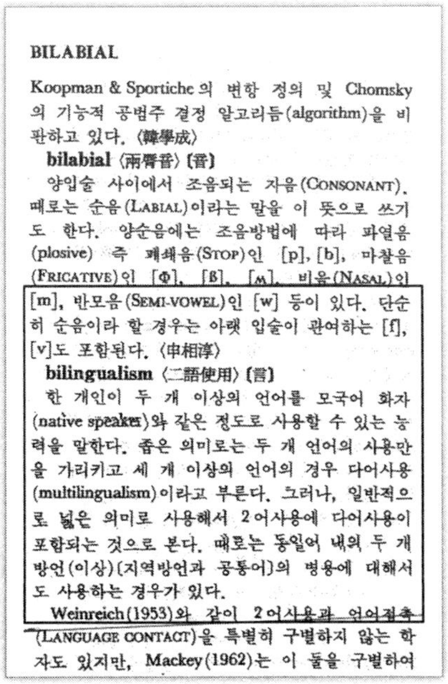
BILABIAL

Koopman & Sportiche의 변항 정의 및 Chomsky의 기능적 공범주 결정 알고리듬(algorithm)을 비판하고 있다. 〈韓學成〉

bilabial 〈兩脣音〉 〔音〕

양입술 사이에서 조음되는 자음(CONSONANT). 때로는 순음(LABIAL)이라는 말을 이 뜻으로 쓰기도 한다. 양순음에는 조음방법에 따라 파열음(plosive) 즉 폐쇄음(STOP)인 [p], [b], 마찰음(FRICATIVE)인 [Φ], [β], [ʍ], 비음(NASAL)인 [m], 반모음(SEMI-VOWEL)인 [w] 등이 있다. 단순히 순음이라 할 경우는 아랫 입술이 관여하는 [f], [v]도 포함된다. 〈申相淳〉

bilingualism 〈二語使用〉 〔言〕

한 개인이 두 개 이상의 언어를 모국어 화자(native speaker)와 같은 정도로 사용할 수 있는 능력을 말한다. 좁은 의미로는 두 개 언어의 사용만을 가리키고 세 개 이상의 언어의 경우 다어사용(multilingualism)이라고 부른다. 그러나, 일반적으로 넓은 의미로 사용해서 2어사용에 다어사용이 포함되는 것으로 본다. 때로는 동일어 내의 두 개 방언(이상)〔지역방언과 공통어〕의 병용에 대해서도 사용하는 경우가 있다.

Weinreich(1953)와 같이 2어사용과 언어접촉(LANGUAGE CONTACT)을 특별히 구별하지 않는 학자도 있지만, Mackey(1962)는 이 둘을 구별하여

2 여석기. 「한국의 영문학과 문화」『영어영문학』. 1995년 봄호. 제41권 1호.

bilingualism 오해

외국문학 특히 서구문학을 전공하는 사람은 "자국어와 외국어의 '이중언어'적 관계"가 빚어내는 문화적 갈등 속에서 귀속감을 상실하게 된다는 필자의 주장은 수긍하기 어렵다. 도시 이중언어란 무엇인가. 이중창(二重窓)이나 이중탑(二重塔)은 동일한 크기와 모양의 두 유리판이나 탑층이 겹쳐진 것이다. 또 이중창(二重唱)하면 두 사람이 서로 다른 두 개의 성부(聲部)를 동시에 또는 교대로 부르는 일을 말한다. 이중언어는 자국어와 외국어, 구체적으로는 한국어와 영어 또는 독어 또는 불어 같은 두 언어가 겹친 것인가. 이중창, 이중탑은 사전에 나오지만 이중언어는 사전에 나오지 않는다. 이중언어는 실체가 없는 것이다.

필자는 bilingual, bilingualism을 염두에 둔 것 같다. 사람을 a bilingual라고 하면 두 언어를 말하는 사람이라는 뜻이고 bilingual writing은 두 언어로 쓰여진 글을 말한다. bilingualism은 국가, 사회에 따라 두 언어를 공용어로 사용하는 것을 말한다.

특정 외국문학을 전공하는 것은 어디까지나 개인의 선택을 따른 것이지만, 특정 외국어를 자국어 못지 않게 자유자재로 말하고 쓰는 일 – 이것이 곧 bilingual이다. – 은 아무나 할 수 있는 일이 아니다. 개인적 능력의 한계에 따른 좌절감이 따를 수 있지만 이것은 필자가 말하는 “이중언어적 관계”가 빚어내는 문화적 갈등도 아니고 그 갈등이 빚어내는 귀속감의 상실과는 무관한 일이다.

씀드리는 것 가운데 과녁을 벗어나거나 약간 지나친 언사가 있다 하더라도 나이 먹은 사람의 충정의 일단이라 생각하시고 너그러이 들어주시기 바랍니다.

예나 지금이나 외국문학, 특히 서구문학을 전공하여 평생의 業으로 삼는 사람에게는 따라다니기 마련인 딜레머가 하나 있습니다. 쉽게 말씀드리자면 그것은 자국어와 외국어의 이중언어적 관계가 빚어내는 문화적 갈등 속에서 필연적으로 생겨나는 귀속감의 상실입니다. 어떤 학문 영역이든 배우고 연구하기 위해서 외국어를 습득하는 경우는 정도의 차이는 있을지언정 공통적으로 나타나는 현상이긴 합니다만, 어문학 전공자의 경우는 거기서 생기는 갈등을 해소하거나 극복하는 일이 여간 힘드는 것이 아

3 황동규. 「엘리엇과 나/나의 세대」『T. S. 엘리엇을 기리며』. 한국 T. S. 엘리엇학회 편. 서울: 웅동, 2001.

물론 입학하고 처음 2년간을 영문학보다는 잉터리 영어로 읽은 도스토예프스키와 체홉에, 그리고 불어 영어 이중어본 (bilingual)으로 읽은 보들레르와 랭보에 더 정열을 쏟은 전력을 가지고 있는 내가 이런 말을 할 자격이 있을지는 모르지만, 번역까지 포함해서 학부 4년간 내가 읽은 엘리엇은 독서의 양과 질에서 모두 최소한을 면치 못했다. 지금 생각해 보면 엘리엇에 대한 나의 경계심은 엘리엇 정신과 내 정신의 차이에 있기도 했겠지만 내 문청 시절에 유행

황동규. 엘리엇과 나/나의 세대. 「T.S. 엘리엇을 기리며. 한국엘리엇학회 편. 웅동 2001

불어 영어 이중어 본(bilingual)

필자가 읽은 Baudelaire와 Rimbaud 시의 "불어 영어 이중어본"(bilingual)은 아래와 같은 모양이었을 것이다. 1993년에 옥스퍼드대

출판부에서 발간한 보들레르의 시집 『악의 꽃』 *Les Fleurs du Mal*의 영역본이다. 역자는 James McGowan이라는 미국 일리노이 웨슬리언 대학 영문과 교수이다.

원문(불어)은 책의 왼쪽 장(verso)에, 역문(영어)은 오른쪽 장(recto)에 싣는 것이 관행이다. 영역(英譯)이 목적이므로 "A new English translation with parallel French text"라는 부제가 붙어 있다. 필자가 말하는 "불어 영어 이중어본(bilingual)"은 잘못이다. "이중어"라는 말은 사전에는 없다. 괄호 안의 bilingual은 1. (사람이) 2개 국어를 말하는 2. 2개 국어로 쓰여진이라는 뜻이다. 불어와 영어가 두 언어인 것은 맞지만 여기서 영어 텍스트는 불어 텍스트의 번역이므로 "불어 영어 이중어본"은 "불어 영어 대역본"으로 하는 것이 맞는다.

대역본은 왼쪽 책장에 원문, 오른 쪽 책장에 번역을 싣는 것이 보통이지만 한 책장을 좌우 반으로 나누어 원문과 번역을 나란히 싣기도 한다. 다음은 *New Testament*의 『現代中文譯文(修訂版)』 Good News Translation, Second Edition(Hong Kong, 2004)의 馬太福音(Matthew)의 4, 5장의 일부이다. 이 경우는 A Chinese Translation with parallal English text이다.

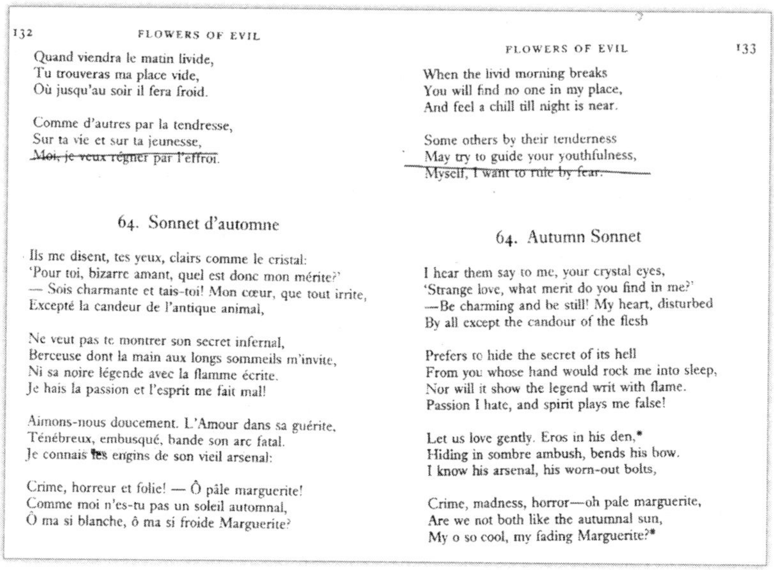

132 FLOWERS OF EVIL

Quand viendra le matin livide,
Tu trouveras ma place vide,
Où jusqu'au soir il fera froid.

Comme d'autres par la tendresse,
Sur ta vie et sur ta jeunesse,
~~Moi, je veux régner par l'effroi.~~

64. Sonnet d'automne

Ils me disent, tes yeux, clairs comme le cristal:
'Pour toi, bizarre amant, quel est donc mon mérite?'
— Sois charmante et tais-toi! Mon cœur, que tout irrite,
Excepté la candeur de l'antique animal,

Ne veut pas te montrer son secret infernal,
Berceuse dont la main aux longs sommeils m'invite,
Ni sa noire légende avec la flamme écrite.
Je hais la passion et l'esprit me fait mal!

Aimons-nous doucement. L'Amour dans sa guérite,
Ténébreux, embusqué, bande son arc fatal.
Je connais les engins de son vieil arsenal:

Crime, horreur et folie! — Ô pâle marguerite!
Comme moi n'es-tu pas un soleil automnal,
Ô ma si blanche, ô ma si froide Marguerite?

FLOWERS OF EVIL 133

When the livid morning breaks
You will find no one in my place,
And feel a chill till night is near.

Some others by their tenderness
May try to guide your youthfulness,
~~Myself, I want to rule by fear.~~

64. Autumn Sonnet

I hear them say to me, your crystal eyes,
'Strange love, what merit do you find in me?'
—Be charming and be still! My heart, disturbed
By all except the candour of the flesh

Prefers to hide the secret of its hell
From you whose hand would rock me into sleep,
Nor will it show the legend writ with flame.
Passion I hate, and spirit plays me false!

Let us love gently. Eros in his den,*
Hiding in sombre ambush, bends his bow.
I know his arsenal, his worn-out bolts,

Crime, madness, horror—oh pale marguerite,
Are we not both like the autumnal sun,
My o so cool, my fading Marguerite?*

新约
New Testament

现代中文译本(修订版)
GOOD NEWS TRANSLATION (Second Edition)

香港圣经公会
Hong Kong Bible Society

[8]Then the Devil took Jesus to a very high
mountain and showed him all the kingdoms of
the world in all their greatness. [9]"All this I will
give you," the Devil said, "if you kneel down
and worship me."
[10]Then Jesus answered, "Go away, Satan!
The scripture says, 'Worship the Lord your
God and serve only him!' "
[11]Then the Devil left Jesus; and angels came
and helped him.

Jesus Begins His Work in Galilee

(Mark 1.14-15; Luke 4.14-15)

[12]When Jesus heard that John had been put
in prison, he went away to Galilee. [13]He did not
stay in Nazareth, but went to live in
Capernaum, a town by Lake Galilee, in the
territory of Zebulun and Naphtali. [14]This was
done to make come true what the prophet
Isaiah had said,

[15]"Land of Zebulun and land of Naphtali,
on the road to the sea, on the other side
of the Jordan,
Galilee, land of the Gentiles!
[16]The people who live in darkness
will see a great light.
On those who live in the dark land of death
the light will shine."

[17]From that time Jesus began to preach his
message: "Turn away from your sins, because
the Kingdom of heaven is near!"

Jesus Calls Four Fishermen

(Mark 1.16-20; Luke 5.1-11)

[18]As Jesus walked along the shore of Lake
Galilee, he saw two brothers who were fisher-
men, Simon (called Peter) and his brother
Andrew, catching fish in the lake with a net.
[19]Jesus said to them, "Come with me, and I will
teach you to catch people." [20]At once they left
their nets and went with him.
[21]He went on and saw two other brothers,
James and John, the sons of Zebedee. They
were in their boat with their father Zebedee,
getting their nets ready. Jesus called them,
[22]and at once they left the boat and their father,
and went with him.

Jesus Teaches, Preaches, and Heals

(Luke 6.17-19)

[23]Jesus went all over Galilee, teaching in the
synagogues, preaching the Good News about
the Kingdom, and healing people who had all
kinds of disease and sickness. [24]The news about
him spread through the whole country of Syria,
so that people brought to him all those who
were sick, suffering from all kinds of diseases

8 最后，魔鬼带耶稣上了一座很高的山，
把世上万国和它们的荣华都给他看。9 魔鬼
说："如果你跪下来拜我，我就把这一切都
给你。"
10 耶稣回答："撒但，走开！圣经说：
'要拜主——你的上帝，惟独敬奉他。'"
11 于是，魔鬼离开了耶稣，天使就来伺候
他。

耶稣开始在加利利传道

（可1·14–15；路4·14–15）

12 耶稣听见约翰被关在监狱里，就避开，
到加利利去。13 他没有在拿撒勒住下，却去
住在迦百农。那城在西布伦和拿弗他利地
区，靠近加利利湖。14 这是要应验先知以赛
亚的话：

15 西布伦地和拿弗他利地，
沿海的路，约旦河的那边，
外邦人的加利利！
16 住在黑暗中的人
要看见大光；
住在死荫之地的人
有光要照亮他们。

17 从那时开始，耶稣宣讲信息说："悔改
吧，因为天国快实现了！"

耶稣呼召四渔夫

（可1·16–20；路5·1–11）

18 耶稣沿加利利湖边走着，看见两个打鱼
的兄弟，西门（别号彼得）和他的弟弟安得
烈，正在湖里撒网打鱼。19 耶稣对他们说：
"来跟从我！我要使你们成为得人的渔
夫。"20 他们立刻丢下了鱼网，跟从耶稣。
21 耶稣再往前走，看见另外两个兄弟——
西庇太的儿子雅各和约翰；他们跟父亲一起
在船上整理鱼网。耶稣呼召他们，22 他们立
刻舍了船，辞别父亲，跟从耶稣。

耶稣的教导和治病

（路6·17–19）

23 耶稣走遍加利利全境，在各地方的会堂
里教导人，宣讲天国的福音，治好民间各样
的疾病。24 他的名声传遍了叙利亚，因此那
里的居民把患各种疾病、受各样痛苦的人：
例如被鬼附身的、癫痫的、瘫痪的，都带到

4 김윤식. 「이중어 글쓰기」『일제 말기 한국 작가의 일본어 글쓰기론』. 서울대학교 출판부, 2003.

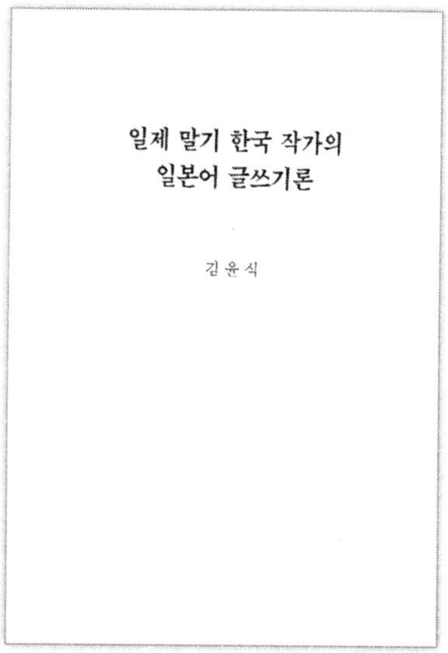

2개 언어 글(쓰기)의 오해

위 책의 차례를 보면 제1부 2장의 제목은 이중어 글쓰기의 역사성, 제2부는 글쓰기의 차이점 제4장은 이중어 글쓰기의 제1형식, 제5장은 이중어 글쓰기의 제2형식, 제6장은 이중어 글쓰기의 제3형식으로 나온다. 그런데 이중어 글쓰기의 "이중어"란 무엇인가. 한국어 사전에도 일본어 사전에도 "이중어"라는 올림말은 없다. 영어학사전이나 영한사전과 영일사전에 doublet의 역어로 "이중어", "자매어"가 나온다. 예컨대 영어의 card와 chart는 동일 어원인 희랍어 *chartos* – 파피루스 잎 – 가 라틴어, 고대 프랑스어, 고대 이태리어, 중세 프랑스어 등에 유입되면서 charta → carta → carde와 charta → charte처럼 어의와 어형이 달라지면서 근대 영어에 와서 card와 chart가 된 것이다. 이 같은 한 쌍의 어느 한 쪽이 doublet이고 이것을 "이중어" 또는 "자매어"로 옮긴 것이다. 여러 영어 사전에 나오는 doublet로는 cloak와 clock, fashion과 faction, guard와 ward, shirt와 skirt 등이 있다.

그런데 『일제 말기 작가의 일본어 글쓰기론』의 제1부 사상선택은 가능한가에서 저자는 "이중어 글쓰기"를 "bilingual writing"이라고 부른다(40쪽). 큰 잘못이다. bilingual는 1. 2개 언어를 말하는, 2. 2개 언어의[를 사용하는]; 2개 언어로 쓰여진. 이라는 뜻이다(『**e4u** 영한사전』). monolingual은 1개 언어를 말하는[로 쓰여진] 등이고 trilingual는 3개 언어를 말하는[로 쓰여진] 등의 뜻이다. writing은 hearing and reading and writing 하면 듣기 읽기 쓰기가 되지만 명사 writing은 쓰여진 것, 글, 문학 등을 뜻한다. 그래서 *American Writing in the Twentieth Century*(William Thorp, 1960)는 『20세기 미국 문학』이라는 뜻이고 Susan Sontag's Recent Writing은 스잔 손탁의 근작이라는 뜻이다. Bilingual writing은 두 언어로 쓰여진 글이다.

저자는 "이중어 글쓰기의 소설적 실현" - 이중어로 소설을 쓴다는 뜻인가? - 의 한 예로 이광수의 『愛か』(『白金學報』, 1910)의 시작 부분을 제시한다(40쪽). 『愛か』의 언어는 누가 봐도 일본어이다. 저자는 bilingual란 말을 오해하고 있다. 조선어(한국어)와 일본어를 말하고 쓰는 이광수는 bilingual(2개 언어를 하는) 작가이다. 그러나 『무정』의 언어는 monolingual인 조선어이고 『愛か』의 언어는 monolingual인 일본어이다. 조선어와 일본어를 섞어서 쓴 소설이 있다면 그것이 bilingual 소설이지만 그런 예가 있었는가?

2개 언어로 된 소설(a bilingual novel)은 미국에서는 생소하지 않다. 특히 미국의 서남부주에서는 영어와 스페인어로 된 Cormac

McCarthy의 *All the Pretty Horses*(1992)가 독자의 관심을 끌고 있다.[1]

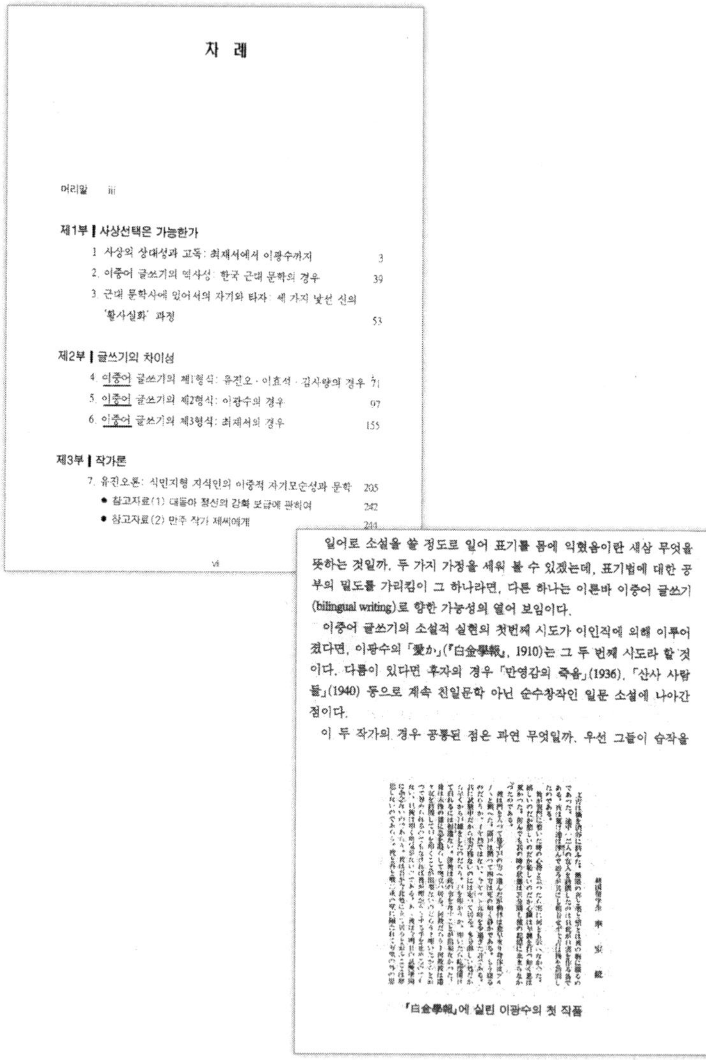

차 례

vii

일어로 소설을 쓸 정도로 일어 표기를 몸에 익혔음이란 새삼 무엇을 뜻하는 것일까. 두 가지 가정을 세워 볼 수 있겠는데, 표기법에 대한 공부의 밀도를 가리킴이 그 하나라면, 다른 하나는 이른바 이중어 글쓰기(bilingual writing)로 향한 가능성의 열어 보임이다.

이중어 글쓰기의 소설적 실현의 첫번째 시도가 이인직에 의해 이루어졌다면, 이광수의 「愛か」(『白金學報』, 1910)는 그 두 번째 시도라 할 것이다. 다름이 있다면 후자의 경우 「만영감의 죽음」(1936), 「산사 사람들」(1940) 등으로 계속 친일문학 아닌 순수창작인 일문 소설에 나아간 점이다.

이 두 작가의 경우 공통된 점은 과연 무엇일까. 우선 그들이 습작을

『白金學報』에 실린 이광수의 첫 작품

1 Marc Shell. "Babel in America; or, The Politics of Language Diversity in the United States."*Critical inquiry* 20(Autumn, 1993), p.129.

5 김종길. 「한국문학 세계화의 현실」『시와 삶의 사이에서』. 서울: 현대문학사, 2005.

한국문학을 세계의 여러 나라의 언어(국어)로 번역 소개하려면 뛰어난 역자가 있어야 하지만 현실은 그렇지 못하다는 것이다. 저자는 탁월한 '이중언어 역자', '이중언어자', '이중언어 수준' 등 이중언어라는 말을 쓰고 있는데 이중언어라는 언어는 없다. 이중언어라는 말은 사전에도 없다. 이중언어자와 이중언어라는 말은 영어의 bilingual와 bilingualism의 오역으로 보인다. 타국어(외국어)를 자국어처럼 말하는 것(사람), 두 언어를 같은 수준으로 구사하는 것이 그 뜻이다. 삼개 언어를 하는 사람은 a trilingual이고 삼개 언어를 구사하는 것은 trilingualism이다. 다수는 a multilingual, multilingualism이다.

두 언어간의 번역에서 타국어를 자국어로 번역하는 것은 "inbound translation", 자국어를 타국어로 번역하는 것은 "outbound translation"이라고 말한다. 자국어와 외국어에 능통한 bilingual translator라면 양방향으로 번역할 수 있겠지만, 실제로 문학작품의 번역을 보면 역자의 자국어로의 번역 곧 inbound translation이 대세를 이루고 있다. 가와바타 야스나리의 『유키구니』(雪國)를 영역(*Snow Country*)하여 일본 작가에게 최초의 노벨 문학상을 안겨 준 Edward Seidenstecker는 문학작품 번역의 당연한 방향은 역자의 모국어로 번역하는 일이라고 말한 바 있다. 또 "미국인이 미국 문학작품을 한국어로 번역하려 드는 것처럼 터무니 없고 우스꽝스런 일도 없을 것"이라고 말했다.[1] 한국문학의 세계화는 장기적으로는 한국어·문학을 전공하는 유능한 외국인 역자들의 발굴과 지원에 달려 있지 않을까 생각된다.

> 순서가 뒤바뀐 느낌이 없지 않습니다만 셋째 원인으로 들어야 할 것은 탁월한 이중언어 역자가 드물다는 것입니다. 제가 여기서 '탁월한' 이라는 형용사를 굳이 곁들이는 것은 현재 국내외에 이중언어자라고 할 수 있는 교포가 없다는 것은 아닙니다. 그러나 그들의 수효가 얼마나 되고 그들의 이중언어 수준이 어느 정도이며 그들의 문화적 소양과 표현능력이 어떠한가를 생각할 때 아직도 고 이인수 교수와 비슷한 수준의 사람은 거의 없는 것이 아닌가 하는 것이 저의 짐작입니다. 감히 이와 같은 짐작을 하는 기본적인 이유는 이중언어자뿐만 아니라 이른바 '네이티브 스피커' 라는 사람—그것이 미국인이든 한국인이든—이라고 다 모국어에 능통하고 모국어 문학에 조예가 있고 모국어의 문학적 표현에 능숙한 것은 아니기 때문입니다. 이러한 뜻에서 저의 개인적인 전망은 현재 세계 각지에 진출한 교포자녀 중에 우수한 문학적 재질을 가진 사람들을 훈련시켜 이들이 한국문학 번역에 전념하는 날 한국문학의 세계화는 본궤도에 진입하리라는 것입니다.

1 Song Yo-In. *Topics in Translation Studies*. Hanshin Pub. Co., 1984, p. 88.

6 동아일보. "아이들 위해 모정으로 쓴 이중언어 교재". 동아일보 2012년 2월 4일 토요일.

bilingual text의 오용

'이중언어·이중문화 교재'는 한국이중언어학회의 영향을 받은 것 같다. 이중언어는 bilingualism을, 이중문화는 biculturalism을 오역한 것이다. 두 언어, 두 문화의 '둘'을 '이중'으로 옮긴 것이다. "아름다운 재단의 후원으로 중국편과 몽골편 두 종류의 교재"가… 발간됐다고 했으니 한국어·중국어 교재와 한국어·몽골어 교재이지 이중언어 교재가 아니다. 이중문화도 마찬가지다. 한국 문화와 중국 문화를 가르쳐 온 것이지 있지도 않는 이중문화를 가르칠 수는 없다.

동아일보 제28152호 투데이 2012년 2월 4일 토요일

"아이들 위해" 모정으로 쓴 이중언어 교재

이주여성모임 생각나무BB센터 '우리는 하나' 발간

"엄마나라의 문화 알려주고 싶어" 10여개국 출신 회원들 1년 집필 중국편-몽골편 1000부씩 펴내

"아이들에게 엄마 나라의 문화를 알려줄 마땅한 이중언어·이중문화 교재가 없더라고요. 엄마들이 직접 만들어야겠다고 생각했어요."

'생각나무BB센터'는 결혼이민여성들이 직접 만든 이중언어 교재인 '우리는 하나'를 발간했다고 3일 밝혔다. 이 모임 대표인 안순화 씨(47·여·사진)는 "이중언어·이중문화 교재를 만들면 우리 아이들뿐 아니라 한국사회 전반에 우리의 다문화를 알릴 수 있다고 생각했다"고 말했다.

생각나무BB센터는 결혼이민여성들이 자체적으로 힘을 모아 2010년 1월 만든 모임이다. 현재 온라인 회원까지 합치면 10여 개국에서 온 400여 명의 결혼이민여성들이 회원으로 가입해 있다. 회원들은 매주 토요일 다문화가정 아이들을 대상으로 엄마 나라의 말과 문화를 가르쳐왔다.

'우리는 하나'는 1년여 준비 끝에 발간됐다. 아름다운재단의 후원으로 중국편과 몽골편 두 종류의 교재가 1000부씩 발간됐다. 책의 원고는 매주 토요일 아이들에게 이중언어와 문화를 가르쳐온 엄마들이 직접 썼다. 원고를 쓴 후엔 모국의 초등학교 교사와 대학교수의 감수도 받았다.

책에는 언어뿐만 아니라 결혼이민여성들이 어린시절에 누렸던 문화를 함께 담았다.

이번에 발간한 두 교재는 4일 오후 2시 서울 광진구 자양동 여성능력개발원 2층 강당에서 열리는 출판기념회 때 사전 신청자들에게 무료로 배포한다. 모임 회원인 결혼이민여성들과 자녀들의 공연도 펼쳐질 예정이다.

이샘물 기자

국가보훈처 첫 여성기관장 탄생

울산과기대 이사장에 구자열 회장

코레일 사장에 정창영

7 조선일보. "이중언어교실". 조선일보 2015년 7월 14일 화요일.

bilingual education의 오해

보도에 따르면 서울시교육청은 "중국어 이중언어 강사를 배치해 '이중 언어 교실'을 운영할 계획"이라고 한다. 중국어를 모국어로 쓰는 학생들이 한국어로 진행되는 초등학교 수업을 힘들어하므로 국내 4년제 대학에서 중국어를 전공한 한국인 강사한테서 중국어로 공부하게 한다는 것이다. 이것은 다름아닌 "2개 언어 교육(bilingual education)"이다. 사전의 풀이는 이렇다.

> **bilingual education**. designating a method of education in which students who are not fluent in the language of the country where they live are taught in their native language—. *Webster's New World College Dictionary*(2004)

제1언어와 제2언어는 이주한 나라에 따라 다르다. 미국에 이주한 한국의 어린이나 멕시코계 어린이라면 영어 대신에 한국어 또는 스페인어로 수업을 받을 것이고, 한국에 이주한 중국계 어린이는 한국어 대신에 중국어로 공부한다는 이야기다. 한국어 이중언어, 스페인어 이중언어, 중국어 이중언어는 말이 되지 않는다.

A14 2015년 7월 14일 화요일 제29398호

통일이 미래다 조선일보

초교에 韓·中 '이중언어 교실' 생긴다

2학기부터 서울 10개교 운영

중국 동포들이 많이 모여 사는 서울 구로·영등포 일대 초등학교를 중심으로 오는 2학기부터 한국어·중국어를 함께 쓰는 '이중 언어 교실'이 시범 운영된다. 예컨대 중국어 강사가 중국어로 수학 수업을 따로 해주거나 방과 후 학교를 운영하는 식이다. 서울시교육청은 "중국어를 모어(母語)로 쓰는 학생이 많은 서울 대동초·영림초·영일초·동구로초·신구로초·문창초·지구촌학교 등 10개교 내외 초등학교에서 8월 중순부터 5개월간 중국어 이중 언어 강사를 배치해 이중 언어 교실을 운영할 계획"이라고 13일 밝혔다. 그간 한국어가 서툰 학생을 위해 통역이나 생활 적응을 돕는 이중 언어 강사가 배치된 적은 있었지만, 이중 언어 강사들이 적극적으로 수업까지 진행하는 것은 이번이 처음이라고 교육청은 밝혔다.

교육청은 이를 위해 한국 국적자이면서 국내 4년제 대학에서 중국어를 전공한 강사를 25명 뽑아 시범 운영 대상 학교에 배치할 계획이다. 중국어를 쓰는 교과 수업엔 중국 동포 자녀뿐 아니라 희망하는 일반 한국 학생들까지 참여토록 해 중국어 교육을 겸할 수 있도록 하겠다는 것이 교육청 생각이다.

조희연 서울시교육감은 "지금까지는 다문화 가정 아동이 많아 일부 기피했던 지역의 초등학교에 중국어를 배우기 위해 일부러 전학 가는 학생들까지 생길 정도로 분위기가 바뀔 것으로 기대한다"고 말했다. 중국어 이중 언어 교실 시범 운영 성과를 보고 베트남어·몽골어 등으로 확대하는 방안을 검토하겠다고 교육청은 밝혔다. 김성모 기자

16장 오용—2
(Misusage)

1 여석기. 「영문학」『한국의 학술연구 중문학·영문학』. 대한민국학술원, 2001.

제에 대한 선배들의 자각적 고민이 있었다), 백인 문학 위주의 서양 정전(canon)에 대한 제3세계적 안목의 재해석이 주장되고(역설적 이게도 이 문제는 백인들 자신이 먼저 제기한 것이다), 종래의 영문학(특히 대학의 교과목)을 해방하여 「문사철」(文史哲)이라는 인문주의적 관심의 넓이를 갖게 하고, 이른바 학제간(interdisciplinary)이라는 인접 학문과의 관계를 돈독하게 하자는 주장도 설득력을 갖는다. 그와 동시에 문학번역이 외국문학과 자국문학 및 그 독자 사이에 새로운 문화적 촉매 역할을 담당해

학제적의 오용

183쪽 11행: "이른바 학제간(interdisciplinary)이라는 인접 학문과의 관계"의 "학제간"은 "학제적"의 잘못이다.

학제(學際)는 우리말이 아니고 일본어이다. 일본어 사전의 뜻풀이를 보자.

> がくさい [學際] 二つ以上の科學の境界領域にあること. ▷interdisciplinaryの譯語として｢國際｣(international)にならって昭和四十年代に造られた語(『岩波 國語辭典』第四版 1994).

즉 "2개 이상의 과학의 경계 영역에 있는 것. ▷interdisciplinary의 역어로서 「국제」(國際)(international)를 따라서 쇼와 40년대[1960]에 만들어진 말."

여기서 '제'(際)는 경계, '간'(間)의 뜻이므로 국제는 "국가간"을 뜻한다. 국가간 협조는 있어도 국제간 협조는 없다. "국가간 간" 협조가 되기 때문이다. 따라서 형용사 interdisciplinary는 학제간이 아니라 학제적(學際的)으로 옮기는 것이 맞는다. '학제간'은 '학문간 간'이 되기 때문이다. 다시 영일(英日)사전의 예를 들어 본다.

interdisciplinary 形 (通例限定) 學際的な; 多くの學問分野にまたがる, 異分野提携の, an ~ course 學際的な 教科課程[科目]. ~ **approach** 學際的 硏究法 – (『大修館 ジーニアス 英和大辭典』, 2001). 즉 "학제적인, 여러 학문 분야에 걸치는, 이(異) 분야 제휴의 an ~course 학제적인 교과과정[과목]~approach 학제적 연구법".

『e4u 영한사전』을 비롯한 대다수 영한사전도 **interdisciplinary**를 학제적으로 옮기고 있다.

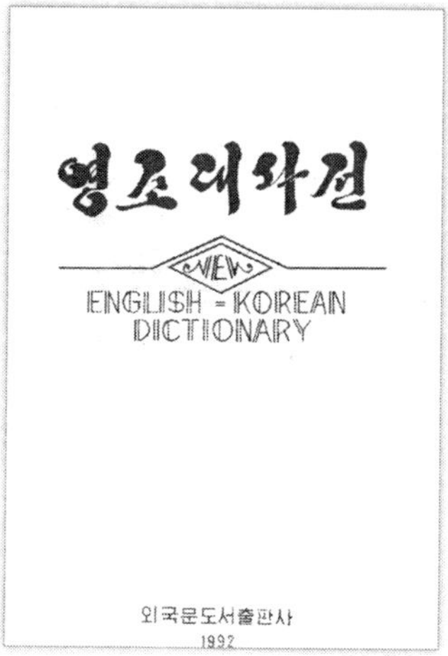

interdisciplinary [⋯] ㊎ (학문 · 연구 · 사업 따위가) 여러 분야에 관계가 있는, 학제(學際) [업제(業際)]적인 (**e4u**영한사전 2001). 業(업)은 學業(학업), 授業(수업), 卒業(졸업)처럼 學問의 뜻이다.

형용사 disciplinary(학문의, 학문에 관한)의 명사가 discipline(학과; 학문의 부문[분야])이듯이 interdisciplinary(학제적)의 명사는 interdiscipline이다. interdiscipline은 지난 수십 년 동안 학술서와 학술 논문에 수없이 등장하지만 어찌된 일인지 영미의 영어사전과 영일사전과 영한사전에는 아직 entry word로 나오지 않는다.

그런데 신기하게도 1992년 평양에서 나온 『영조대사전 *English-Korean Dictionary*』(외국문 도서 출판사)에는 이 두 단어가 나란히 실려 있지 않는가! 그러나 "학제적인" 같은 역어는 없고, **interdisciplinary** a. (연구 등) 두 개 학과 이상에 걸치는; 각 학과[연구부문] 합동의; 인접된 여러 과학에 관련되는; 여러 과학제휴의; 학술적 협조의 //~collaboration, research, etc.// an ~ conference 협동연구회의[학회], **interdiscipline** n. 서로 다른 전문분야 사이의 학문, 서로 다른 전문분야를 종합하여 다루는 학문이라는 풀이가 나온다. 풀이로서는 명확하지만 단역어가 아니기 때문에 글 안에서 쓸 수 없는 것이 아쉽다.

참고로 중국에서는 interdisciplinary를 어떻게 옮겼을까? 상하이의 역문출판사(譯文出版社)의 『新英漢 詞典』(2000년)에는 1. 學科間的 2. 涉及若干學科的 3. 跨學科的으로 나온다(p. 672). 涉及(shèjí)는 '관련하다, 포함하다'의 뜻이고, 跨(kua)는 '…에 걸치다, …에 관련하다, …을 초월하다'의 뜻이다. 그리고 베이징의 외연사(外研社)의 『漢英詞典』(1999년)의 涉及항(p.1084)에는 다음과 같은 예문과 영역이 나와 있다.

遺傳工程涉及的學科和技術面很廣. Genetic engineering deals with a wide range of disciplines and technologies.

2 여석기. 『여석기 나의 삶, 나의 학문, 나의 연극』. 서울: 연극과 인간, 2012.

208쪽 9행: "학제간(學際間) 인적 자원 동원"의 학제간은 문맥으로 보아 형용사인 interdisciplinary가 아니고 명사 interdiscipline을 가리키는 것 같다.

Interdiscipline 또는 interdisciplinary studies는 "학제학"으로 옮길 수 있지 않을까. Korean Studies를 한국학, International Studies를 국제학으로 번역하듯이 말이다. 학제학의 학은 studies, science의 뜻이다. 실제로 필자는 학제학으로 쓰고 있다.

미국문화연구소 창설

1968년 2월에 고려대학교에 '미국문화연구소'가 대학 부설 연구소로 정식 발족했다. 1950년대 후반에 민족문화연구소와 아시아문제연구소, 기업경영연구소, 1963년에 한국곤충연구소 등이 대학 부설 연구소로 발족된 데 이은 것으로 비교적 빨리 설립된 학내 부설 연구기관이었다. 그 소장을 내가 맡게 되었는데 설립 경위에 대해서는 별로 기억나는 것이 없으나, 대학 본부의 종용으로 생긴 것이 아니었음은 틀림없다. 그리고 필요한 사전 준비가 선행된 것이 아님도 명백하다. 그 책임의 대부분이 나에게 있다. 충분한 사전 준비 없이 설립됐고, 활동자금 마련에도 노력이 부족했고, 무엇보다도 시작할 때를 빼고는 학제간(學際間) 인적 자원 동원에 열성적이지 못했다. 그리고 더욱 중요한 것은 미국문화연구소를 운영하면서 내 힘의 전부를 쏟아 붓지 않았다는 데 있다. 그래도 처음 몇 해는 실적이 없는 것은 아니었다. 그때의 활동을 요약한 것을 당시 간사를 맡아 소장인 나를 도와주었던 이영옥의 회고담에서 들어보기로

3 조선일보. “다학제간 47종”. 조선일보 2010년 12월 15일 수요일.

다학제 간(多學際間) 47종

다학제간은 다학제학(multidiscipline)의 잘못이다.

간(間)은 ‘대륙간탄도유도탄’의 “간”처럼 사이를 뜻할 뿐이다. 앞의 다학제간의 다학제는 multidisciplinary의 번역으로 보이는데 이 단어와 multidiscipline은 *Merriam-Webster's Collegiate Dictionary* 제4판(2003)에는 올림말로 나오지 않고 접두어 multi- 와 결합되는 단어표(p. 815)에 들어 있다. 그러나 앞의 『英和大辭典』과 『e4u 영한사전』과 『영조대사전』에는 올림말로 나온다.

『영화대사전』에는 *multidisciplinary*, *-discipline* 形 學際的な《複数の専門分野に関連する1つの研究課題を達成する場合に用いる》[형 학제적인 〈복수의 전문분야와 관련된 하나의 연구과제를 달성하는 경우에 쓰인다〉]로, 『e4u 영한사전』에는 multidisciplinary 형 여러 전문 분야로 이루어진, 각 전문 분야 협력의, (또는 multidisciplined)로, 영조대사전에는 *multidisciplinary* a. 많은 학문령역에 이르는 // a ~ approach to sociology(관련되는 여러 과학의 방법을 쓴) 사회학에 대한 종합적 연구방법으로 나온다. interdiscipline을 학제학으로 부르듯이 multidiscipline을 다학제학으로 부를 수 있지 않는가.

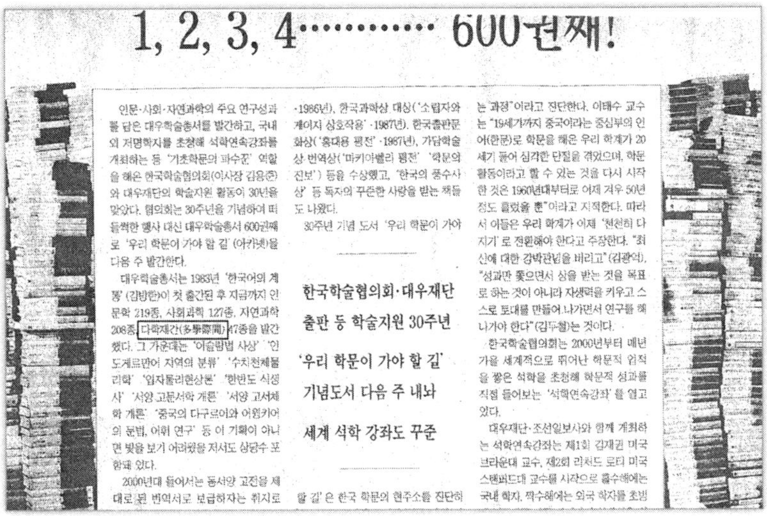

1, 2, 3, 4·············· 600권째!

한국학술협의회·대우재단 출판 등 학술지원 30주년

'우리 학문이 가야 할 길' 기념도서 다음 주 내놔

세계 석학 강좌도 꾸준

인문·사회·자연과학의 주요 연구성과를 담은 대우학술총서를 발간하고, 국내외 저명학자를 초청해 석학연속강좌를 개최하는 등 '기초학문의 파수꾼' 역할을 해온 한국학술협의회(이사장 김용준)와 대우재단의 학술지원 활동이 30년을 맞았다. 협의회는 30주년을 기념하여 떠들썩한 행사 대신 대우학술총서 600권째로 '우리 학문이 가야 할 길' (아카넷)을 다음 주 발간한다.

대우학술총서는 1983년 '한국어의 계통' (김방한)이 첫 출간된 후 지금까지 인문학 219종, 사회과학 127종, 자연과학 208종, 다학제간(多學際間) 47종을 발간했다. 그 가운데는 '이슬람법 사상' '인도게르만어 지역의 분류' '수치천체물리학' '입자물리현상론' '한반도 식생사' '서양 고문서학 개론' '서양 고서체학 개론' '중국의 다구르어와 어원키어의 문법, 어휘 연구' 등 이 기획이 아니면 빛을 보기 어려웠을 저서도 상당수 포함돼 있다.

2000년대 들어서는 동서양 고전을 제대로 된 번역서로 보급하자는 취지로 ·1986년), 한국과학상 대상('소립자와 게이지 상호작용' ·1987년), 한국출판문화상('홍대용 평전' ·1987년), 가담학술상 번역상('마키아벨리 평전' '학문의 진보') 등을 수상했고, '한국의 풍수사상' 등 독자의 꾸준한 사랑을 받는 책들도 나왔다.

30주년 기념 도서 '우리 학문이 가야 할 길'은 한국 학문의 현주소를 진단하는 과정"이라고 진단한다. 이태수 교수는 "19세기까지 중국이라는 중심부의 언어(한문)로 학문을 해온 우리 학계가 20세기 들어 심각한 단절을 겪었으며, 학문 활동이라고 할 수 있는 것을 다시 시작한 것은 1960년대부터로 이제 겨우 50년 정도 흘렀을 뿐"이라고 지적한다. 따라서 이들은 우리 학계가 이제 '천천히 다지기'로 전환해야 한다고 주장한다. "최신에 대한 강박관념을 버리고"(김광억), "성과만 좇으면서 상을 받는 것을 목표로 하는 것이 아니라 자생력을 키우고 스스로 토대를 만들어 나가면서 연구를 해 나가야 한다"(김두철)는 것이다.

한국학술협의회는 2000년부터 매년 가을 세계적으로 뛰어난 학문적 업적을 쌓은 석학을 초청해 학문적 성과를 직접 들어보는 '석학연속강좌'를 열고 있다.

대우재단·조선일보사와 함께 개최하는 석학연속강좌는 제1회 김재권 미국 브라운대 교수, 제2회 리처드 로티 미국 스탠퍼드대 교수를 시작으로 홀수해에는 국내 학자, 짝수해에는 외국 학자를 초빙

4 안병직. "학제간 연구". 조선일보 2016년 7월 27일 수요일.

서울대 3개 史學科(국사 · 동양사 · 서양사학과)가 47년 만에 다시 합치기로 한 데 대하여 안병직 교수는 "다른 학문끼리도 학제간 연구가 이루어지기 시작하는 마당에 '역사'라는 같은 계통에 있는 세 학과가 장벽을 치는 것은 옳지 않다는 목소리가 높아졌다"고 말했다고 한다.

안 교수의 입장을 전적으로 지지한다. 단 "학제간"을 빼고서. 앞에서 누누이 말했듯이 "학제간"은 "학문간"의 잘못이다. 다시 말해서 "국가간"이 "국제"이듯이 '학문간'이 "학제"이다. 따라서 "학제간"은 "학문간 간"이 되므로 말이 되지 않는다.

이희승 편저『국어대사전』(민중서림, 1994)에는 "학제(學際) 명 [interdisciplinary] 몇 개의 학문 분야에 관계되어 있는 일(−적 협력)"라는 풀이가 나와 있다.[1]

1 김용권. 'Interdisciplinary'와 '학제(學際)'.『영미문학교육』제10집 2호(2006) 참조.

서울대 3개 史學科, 47년만

〈국사·동양사·서양사학과〉

나 실제로는 국사학을 전공한 교수들의 불만이 더 결정적 이유였던 것으로 알려졌다. 한영우 서울대 명예교수(국사학)는 "당시 사학과에 국사학 전공 교수가 4명밖에 안 돼, 서양사나 동양사를 전공한 교수보다 적었다"면서 "나라를 대표하는 대학에 한국사 전공 교수가 너무 적다는 불만에 따라 국사학과가 독립하며 세 학과로 나눠진 것"이라고 말했다. 당시 박정희 대통령의 국학(國學) 장려 정책도 국사학과 신설에 힘을 보탰다고 한다.

그러나 1990년대 후반 겨우로 통합 논의가 일기 시작했다. [illegible] 서울대 서양사학과 교수는 "셋으로 나뉜 [illegible] [illegible] 지내다 보니, 서양사학 [illegible] 됐다"며 "다른 학문끼리도 학제간 연구가 이루어지기 시작하는 마당에 '역사'라는 같은 계통에 있는 세 학과가 장벽을 치는 건 옳지 않다는 목소리가 높아졌다"고 했다. 동창회에서도 통합을 강하게 요구했다 한다. 한영우 교수는 "동창회가 사학과, 동양사학과, 서양사학과, 국사학과 넷으로 나뉘었는데, 하나로 뭉쳐도 힘들 판에 잘게 쪼개져서야 되겠느냐는 의견이 끊임없이 나왔다"고 했다.

1999년에 진행된 첫 통합 논의는 무산됐다. 학과 분리를 주도했던 교수들이 여전히 현직에 있어 재통합에 반대했다고 한다. 이 문제는 6년 뒤인 2005년 다시 제기돼, 세 학과 합동 교수회의 안건으로 올랐다. [illegible] 교수 27명 가운데 17명만이

17장 오역 (Mistranslation)

1 김환태(金煥泰).「表現과 技術」『詩苑』. 제4권 제8호, 1935.

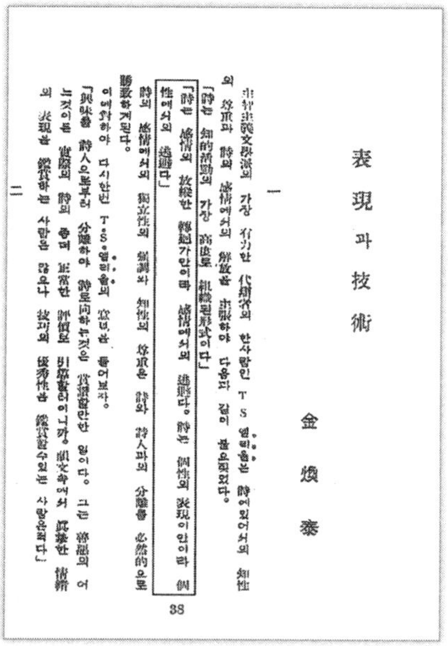

表現과 技術

金煥泰

一

[illegible]文學派의 가장 有力한 代辯者의 한사람인 T S 엘리옽은 詩에있어서의 知性의 效果와 詩의 感情에서의 解放을 主張하야 다음과 같이 불으짖었다。

「詩는 知的活動의 가장 高度로 組織된形式이다」

「詩는 感情의 放縱한 轉回가 안이라 感情에서의 逃避다。詩는 個性의 表現이 안이라 個性에서의 逃避다」

詩의 感情에서의 獨立性의 强調와 知性의 效果는 詩와 詩人과의 分離를 必然的으로 誘致하게된다。

이에 對하야 다시한번 T·S·엘리옽의 意見을 들어보자。

「興味를 詩人으로부터 分離하야 詩로向하는것은 賞讚할만한 일이다。그는 [illegible] 實際의 詩의 좋며 또 不良한 評價로 引導할것이니까。韻文속에서 [illegible] 情緖의 表現을 鑑賞하는 사람은 많으나 技巧의 優秀性을 鑑賞할수있는 사람은 적다」

二

38

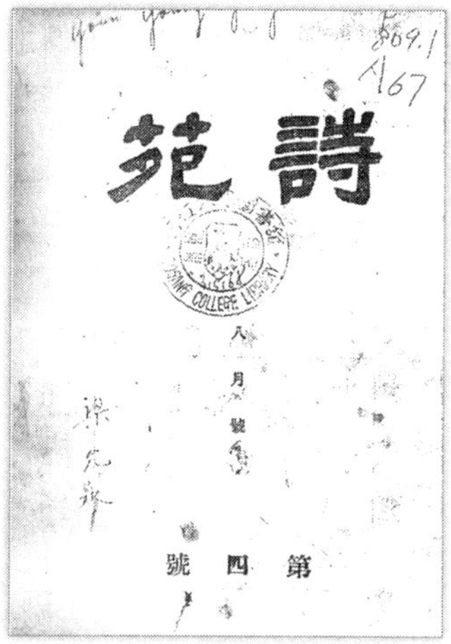

감정의 방종한 전회

김환태(1909–1936)가 인용한 글은 T. S. Eliot(1888–1965)의 초기의 대표적 논문 「전통과 개인의 재능」(Tradition and the Individual Talent, 1919)의 제2절 끝에 나온다. "시는 감정의 방종한 전회가 아니라 감정에서의 도피다"의 "감정의 방종한 전회"란 무슨 말인가? 원

문은 이렇다. "Poetry is not a turning loose of emotion, but an escape from emotion". turn은 타동사이고 turn loose는 풀어주다, 해방한다는 뜻이고 turning emotion loose는 감정을 표출하다는 뜻이다. 따라서 "시는 감정의 표출이 아니고 감정에서 벗어나는 것이다. 바른 번역이다. 김환태는 1933년에 나온 일본의 기타무라 쯔네오(北村常夫)의 『엘리엇 문학론 エリオット文學論』(金星堂, 1933)의 다음 구절을 옮긴 것 같다. "詩は情緒の放縱なる轉迴ではなくして、情緒からの逃避である."(시는 정서의 방종한 전회가 아니고 정서로부터의 도피이다.) 역자인 기타무라는 도쿄제국대학 영문학과 출신인데 turn loose라는 관용구를 몰랐던 것 같다. 기타무라의 스승인 사이토 타케시(齋藤勇) 교수는 『엘리엇 문학론』의 서(序)문에서 "詩は感動を恣にするものではなく、感動から脱却するものである。"(시는 감동을 멋대로 부리는 것이 아니고 감동에서 벗어나는 것이다)라고 옮겼다. 규수제국대학 영문과 출신인 김환태는 기타무라의 '정서'를 '감정'으로 바꾸면서도 "방종한 전회"는 그대로 따르고 있다.

1950년 · 60년 초에 나온 「전통과 개인의 재능」 번역 가운데 '감정의 방종한 전회'가 가끔 보였다.

event. Of course this is not quite the whole story. There is a great deal, in the writing of poetry, which must be conscious and deliberate. In fact, the bad poet is usually unconscious where he ought to be conscious, and conscious where he ought to be unconscious. Both errors tend to make him 'personal'. Poetry is not a turning loose of emotion, but an escape from emotion; it is not the expression of personality, but an escape from personality. But, of course, only those who have personality and emotions know what it means to want to escape from these things.

2 루이쓰 보오건 저. 『二十世紀 美國詩論』. 博文出版社, 1955. 金容權 譯. 『美國의 現代詩』. 首都文化社, 1957.

Hart Crane 시 오역

하아트 크레인(Hart Crane, 1899-1932)의 시제 "The Air Plant"를 '비행장'으로 옮겼는데 터무니없는 오역이다. 루이즈 보오건(Louise Bogan)의 『20세기 미국시론』(*Achievement in American Poetry*, 1951)을 번역할 당시 사전이라고는 *COD*(*The Concise Oxford Dictionary*, 1951)와 일제시의 영화(일)중 사전밖에 없었다. 두 사전에는 air plant라는 말이 보이지 않았다. plant가 식물인지 기계설비나 공장 같은 것인지 그리고 air가 공기, 대기, 하늘인지 짐작할 수 없었고 궁여지책으로 비행장이라고 옮겼다. 비행장은 air field라는 말이 있었는데도 말이다. 약관 25세의 만용이었다.

이 역서가 나온 지 2년 후에 개역의 기회가 생겼다. 보오건의 책은 원래 시카고의 헨리 레그너리(Henry Regnery Co.)출판사에서 기획 출간한 현대미국문학총서(총 6권)의 첫 권이었다. 제6권인 『넌픽션 산문』을 제외한 다섯 권인 『미국의 현대소설』(F. J. 호프맨. 주요섭 역), 『비평의 시대』(W.V.오카너. 김병철 역), 『미국의 현대극』(A.S. 다우너. 여석기 역), 『미국의 단편소설』(R.W. 웨스트. 곽소진 역)과 『미국의 현대시』(L. 보오건. 김용권 역)를 수도문화사에서 간행하게 된 것이다(1957년 4월).

1957년 초에 「20세기 미국시론」을 재검하는 동안에 일본어 역을 구했다. 『아메리카의 현대시』(アメリカの現代詩. 評論社, 1957년 2월)였고, 니시자끼 이찌로(西崎一郎)와 나가다 마사오(永田正男) 공역이었다. 두 역자는 도쿄대 영문과를 나왔고 미국 유학생들이었다. 맨 먼저 크레인의 시 제목을 찾아보았더니 "The Air Plant, Grand Cayman 空に茂る植物, 西印度諸島.グランドケイマン"(하늘에 자라는 식물. 서인도제도 그랜드 케이만)로 나와 있었다. "하늘에 자라는" 식물이 어떤 식물인지 짐작할 수 없었지만 일어역자를 따라 "하늘에 자라는 식물"로 고쳐 놓았다. '비행장'을 지워버린 것만도 얼마나 다행한 일이었는지 모른다.

『미국의 현대시』는 1957년 4월에 나왔는데 그 해 10월경에 *Webster's New World Dictionary of the American Language*의 1957년 판(초판은 1953년)을 입수했다. 혹시나 하고 책장을 넘겨 보니 air plant가

나와 있지 않는가!

air plant *n* a plant that grows on the trunk or branches of another plant, but not as a parasite, and gets nourishment from the air and the rain ; epiphyte

즉 다른 식물의 줄기 또는 가지 위에 자라는 식물, 그러나 기생식물은 아님. 공기와 빗물에서 양분을 취한다. epiphyte와 같음

epiphyte *n* 1. a nonparasite plant that grows on another plant but gets its nourishment from the air, as certain orchids, mosses, and lichens; air plant 2. a fungus that is a parasite on an animal

1. 다른 식물 위에 자라는 비 기생 식물. 공기에서 양분을 취한다. 난초, 이끼, 지의류(地衣類) 따위. air plant와 같음 2. 동물에 기생하는 곰팡이(균류).

그렇다면 air plant의 air는 "하늘"이 아니고 "공기"(대기)가 아닌가! "하늘에 자라는 식물"은 또 하나의 오역인 셈이다. "공기를 먹고 사는 식물"이 어떤 식물인지 여전히 감이 잡히지 않았다.

2014년에 입수한 *The American Heritage Dictionary of the English Language Fifth Edition*(2011)을 찾아보니 air plant *n*. See epiphyte(p.37)로 나오고 epiphyte(p.599)에는 앞과 비슷한 풀이가 나오고 이어서 Also called *aerophyte, air plant* 라고 적혀 있다. 오른쪽 여백에는 epiphyte의 선명한 color image가 실려 있다.

High Falcon (1929)

HART CRANE (1899-1932)

The Air Plant

Grand Cayman

This tuft that thrives on saline nothingness,
Inverted octopus with heavenward arms
Thrust parching from a palm-bole hard by the cove—
A bird almost—of almost bird alarms,

1955

하아트·크레인 (1899—1932)

『飛行場』

육중한 鰐魚

짜운 虛無 위에 자라는 나무숲은
저기 나뭇가 棕櫚나무 줄기에서
두팔을 하늘로 다는듯 뻗어올려 나지를 뛰었었다——
한마리 새는……흡사 새같은 것이 警告를 보낸다
어떠속에 빠져 꺼먹은 觸角을

— 258 —

1957

하아트 크래인 (1899—1932)

하늘에 자라는 植物

(西印度諸島·그랜드·케이만)

쓸모 없는 海水ㅅ가에 자라는 나무숲은,
그 모습이 팔을 하늘로 뻗어올려 낙지를 뒤엎었다。
저기 나뭇가 棕櫚나무 줄기에서, 햇볕에 말채 그 팔을 내밀은 모습은——
한마리의 새——와 날을 것만 같다。
腺毛를 뒤흔드는 바람에 肺를 앓고

air plant 와 □□ 식물 – 사전의 역어

1950년대 이후 까맣게 잊고 있던 air plant와 epiphyte 두 단어를 오랜만에 영화(일)사전과 영한사전에서 찾아 보았다. 갖가지의 4자(字) 역어가 나와 있었다. 겐큐샤(研究社)의 『신영화대사전』(*New English-Japanese Dictionary on Bilingual Principles,* 1967)에는 air plant를 ①공기(空氣)植物, 착생식물(着生植物)로, epiphyte는 着生植物로 옮겼다. 착생식물에는 "다른 식물체위에 생육하지만 그 양분을 빨아들이지 않는 식물"이라는 풀이를 달았다. 제5판(1980년)에는 airplant *n.*(식물) 1.=epiphyte 2.⋯⋯로 되어 있고, epiphyte는 (식물) 착생식물로 옮겼다.

영한사전은 1970년대에 간행되었는데, 주로 일본의 영화(일)사전을 그대로 옮겼고 출전을 밝힌 것도 있고 그러지 않은 것도 있었다. 시사영어사의 『뉴·월드 영한대사전』(*The New World Comprehensive English-Korean Dictionary*, 1973)은 air plant를 기생(氣生)식물로, epiphyte는 착생〔기생〕식물로 옮겼다. 『동아프라임영한사전』 2판(1989)은 air plant를 기생(氣生)식물, epiphyte는 착생(着生)식물로 옮겼다. 금성사(金星社)의 『영한대사전』(1989, 1987)은 air plant를 공기〔기생, 착생〕식물로, epiphyte는 착생식물로 옮겼다. 『e4u 영한사전』(2001)은 air plant를 기생식물로, epiphyte는 착생식물로 옮겼다. 기생식물은 일본의 오분샤(旺文社) 『영화사전』을 옮겼을 것이다.

공기식물과 기생식물과 착생식물의 세 역어 가운데 공기식물의 '공기'는 air를 그대로 옮겨 놓은 것이어서 어떤 식물인지 상상하기가 쉽지 않다. 기생식물은 공기를 빨아들여서 살지만 어디서 사는지 짐작할 수 없다. 착생식물은 다른 식물 위에 붙어 있으나 얹혀사는 것은 아니지만 무엇을 먹고 자라는지 알 수 없다.

베이징의 외연사(外研社)의 『新英漢中詞典』(2000)을 보면 air plant는 부생식물(附生植物), epiphyte는 부생식물, 기생(氣生)식물로 나온다.

한편 airplant는 *The New Shorter Oxford English Dictionary*(1993)에는 나오지 않고 epiphyte만 나온다. 그러나 *Oxford Dictionary English of*(1998, 2003)에는 airplant가 나온다.

airplant ▶ *noun* a tropical American plant that grows on trees as an epiphyte, with long, narrow leaves that absorb water and nutrients from the atmosphere.

air plant가 미국어(an Americanism)라는 것은 이번에 처음 알았다. Merriam-Webster사전에 실리 air plant의 entry date는 1833년이고, epiphyte는 ca.1847이다.

3 Daniel A. Kister Trans. *Distant Valleys: Poems of Chong Chi-Yong*. Berkeley, Cal.: Asian Humanities Press, 1994.

앞의 영시는 정지용의 「슬픈 印象畵」의 역시이며 역자는 서강대 교수인 Daniel A. Kister이다.

원시의 남성 화자는 연인(?)인 愛施利의 뒷모습을 바라보며 "그대는 상하이로 떠나는 구려"라고 탄식한다. 한편 역시의 화자는 떠나가는 사람을 "Mr Aesiri Whang"이라고 부른다. 분명한 오역이다. 원시의 12행 "사풋 사풋 움직이는 하이얀 洋裝의 點景"을 "A touch of white western finery/ Tripping…"로 옮긴 것이 문제다. '洋裝'은 여자가 입는 양복이다. '점경'은 흥취를 위해 화면에 그려 놓은 작은 사람 또는 동물 그림이다. 그래서 '하이얀 양장의 점경'은 (a figure of) a woman in white western finery이다. 또 愛施利를 Mr. Aisiri로 음역한 것을 보면 愛施利가 영어의 여성 이름인 Ashley의 음역이라는 것을 몰랐던 모양이다.

역주 1. Mr. Aisiri는 (그 당시) 일본에 살고 있는 어느 한국 사람을 가르킨다. 역주 2. 상하이는 일제 지배 당시에 조선독립운동의 기지였다는 말은 이 시의 톤을 완전히 오해한 것이다. 원시는 연인을 떠나 보내는 남자의 비감(悲感)을 '슬픈' 인상화로 표현한다. 그러나 남자와 남자의 작별이라면 "sad"는 전혀 맞지 않는다.

A SAD IMPRESSIONIST PAINTING

On an early summer evening
Bearing the scent of watermelon . . . . . .

Lamps. Electric lamps,
Lined up in trees along the road
Toward the distant seashore—
Gleaming, glistening, as if out from a swim!

Whistles . . . . Steam whistles . . . .
Resounding dismally from the harbor works.
Flags. Customshouse flags,
Fluttering with an exotic flair.

A touch of white western finery . . .
Tripping lightly along the sidewalk!

A fleeting, cheerless sight . . . .
The anxiety of idly chewing an orange peel . . . .

Oh, Mr. Aesiri Whang![1]
You're headed for Shanghai[2] . . . . . .

1926.6

[1]Aesiri Whang: The name suggests a Korean living in Japan.
[2]Shanghai was the base of the Korean Independence Movement under Japanese occupation. Perhaps the poem reflects this.

4 이태동·신경원 옮김. 프랭크 렌트리키아 지음. 『신비평 이후의 비평이론』. 문예출판사, 1994.

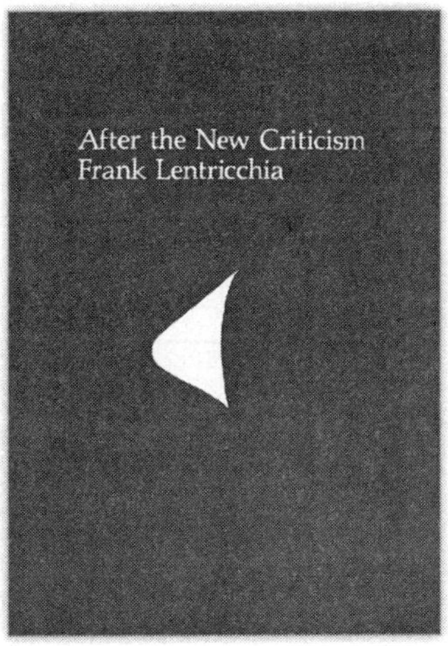

다음 인용문은 프랭크 렌트리키아(Frank Lentricchia) 저, 「신비평 이후」(*After the New Criticism,* 1980)의 제1장 노스럽 프라이의 〈비평의 해부〉의 위치(The Place of Northrop Frye's *Anatomy of Criticism*)의 첫 문단이다. 번역문을 보면 "노스럽 프라이가 1957년에 그의 기념비적인 저서 《비평의 해부 *Anatomy of Criticism*》를 출간하고 난 1년 후 머리 크리거(Murray Krieger)는 그의 저서 《시의 새로운 옹호자들 *The New Apologists for Poetry*》에서 신비평과 관련된 입장을 요약하고…"라

고 나오는데 원문과는 정반대이다. 원문은 크리거가 『시의 새로운 옹호자』에서 신비평과 관련된 입장을 요약한 지 1년 후인 1957년에 프라이가 「비평의 해부」를 발표했다고 되어 있다. 크리거가 요약한(had summed up) 후에 프라이가 발표한(published) 것이다. 역문대로라면 크리거의 저서는 1956년이 아니고 1958년에 나온 것이 된다.

> 노스럽 프라이(Northrop Frye)가 1957년에 그의 기념비적인 저서 《비평의 해부(*Anatomy of Criticism*)》를 출간하고 난 1년 후 머리 크리거(Murray Krieger)는 그의 저서 《시의 새로운 옹호자들》에서 신비평과 관련된 입장을 요약하고 그것이 지닌 이론적인 모순과 막다른 길에 다다른 상황을 밝힌 다음, 신비평이 미국의 문학비평가들(과 미국의 문학교육)을 위해서 할 수 있는 모든 것을 다 했었기 때문에, 보다 새로운 비평운동이 중심무대에 그 모습을 드러내도록 옆으로 비켜 기다리고 있었다는 것을 예언했다——정확히 나타냈다.——크리거의 예언에서처럼, 1957년은 또한 신비평의 종말과 밀접한 관계가 있는 두 편의 간략하지만 결정적인 저서의 출간을 보았다. 그 가운데 하나인, 광범위한 문화적 종합이라고 할 수 있는 프랭크 커모드의 《낭만적 이미지(*Romantic Image*)》는 신비평을 시학(詩學)에 있어서 신(新)콜

> Northrop Frye published his monumental book in 1957, one year after Murray Krieger in *The New Apologists for Poetry* had summed up the position associated with the New Criticism, explored its theoretical contradictions and dead ends, and predicted—correctly, it turns out—that the New Criticism had done all that it could do for American literary critics (and the teaching of literature in the United States) and that newer movements were waiting in the wings to take its place on center stage. As if in confirmation of Krieger's prognostication, 1957 also saw the publication of two crucial summary documents intimately related to the end of the New Criticism. One of these, Frank Kermode's *Romantic Image*, a cultural synthesis of immense reach, placed the New Criticism at the end of the line of neo-Coleridgean movements in

5 김열규. 「문학을 위한 정보환경과 정보 이론」『西江人文論叢』. 제6집, 1997.

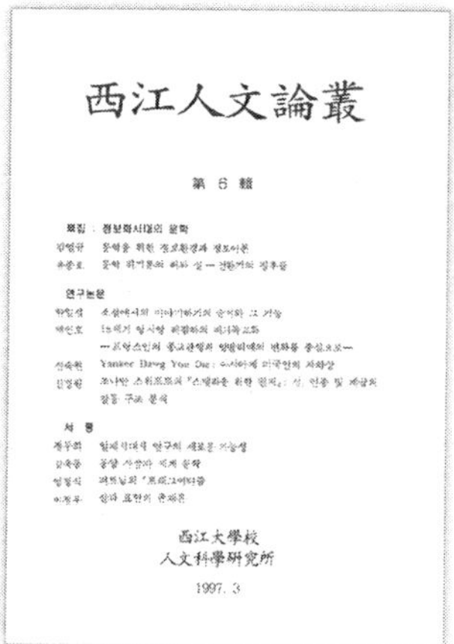

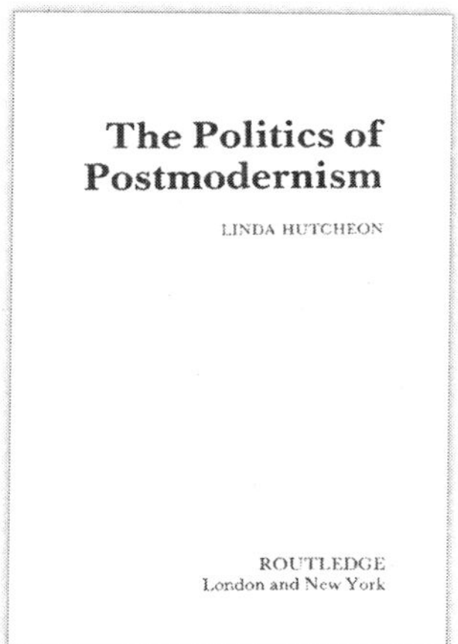

Angela Carter 시 오역

필자는 “디지털 구조와 아날로그 구조라는 정보이론”이 시에서 예시된 예로 안젤라 카터 Angela Carter(1940–92)의 *Black Venus*(1985)의 일부를 인용한다. “비너스는 창문이 올려 지기를 기다리며 침대에 누워있다. 거무죽죽한 신청옹새는 태풍을 동경한다”에서 ‘창문열기’와 태풍의 ‘일어남’ 사이에 줄줄이 〈diaphor〉가 엮어진다고 말한다. diaphor는 이 논문의 32쪽에 "새로운 은유 찾기에 의한 디아포어(diaphor)적이라고 해도 좋을 시의 텍스트 엮기 차원"에서 한 번 나오는데 이것이 무엇인지는 알 수 없다.

카터의 글은 논문의 각주 36번이 밝힌 대로 Linda Hutcheon의 *The Politics of Postmodernism*(New York: Routledge, 1989)의 148쪽에서 인용한 것인데 원문은 이렇다.

13–14행 "Venus lies on the bed, waiting for a wind: the sooty albatros hankers for the storm." 즉 "비너스는 침대에 누어서 바람이 일기를 기다리고 거무죽죽한 신천옹새는 폭풍을 갈망한다…" 필자는 'wind'(바람)를 'window'(창문)로 잘못 읽고 창문과 폭풍 사이에 〈diaphor〉가 엮어지고 있다고 주장한 것이다. 오해의 발단은 필자가 인용한 Hutcheon의 글의 첫 행 "The text then adds yet another context, the obvious one of gender"라는 문장을 간과한 데 있다. 즉 "텍스트는 〔그녀의 식민지–인종적 및 언어적 컨텍스트(her colonial–racial and linguistic context)에 더하여〕 또 다른 컨텍스트, 곧 성차 gender라는 분명한 컨텍스트를 제시한다"는 문장이다. 바람(the wind)이 여성을, 폭풍(the storm)은 남성을 암시하는 것은 너무나 분명하지 않는가. 카터의 글을 논의 하고 있는 Hutcheon의 책의 제6장 제목은 Postmodernism and Feminism이다. 그리고 필자는 Angela Carter의 "검은 비너스"를 Baudrillard의 "L'Albatros"의 뒤집혀진 패러디라고 부르는데 "L'Albatros"는 P. C. Baudelaire(1821–67)의 시이다. Jean Baudrillard(1929–2007)는 프랑스의 사회학자이다.

패가 기울게 될지는 심히 결정짓기 어려워서, 확률이 있다고 해도 양자택일을 넘어선 모호성 내지 아나로그 체계가 있음에도 유념하고 싶다.

> "그의 마음의 여왕, 시인의 이상은 눈부시게 침대에 몸을 뉜다. 그는 그녀가 그녀 자신을 볼거리로 만들곤 하는 것을 즐겼다. 언제나 그의 탐욕보다 큰, 번쩍이는 그의 눈을 위해 호사로운 잔치를 베푸는 것을 즐겼다. 비너스는 창문이 올려지기를 기다리며 침대에 누워있다. 거무죽죽한 신청옹새는 태풍을 동경한다." — Angela Carter, '검은 비너스'에서[36]

문학을 위한 정보환경과 정보이론 39

> 브로드스키의 경우는 그렇다쳐도, 전형적인 포스트모더니즘에선 어떻게 될까? 틀림없는 포스트모더니즘의 증상은 갖추고는, Baudrillard의 'L'Albatros'의 뒤집혀진 패로디가 분명한, 이 작품의 대목을 읽으면서 여인의 침대 눕기, 축제(잔치), 창문 열림, 태풍을 갈망하는 큰 바다새 사이에 줄줄이 〈diaphor〉가 엮어지고 그로써, 인간 에로스, 특히 여인의 에로스가 창문열기고 태풍의 일어남이란 상징적 함축성을 갖게 됨을 눈치챈다고 해도, 또한, 침대와 열릴 창과 태풍의 바다 사이의 공간적 구획이 동시적으로 허물어져 나가고 있음을 눈여겨 보면서 인간 에로스의 다이나미즘이 창열기, 새의 비상, 그리고 태풍의 설침의 경과를 거치면서 증폭하고 또 우주화로 치달을 확장임을 확인한다고 해도, 이같은 이 작품에서 동기 지워질 에로스의 눈뜸을 전자정보 얻기와 동일시하기는 어려울 것이다.

그러나, 이 경우에도 창열기→새의 비상(날개짓)→태풍의 설침으로 엮

She cannot hear his tributes to herself outside of her colonial – racial and linguistic – context.

The text then adds yet another context, the obvious one of gender: 'The goddess of his heart, the ideal of the poet, lay resplendently on the bed . . . ; he liked to have her make a spectacle of herself, to provide a sumptuous feast for his bright eyes that were always bigger than his belly. Venus lies on the bed, waiting for a wind to rise: the sooty albatross hankers for the storm' (Carter 1985: 18). But, for the reader of Baudelaire's poetry, there is a curious reversal here – not only of color ('sooty albatross'), but of roles. In the poem called 'L'Albatros,' it is the poet who flies on the wings of poesy, though clumsy on earth. In Carter's parodic version, the woman is the graceful albatross; the poet is instead that great dandy of birds (from Poe's *Adventures of Arthur Gordon Pym*), the one who always builds its

6 피천득 역. 『삶의 노래』. 동학사, 1994.

이니스프리의 섬

나 지금 일어나 가려네, 가려네, 이니스프리로
거기 싸리와 진흙으로 오막살이를 짓고
아홉 이랑 콩밭과 꿀벌통 하나
그리고 벌들이 윙윙거리는 속에서 나혼자 살려네

위 역시는 아일랜드의 시인 예이츠(W. B. Yeats 1865–1939)의 시 “The Lake Isle of Innisfree”(1893)의 첫 시절이다. 원시는 아래와 같다.

I will arise and go now, and go to Innisfree.
And a small cabin build there, of clay and wattles made:
Nine bean–rows will I have there, a hive for the honey–bee
And live alone in the bee-loud glade.

역시에는 ‘숲속의 빈 터’(an open space in a forest)인 ‘glade’가 빠져 있다. ‘벌들이 윙윙거리는 속’은 연속되는 시간이지 공간이 아니다.

The Lake Isle of Innisfree

I will arise and go now, and go to Innisfree,
And a small cabin build there, of clay and wattles made:
Nine bean-rows will I have there, a hive for the honey-bee,
And live alone in the bee-loud glade.

And I shall have some peace there, for peace comes dropping
slow,
Dropping from the veils of the morning to where the cricket
sings;
There midnight's all a glimmer, and noon a purple glow,
And evening full of the linnet's wings.

I will arise and go now, for always night and day
I hear lake water lapping with low sounds by the shore;
While I stand on the roadway, or on the pavements grey,
I hear it in the deep heart's core.

7 피천득 역. 『삶의 노래』. 동학사, 1994.

마을과 산골

눈 오는 저녁 숲가에 서서

그의 집은 산골에 있지만
이것이 누구의 숲인지 나는 알 것 같다.
그의 숲에 눈이 덮이는 것을 바라다 보려고
내가 여기 서 있는 것을 알지 못하리라.

위 역시는 미국 시인 로버트 프로스트(Robert Frost 1874–1963)의 시 "Stopping by Woods on a Snowy Evening"(1923)의 첫 시절이다. 원시는 아래와 같다.

Whose woods these are I think I know,
His house is in the village though;
He will not see me stopping here
To watch his woods fill up with snow.

역시의 제 1행의 산골은 원시의 제2행의 village를 valley로 잘못 옮긴 것이다. 원시에서 woods와 village는 자연(nature)과 문화(culture)의 대립적이면서 보완적인 관계를 시사하지만 산골과 숲은 다같이 자연의 일부이다.

STOPPING BY WOODS ON A SNOWY EVENING

Whose woods these are I think I know.
His house is in the village, though;
He will not see me stopping here
To watch his woods fill up with snow.

My little horse must think it queer
To stop without a farmhouse near
Between the woods and frozen lake
The darkest evening of the year.

He gives his harness bells a shake
To ask if there is some mistake.
The only other sound's the sweep
Of easy wind and downy flake.

The woods are lovely, dark and deep,
But I have promises to keep,
And miles to go before I sleep,
And miles to go before I sleep.

1923

8 세종대왕 銅像 영문안내판 오역.

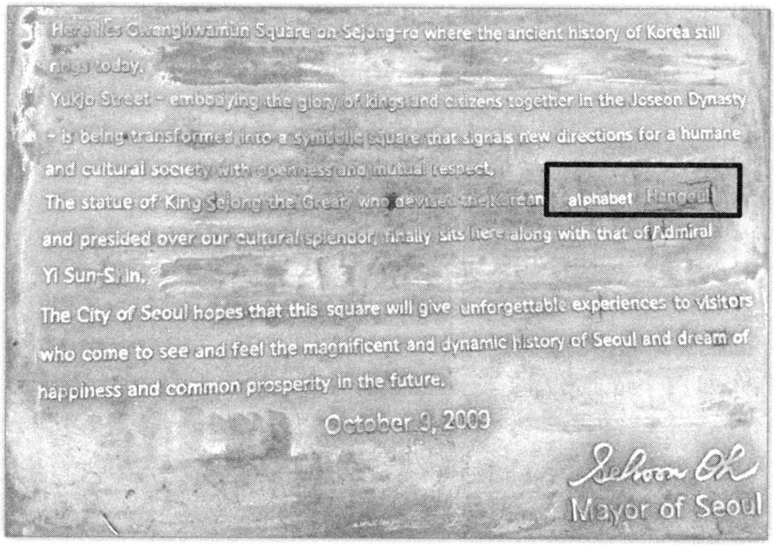

위 문장은 광화문 광장(Gwangwhamun Square)의 세종대왕 동상 앞 지면에 놓인 동판에 양각된 영문 안내문의 중간 부분이다. 글자와 글자 사이, 특히 the Korean alphabet Hangeul 사이가 고르지 않는데 여기에는 특별한 사연이 있다.

2009년 10월 9일에 세종대왕 동상 제막식이 있었는데 한 달 후 조선일보에 "세종대왕 像 영문안내판 오역, 고친 것도 오역?"이라는 제목의 기사가 실렸다(2009. 11. 9.). 세종대왕의 훈민정음(한글) 창제를 …King Sejong the Great, who devised the Korean Characters Hangeul로 옮겼는데 the Korean Characters는 오역이고 the Korean alphabet로 고쳐야 하지 않는가라는 주장이 있다는 것이다.

기사에 따르면 원래는 "King Sejong the Great, who invented our national language Hangeul"로 되어 있었는데, 손우현 한림대 국제학부 객원 교수가 "한글은 'language'가 아니고 'script' 또는 'writing system'"라고 주장했었고, 주무 부서인 서울시 도심활성담당관실은 '영어전문가와 외국인에 물어 본' 후 사흘 뒤에 'who devised the Korean Characters Hangeul'로 뜯어 고쳐 놓았던 것이다. 그러나 손우현 교수는 "영어 원어민 교수들 여럿에게 물어 보니 'Korean alphabet'이 가장 적합하다는 대답이 많다"며 "중국 한자를 'Chinese characters'라고는 하지만 한자와 달리 표음 문자인 한글에 'character'란 단어는 맞지 않는다"고 말했다는 것이다. 그리고 문화체육관광부 영어홍보물 감수위원인 엘리자베스 리씨는 "Korean alphabet이라고 해야 정확하다"고 말했다는 것이다.

나는 그런 일이 있었는지 기사를 읽고 처음 알았다. 나는 그날(11월 9일) 아침 광화문에 나가서 'Korean characters'를 눈으로 확인하고 돌아왔다. 그리고 르포기사를 쓴 기자가 알려준 번호로 서울시의 도심활성화 담당관실에 전화를 했다. 전화를 받은 30대 초반 목소리의 여성 직원은 신문기사를 알고 있었다. 그래서 관등성명(?)을 밝히고 'Korean characters'는 잘못이고 'Korean alphabet'로 바꾸는 것이 좋겠다고 당부했다. 그리고 Andrew Robinson이라는 이가 쓴 *The*

Story of Writing(London, 2003)에 실린 An Alphabet Invented by a King(p.176)과 *The Random House Dictionary of the English Language* (1987)의 '**Hangul**: the Korean alphabetic system 면과 *Merriam-Webster's Collegiate Dictionary*(2003)의 **hangul**. the alphabetic script in which Korean is written' 면을 복사해서 담당관실에 보냈다. 그리고 "who invented the Korean alphabet"로 고치면 좋겠다고 한 줄 보탰다.

2009년에는 아무런 일이 없었다. 2010년에는 교보문고를 들릴 때마다 광장을 둘러 보았는데 'the Korean characters'는 변함이 없었다. 그리고 한동안 잊고 있다가 2012년 1월 말에 광장을 둘러 보았는데 전과 다름 없었다. 도심활성화 담당관실에 전화를 했더니, 여성 직원은 타부서로 옮겨갔고 한 남성 직원이 "그 현안을 인계받고 지금도 강구중"이라고 말하였다. 그래서 조선일보의 취재기자(전병근 씨)에게 알렸더니 고맙게도 후속기사를 곧바로 내보냈다("세종대왕 동상 영문 안내판, 2년째 틀린 채 방치," 시니어 조선 뉴스, 2012년 2월 6일자 기사 참조).

그 후 The Korean characters가 alphabet로 언제 바뀌었는지 나는 모른다. 나는 2015년 4월 어느 날 오랜만에 광장에 가 본 것이다. 2012년, 아니면 2013년, 아니면 2014년에 바뀌었는지 도심활성화 담당관실에서 연락은 없었다. 'characters'는 자수가 10개이고 'alphabet'는 8개로 두 자가 적은데, 넓은 자리를 차지한 alphabet가 유난히 돋보인다.

The Story of Writing

with over 350 illustrations, 50 in colour

(2003)

Andrew Robinson

사회 조선일보

세종대왕像 영문안내판 오역 고친 것도 오역?

'한글' 바른 영어 번역은
Korean language (×)
Korean characters(?)
Korean alphabet (○)

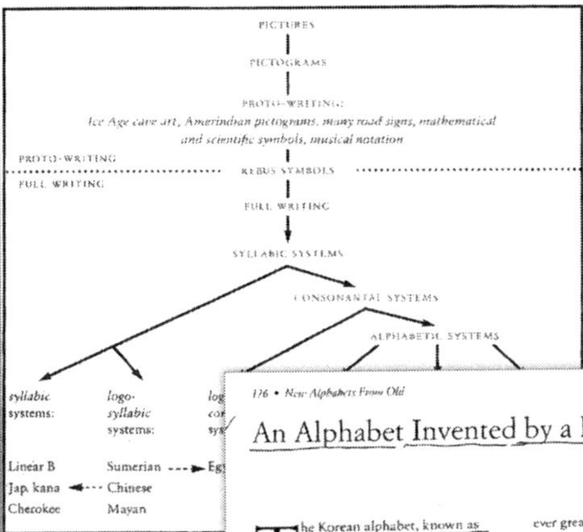

176 • New Alphabets From Old

An Alphabet Invented by a King

The Korean alphabet, known as Hangul, is one of the few alphabets that can be exactly dated. The story of its invention and deployment is an appealing and instructive one. For more than a millennium after the Koreans acquired the art of writing, they naturally wrote in Chinese characters. Then, in 1443–4, King Sejong (1397–1450) introduced a script consisting of 28 letters. The new system was announced with the statement that 'His Majesty personally created' it. No doubt this was the best way to ensure the new script's adoption, but it also seems to have been the truth, or at least a close approximation. Sejong was an unusually learned and far-sighted monarch who issued an edict in 1434 calling for his people to search everywhere for 'men of learning and sophistication, without regard to whether they are of noble birth or mean, earnestly encouraging them and urging them to teach people to read, even women and girls.'

The new script met with entrenched resistance from the literati. More than half a millennium later, Hangul has yet to supplant Chinese characters entirely throughout Korea. North Korea, ruled by a dictator, adopted Hangul exclusively in 1949, with notable success; South Korea, by contrast, has tended to use a 'mixed' script, consisting of Hangul and Chinese characters – rather as the Japanese system uses syllabic 'kana' and Chinese characters. South Korean intellectuals are divided about the merits of a Hangul-only script, at least partly because of its exclusive use in North Korea. Nevertheless, South Korea is inching along in the same direction as North Korea, with ever greater use of Hangul-only writing.

It is not exactly clear how Sejong came under the spell of the alphabetic principle. The Koreans were in direct contact with the Mongols, who wrote in two alphabetic scripts, Uighur and Phags-pa, the latter named after a Tibetan lama who developed the script at the request of Kublai Khan on the basis of Tibetan, which was itself based on an Indian model. Indian Buddhist writings transmitted through Chinese were also undoubtedly influential – Sejong was deeply interested in Buddhism. Buddhist religious terms were originally expressed in some Indian alphabetic writing and then rendered clumsily into Chinese syllabic characters (since there were no Chinese equivalents); the awkwardness of this process must have acted as a spur to Sejong in his creation of a new script.

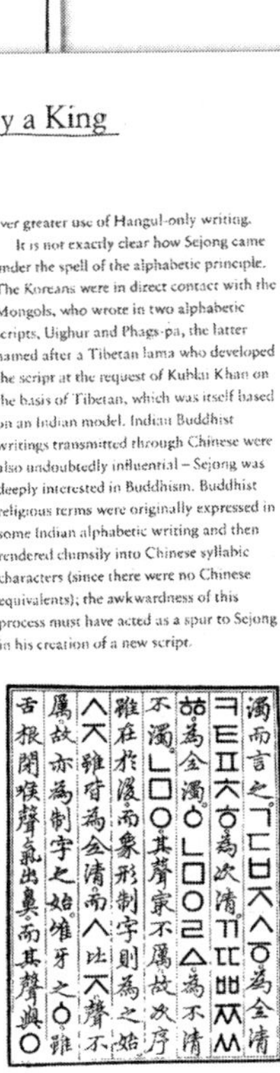

King Sejong's explanation of the Korean alphabetic script Hangul, in a modern facsimile of a blockprint. Hangul is shown side by side with Chinese characters.

9 조선일보 사설. "지나간 100년 다가올 100년". 2010년 1월 1일 금요일.

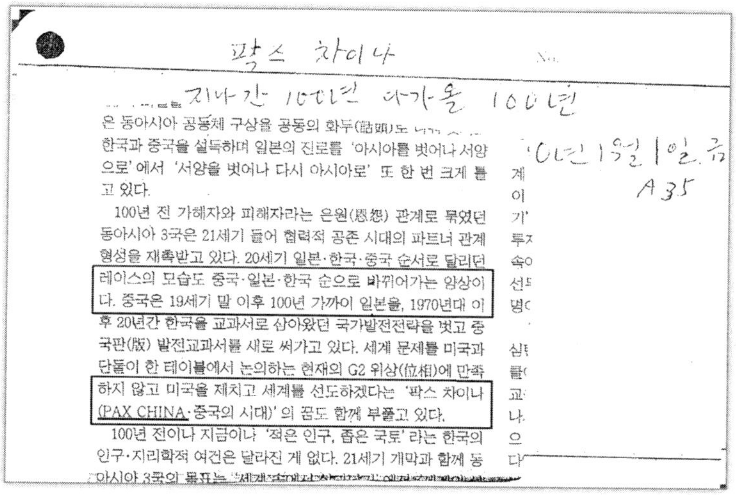
팍스 차이나

지나간 100년 다가올 100년

'10년 1월 1일 금

A35

은 동아시아 공동체 구상을 공동의 화두(話頭)로 … 한국과 중국을 설득하며 일본의 진로를 '아시아를 벗어나 서양으로'에서 '서양을 벗어나 다시 아시아로' 또 한 번 크게 틀고 있다.

100년 전 가해자와 피해자라는 은원(恩怨) 관계로 묶였던 동아시아 3국은 21세기 들어 협력적 공존 시대의 파트너 관계 형성을 재촉받고 있다. 20세기 일본·한국·중국 순서로 달리던 레이스의 모습도 중국·일본·한국 순으로 바뀌어가는 양상이다. 중국은 19세기 말 이후 100년 가까이 일본을, 1970년대 이후 20년간 한국을 교과서로 삼아왔던 국가발전전략을 벗고 중국판(版) 발전교과서를 새로 써가고 있다. 세계 문제를 미국과 단둘이 한 테이블에서 논의하는 현재의 G2 위상(位相)에 만족하지 않고 미국을 제치고 세계를 선도하겠다는 '팍스 차이나(PAX CHINA·중국의 시대)'의 꿈도 함께 부풀고 있다.

100년 전이나 지금이나 '적은 인구, 좁은 국토'라는 한국의 인구·지리학적 여건은 달라진 게 없다. 21세기 개막과 함께 동아시아 3국의 목표는 …

팍스 차이나 vs 팍스 시니카

지나간 100년이 '미국의 시대'(Pax Americana)였다면 다가올 100년은 '중국의 시대'가 되리라는 주장은 설득력이 있다. 그러나 중국의 시대를 '팍스 차이나(PAX CHINA)'로 적은 것은 충격적이다. 사설을 쓴 논설위원이 China의 라틴어 표현이 Sinica(형용사)라는 것을 몰랐던 모양이고 타이페이에 있는 오랜 전통의 중앙연구원이 Academia

Sinica로 불린다는 것을 몰랐던 것 같다. Pax Americana는 America에 na가 붙고, Koreana Hotel의 Koreana도 Korea에 na가 붙었는데 China는 이미 na가 있으므로 그대로 Pax China로 적은 것 같다.

미국영어사전에는 Americana가 복수명사로 나온다. 미국, 미국민, 미국사와 관련된 서적, 사물, 사실 등을 뜻하는 말로 나온다. 미국서 만든 말(an Americanism)이다. 제2장 정오표에서 언급한 Don DeLelillo의 첫 번째 소설의 제목이 *Americana*(1971)이다.

Pax Americana는 영어사전에 나오지 않는다. Pax Sinica도 나오지 않는다. 그러나 전자 사전에는 둘 다 나온다. Pax Sinica는 '팍스 시니카(중국이 지배적인 경제대국인 시기)'라는 풀이와 함께 이런 예문이 나온다. "The world is slowly moving from the West to the East, a harbinger of the reemergence of Pax Sinica." 세계는 팍스 시니카 재부상의 전조와 함께 서서히 서양에서 동양으로 이동하고 있다(세계는 서양에서 동양으로 서서히 이동하고 있는데, 이는 팍스 시니카의 재부상의 전조이다.).

'팍스 차이나' 사설 이후 한 동안 신문 제2면의 오른쪽 중간의 "바로잡습니다" 코너를 지켜 보았는데 아무런 일도 없었다. 그리고 반년이 지나서 "팍스 시니카 시대(중국 주도의 세계)…"라는 제목의 인터뷰 기사가 눈에 들어왔다(2010년 6월 26일 토 제 27837호). 인용문은 서체가 다를 뿐, 신문 제1면의 헤드라인과 크기가 같은 것이 이례적으로 보였다. "팍스 시니카 시대"의 결연한 선언에는 6개월 전의 "팍스 차이나"의 실언이 들리지 않았다.

歐美研究 *EurAmerica*

A JOURNAL OF EUROPEAN AND AMERICAN STUDIES

第二十九卷第三期／中華民國八十八年九月
VOLUME 29, NUMBER 3/SEPTEMBER 1999

原《美國研究》
Formerly *American Studies*

中央研究院歐美研究所
敬　贈

WITH THE COMPLIMENTS OF
THE INSTITUTE OF EUROPEAN AND AMERICAN STUDIES
ACADEMIA SINICA

中央研究院歐美研究所
Institute of European and American Studies
Academia Sinica

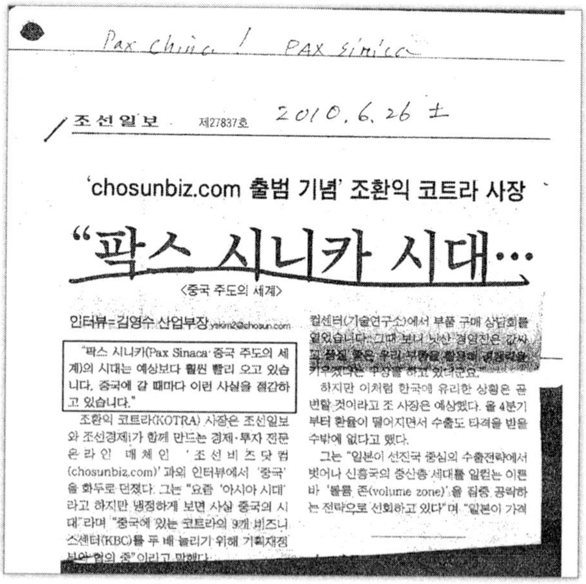

Pax china! PAX Sinica

조선일보　제27837호　2010. 6. 26 土

'chosunbiz.com 출범 기념' 조환익 코트라 사장

"팍스 시니카 시대…"

<중국 주도의 세계>

인터뷰=김영수 산업부장 yskim2@chosun.com

"팍스 시니카(Pax Sinaca·중국 주도의 세계)의 시대는 예상보다 훨씬 빨리 오고 있습니다. 중국에 갈 때마다 이런 사실을 절감하고 있습니다."

조환익 코트라(KOTRA) 사장은 조선일보와 조선경제i가 함께 만드는 경제·투자 전문 온라인 매체인 '조선비즈닷컴(chosunbiz.com)'과의 인터뷰에서 '중국'을 화두로 던졌다. 그는 "요즘 '아시아 시대'라고 하지만 냉정하게 보면 사실 중국의 시대"라며 "중국에 있는 코트라의 9개 비즈니스센터(KBC)를 두 배 늘리기 위해 기획재정부와 협의 중"이라고 말했다.

…컬센터(기술연구소)에서 부품 구매 상담회를 열었습니다. 그때 보니 닛산 경영진은 값싸고 품질 좋은 우리 부품을 활용해 경쟁력을 키우겠다는 구상을 하고 있더군요."

하지만 이처럼 한국에 유리한 상황은 곧 변할 것이라고 조 사장은 예상했다. 올 4분기부터 환율이 떨어지면서 수출도 타격을 받을 수밖에 없다고 했다.

그는 "일본이 선진국 중심의 수출전략에서 벗어나 신흥국의 중산층 세대를 일컫는 이른바 '볼륨 존(volume zone)'을 집중 공략하는 전략으로 선회하고 있다"며 "일본이 가격

18장 사전
(Dictionaries)

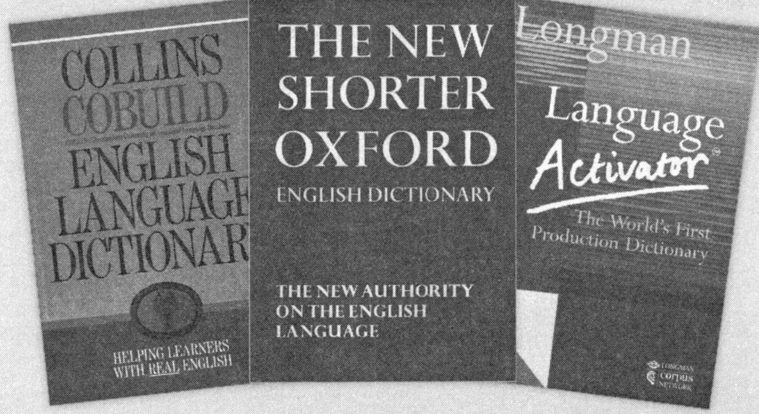

1 *Collins Cobuild English Language Dictionary.* Glasgow: HarperCollins Publishers, 1987.

xx쪽. Colum A의 1-3행: if they managed to understand it they might very well find that is was being used by a non specialist in a much more general sense.의 is는 it의 잘못이다.

이 사전의 제목 COBUILD는 COLLINS Birmingham University International Language Database의 약자이다. Collins 출판사의 위촉을 받고 Birmingham 대학 영문과에서 제작하였다. 1987년판은 1980년대의 영어 단어 2천만 개를 모은 corpus(말, 글 뭉치)를 활용했다. 컴퓨터 기술을 사전제작에 도입한 것은 COBUILD사전이 처음이다.

COBUILD 영어사전은 1988년 8월 교보문고에서 들여왔다. 한국영어영문학회는 COBUILD사전의 "어의(語義) 설명이나 예문이 생생하고 명료하여 기존의 사전과 비교하여 대단한 진보를 이루고 있다"는 전문가들의 의견에 따라 이 사전을 우수도서로 추천하였다.

앞의 Introducion의 오류는 교보문고에 알려주었다. 신판은 1995년에 나왔는데 *New Edition Completely Revised*의 서문은 필자인 John Sinclair(Birmingham대 교수)가 같을 뿐 완전히 다른 서문이었다. 신판을 제작할 당시 Birmingham대학의 The Bank of English는 2억 개가 넘는 1990년대의 영어단어의 corpus를 구축했다고 한다.

국내에서 우리말 말뭉치로 제작한 최초의 국어사전은 **연세한국어 사전**(두산동아, 1998)이다. 연세대는 1989년에 한국어 편찬실을 설치하였고, 1997년에는 이를 언어 정보개발연구원으로 확대 개편하였다. 연세 말뭉치의 규모가 3,000만 어절이 되었을 때 2,000쪽 가량의 단권 사전을 편찬 · 간행하기로 정했고, 1960년대 이후에 쓰여진 우리말 문헌의 18만 쪽에서 14번 이상 나타나는 낱말 5만 개를 올림말로 선정했다. 올림말에는 풍부한 용례를 달았다. 사전의 각 면을 이(2)단으로 나누어 옆(오른쪽) 참고란에 각종 정보를 제시한 포맷(format)은 COBUILD사전을 벤치마킹한 것으로 보인다.

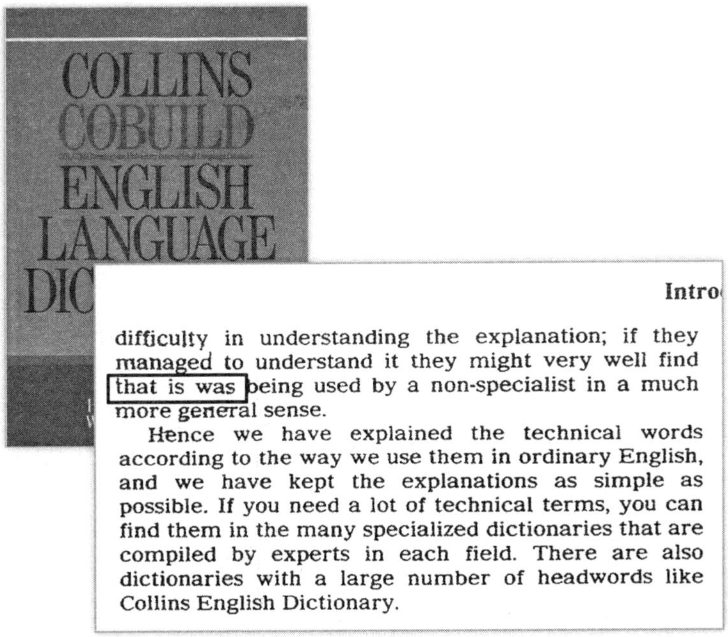

Intro

difficulty in understanding the explanation; if they managed to understand it they might very well find that is was being used by a non-specialist in a much more general sense.

Hence we have explained the technical words according to the way we use them in ordinary English, and we have kept the explanations as simple as possible. If you need a lot of technical terms, you can find them in the many specialized dictionaries that are compiled by experts in each field. There are also dictionaries with a large number of headwords like Collins English Dictionary.

2 *Longman Dictionary of English Language and Culture.* London: Longman, 1992.

이 사전에는 세계의 여러 나라와 도시의 이름이 올림말로 나오고, 대체로 객관적이고 중립적인 서술이 이어진다. 예컨대 서울은,

Seoul/ səul / the capital city of South Korea, a business, industrial, and Cultural center 라고 나온다. 그리고 도쿄는,

Tokyo; the capital and largest city of Japan, and its main financial, business and Administrative center; population 8.348.000(1987). Tokyo is one of the largest and busiest cities in the world.

식이다. 그런데 어찌된 일인지 방콕은,

Bangkok /../the capital city and main port of Thailand. It is famous for its TEMPLES, and is often mentioned as a place where there are a lot of PROSTITUTES.로 소개되고 있지 않는가.

1993년 여름에 이 사전이 Bangkok에서 시판되자 태국 정부는 '매춘부가 많은 도시'라는 기술에 강렬히 반발했다. 롱맨출판사는 사과와 함께 태국 내 배포본을 모두 회수하고 다음 판에서는 문제 부분을 삭제하겠다고 약속했다(동아일보 1993년 7월 7일자 *AFP*). 그 해 9월에 Bangkok에서 국제도서전이 열렸는데 관리인의 실수로 창고에 보관중인 초판이 전시장에 다시 나왔고 태국 국민들은 다시 한 번 격분했다. 곧이어 나온 수정판에는 약속한 대로 문제 부분이 없어지고 "Bangkok, the capital city and main port of Thailand. It is famous for its TEMPLES and other beautiful buildings."라고 나온다. 놀라운 것은 수정판의 판권 면에는 ©Longman Group UK Limited 1992/First Published 1992라고 적혀있지 않는가! 처음부터 오류는 없었다는 이야기다.

그 해(1993년) 10월에 이 사전의 편집주간(Editorial Director)인 Della Summers 여사가 서울에 왔는데 나는 용산구 해방촌의 어느 유명 한정식 식당에서 저녁 식사를 같이 한 일이 있다. 서머즈 주간은 그 해에 나온 자사의 *Longman Language Activator: The World's First Production Dictionary*의 홍보차 서울에 온 것이다. 서머즈 여사는 이 사전의 편집주간을 겸하고 있었다. 새 사전에 대한 설명을 듣고 이런 저런 이야기 끝에 나는『롱맨 영어·문화사전』에 실린 일본어와 한국어의 수가 너무 차이가 난다고 말했다. 예컨대 일본어는 눈에 띄는 것만도 futon, geisha, haiku, kamikaze, karaoke, karate, kimono, samurai, shogun, sushi, tofu, tsunami 등 줄줄이 나온다. 그런데 문선명 목사를 따르는 사람의 뜻인 Moonie는 미국에서 만든 조어이므로 한국어는 taekwondo뿐이라고 말했다. 그리고 식사 중에 김치를 가르키면서 *Merriam-Webster's Collegiate Dictionary*(1983년)에는 kimchi가 실려 있다고 말했고 불고기를 먹으면서 bulgogi와 kimchi를 실으면 한국에서 사전이 더 잘 나가지 않겠는가라고 말했다. 서머즈 여사는 듣고만 있었다.

『롱맨 영어·문화사전』에는 세계의 유수한 대기업, 자동차, 명품 시계, 화장품의 이름이 올라 있고, 이름 다음에 tdmk(=trade mark) 표시가 나오고 업체에 관한 설명이 아어진다. 자동차를 보면 BMW, Mercedez-Benz, Peugeot, Rolls Royce, Volvo 등 유럽의 자동차와 나란히 해서 일본은 Honda, Mazda, Nissan, Toyota가 나온다. 다른 분야에서는 Nintendo, Seiko, Sony, Walkman이 나온다. Hyundai, Samsung 같은 우리 기업은 보이지 않는데 인지도가 아직 낮아서 그런가 물었더니 서머즈 여사는 아무런 대답도 하지 않았다.

『롱맨 영어·문화사전』의 2판(second edition)은 1998년에, 3판은 2005년에 나왔는데 3판의 3쇄(Third Impression 2008)에는 kimchi가 올라 있다. 그리고 kimono와 kimchi 사이에 초판에는 없었던 Kim Il Sung과 Kim Jongil 부자 이름이 나온다. Hyundai와 Samsung도 드디어 trademark로 나온다. 유감스럽게도 LG는 보이지 않는다. 그 사이에 일본은 Lexus를 추가했다.

추기: bulgogi는 *The American Heritage Dictionary of the English Language. Fifth Edition*(2011)에 처음으로 실렸다.

1992A

bang·er /ˈbæŋə^r/ *n BrE infml* **1** a SAUSAGE **2** an old car in poor condition; JALOPY **3** a cheap, noisy FIREWORK

bangers and mash /ˌ·· · ˈ·/ *n* [U] *BrE infml* cooked SAUSAGE*s* and mashed (MASH^1) potatoes, considered to be a typical British meal

Bang·kok /bæŋˈkɒk‖ˈbæŋkɑːk/ the capital city and main port of Thailand. It is famous for its TEMPLE*s* and other beautiful buildings, and is also often mentioned as a place where there are a lot of PROSTITUTE*s*

Ban·gla·desh /ˌbæŋgləˈdeʃ/ *n* a country in S Asia which is a member of the COMMONWEALTH (1), and often has bad floods in the rainy season; capital Dhaka; population 106,507,000 (1989) —**-deshi** *n, adj*

band of gold, silver, etc.

1992B

bang go our chances of getting the contract.

bang^4 also **bangs** *pl.*— *AmE n* hair cut straight across the forehead; FRINGE

bang·er /ˈbæŋə^r/ *n BrE infml* **1** a SAUSAGE **2** an old car in poor condition; JALOPY **3** a cheap, noisy FIREWORK

bangers and mash /ˌ·· · ˈ·/ *n* [U] *BrE infml* cooked SAUSAGE*s* and mashed (MASH^1) potatoes, considered to be a typical British meal

Bang·kok /bæŋˈkɒk‖ˈbæŋkɑːk/ the capital city and main port of Thailand. It is famous for its TEMPLE*s* and other beautiful buildings.

Ban·gla·desh /ˌbæŋgləˈdeʃ/ *n* a country in S Asia which is a member of the COMMONWEALTH (1), and often has bad floods in the rainy season; capital Dhaka; population

3 *Cambridge International Dictionary of English.* Cambridge: Cambridge University Press, 1995.

위 사전의 788쪽에 Korean False Friends라는 list가 보인다. A false friend라고 하면 진정한 벗이 아닌 사람을 이르는데 사전에서 쓰는 뜻은 이렇다. "A false friend is a word which learners often confuse with a word in another language because the two words look or sound similar, but have different meanings. The French word 'actuellement' and the English word 'actually' are false friends"(p. 500).

Korean False Friends에서 예를 하나 더 들어본다.

"back n 백: supporter exerting covert influence"에서 영어 "back"

과 한국어 "백"이 소리가 비슷하지만 뜻이 다르기 때문에 서로가 false friends가 된다. 이 사전에 실린 Korean False Friends는 60개인데 한글이 생소해서 그런지 office girl/lady n 오피스 걸/레이디에 이어 old miss n 올드 미스도 오피스 미스로 잘못 되어 있다.

happening *n*	해프닝	unexpected, interesting incident
humour *n*	유머	something amusing
jumper *n*	잠바	windbreaker
level up *v*	레벨업	upgrade, raise the level
name value *n*	네임밸류	social reputation
note *n*	노트	notebook; memorandum
office girl/lady *n*	오피스 걸/레이디	white collar working woman
old miss *n*	오피스 미스	unmarried woman past the conventional age for marrying
over *adv*	오바 *(n)*	overcoat
overhead *adj*	오바헤드 *(n)*	vomiting
prim *adj*	프림 *(n)*	nondairy coffee whitener
pro *n*	프로	TV or radio programme
pro *adj, n*	프로	percent
puncture *n*	펑크	cancellation
register *n*	레지	tearoom waitress
room saloon *n*	룸살롱	hostess bar
rotary *adj*	로타리*(n)*	traffic roundabout
rouge *n*	루즈	lipstick

이 사전에는 16개의 주요 세계 언어의 False Friends표가 실려 있는데 13개는 Czech, German, French, Russian, Swedish 등의 서구권 언어이고, 동양권 언어는 Japanese, Kroean, Thai의 셋이다. 일본어 단어는 144개이고 한국어 단어는 60개이다. 이 가운데 아파트/アパート(n), 수퍼/スーパー(n)처럼 공통된 것이 14개나 된다.

4 *Cambridge International Dictionary of English.* Cambridge: Cambridge University Press, 1995.

시의 발표 연대

1553쪽: 올림말 **tread**의 끝에 인용된 W. B. Yeats의 시 *Aedh Wish for Cloths of Heaven*의 1929는 1899의 잘못이다. 이 시는 1899년에 나온 시집 *The Wind Among the Reeds*에 들어 있다. 시 제목은 지금은 *Aedh* 대신 *He*로 바뀌었다.

speak or behave carefully to avoid upsetting or causing offence to anyone: *The government know they have to tread carefully on this issue.* [I always + adv] • *(fig.) Well, that's how you get to the top – you tread* on *other people* (= treat them badly). [I always + adv/prep] • *(humorous)* To **tread the boards** is to act in plays: *It's three years now since you've trodden the boards, Ken – how does it feel to be back?* • To **tread water** is to float vertically in the water by moving the legs and the arms up and down: *(fig.) I think she feels that she's just treading water in that job* (= not advancing in any way). • *"I have spread my dreams under your feet; Tread softly because you tread on my dreams"* (W.B.Yeats in the poem *Aedh Wishes for the Cloths of Heaven*, 1929)

tread /tred/ *n* • Your tread is the sound that your feet make on the ground as you walk: *Then I heard someone's tread on the stairs.* • A tread is also the horizontal part of a step on which you put your foot.

tread PATTERN ON TYRE /tred/ *n* [C/U] the pattern of raised lines on a tyre which prevents a vehicle from sliding on the road • *The tread on your tyres is very worn.*

trea·dle /'tred·l̩/ *n* [C] a part of a machine which, when operated by the foot, gives the power to turn a wheel in the machine • *My grandmother still uses her old treadle sewing machine.*

tread·mill /'tred·mɪl/ *n* [C] a wide wheel turned by the weight of people climbing on steps around its edge, used in

5 *The Columbia Encyclopedia*. Fifth Edition. New York: Columbia University Press, 1993.

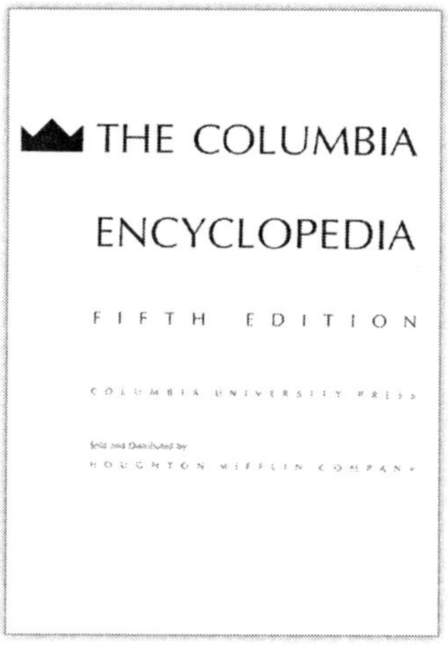
THE COLUMBIA ENCYCLOPEDIA

FIFTH EDITION

COLUMBIA UNIVERSITY PRESS

Sold and Distributed by

HOUGHTON MIFFLIN COMPANY

73쪽의 *Alphabet*항 Box 안의 중국어 문장을 읽는 방향 지시 (*arrows indicate the direction of reading*)

Chinese ←는 Chinese →이어야 한다.

위 중국어 문장은 1961년 타이페이에서 凌純聲이 발표한 논문 『中国元明清之治藏制度』(黃花崗雜誌 24号)의 제4장 清代之治藏制度에 나온다. 앞의 세 문장은 其國事 猶不盡 預聞也의 순으로 나온다.

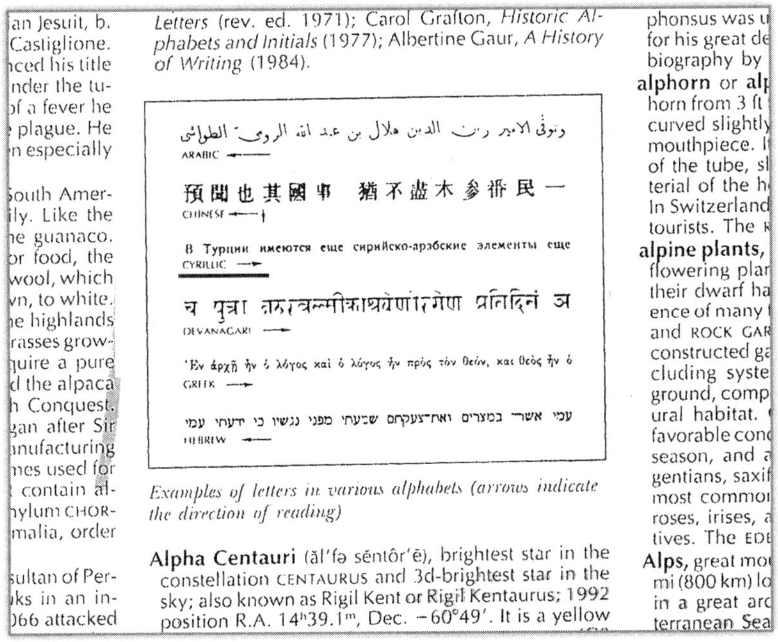

an Jesuit, b.
Castiglione.
nced his title
nder the tu-
of a fever he
plague. He
n especially

South Amer-
ily. Like the
he guanaco.
or food, the
wool, which
wn, to white.
he highlands
rasses grow-
quire a pure
d the alpaca
h Conquest.
gan after Sir
anufacturing
mes used for
contain al-
hylum CHOR-
malia, order

sultan of Per-
ks in an in-
066 attacked

Letters (rev. ed. 1971); Carol Grafton, *Historic Alphabets and Initials* (1977); Albertine Gaur, *A History of Writing* (1984).

Examples of letters in various alphabets (arrows indicate the direction of reading)

Alpha Centauri (ăl′fə sĕntôr′ē), brightest star in the constellation CENTAURUS and 3d-brightest star in the sky; also known as Rigil Kent or Rigil Kentaurus; 1992 position R.A. 14ʰ39.1ᵐ, Dec. −60°49′. It is a yellow

phonsus was u
for his great de
biography by
alphorn or **al**
horn from 3 ft
curved slightly
mouthpiece. I
of the tube, sl
terial of the h
In Switzerland
tourists. The R
alpine plants,
flowering plan
their dwarf ha
ence of many
and ROCK GAR
constructed ga
cluding syste
ground, comp
ural habitat.
favorable cond
season, and a
gentians, saxif
most commo
roses, irises, a
tives. The EDE
Alps, great mo
mi (800 km) lo
in a great arc
terranean Sea

6 *Longman Language Activator: The World's First Production Dictionary.* London: Longman, 1993.

702쪽: 올림말 **invite**(p.702)의 관련어 **uninvited**(p.703)의 두 번째 예문 univited guest *Fielding has come to the party, bringing several univited guests*, uninvited의 두 번째 n자가 빠져 있다.

4 words for describing someone who comes to a party but who has not been invited

uninvited

gatecrasher

crasher

uninvited /ˌʌnɪnˈvaɪtɪ̵d◂/ [*adj*]
She came uninvited, but she seems to know some people here. | univited guest *Fielding had come to the party, bringing several univited guests.*

gatecrasher /ˈgeɪtkræʃəʳ/ a British word meaning someone who goes to a party but has not been invited [*n* C]
To prevent gatecrashers from getting in they checked everyone's name at the door.

7 *The New Shorter Oxford English Dictionary*. Oxford: Oxford University Press, 1993.

일본어 すし(sushi)는 이 사전에 처음으로 실렸다. entry word(p.3161)는 정확하게 **sushi**로 나와 있으나 **bar**(p. 180)의 IV 20에는 *coffee bar, food bar, snack bar, suchi bar*…로 나온다.

sushi의 s가 c로 바뀐 것이다. 문득 F.O. Matthiessen의 the coiled fish/soiled fish가 떠올랐다.

Oxford University Press 한국 대리점(汎文社) 사람들에게 출판사한테 알려 주라고 당부했는데 2007년 판에도 그대로 *suchi bar*로 나온다.

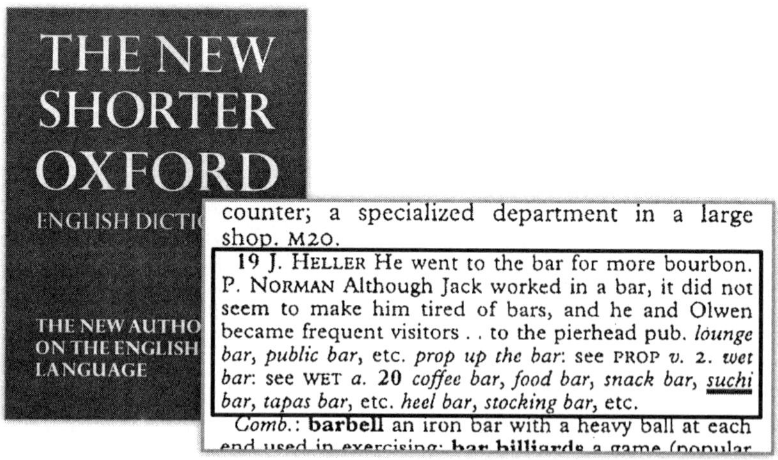

counter; a specialized department in a large shop. M20.

19 J. HELLER He went to the bar for more bourbon. P. NORMAN Although Jack worked in a bar, it did not seem to make him tired of bars, and he and Olwen became frequent visitors . . to the pierhead pub. *lounge bar, public bar*, etc. *prop up the bar*: see PROP *v.* 2. *wet bar*: see WET *a.* **20** *coffee bar, food bar, snack bar, suchi bar, tapas bar*, etc. *heel bar, stocking bar*, etc.

Comb.: **barbell** an iron bar with a heavy ball at each end used in exercising; **bar billiards** a game (popular

8 James Norword. *A Dictionary of Latin Words and Phrases.* Oxford: Oxford University Press, 1998.

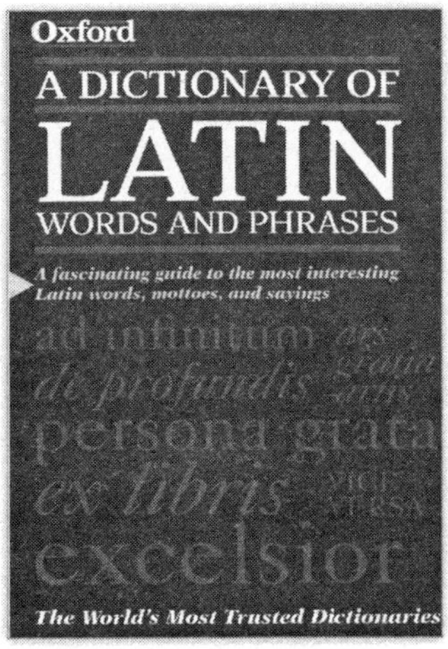

사선(virgule)이 없음

10쪽. **aegrēscit medendō**

~ he she it grows worse by the remedy. he she 사이에 빗금/사선(slash, virgule)이 빠져 있다. it은 필요없다.

11쪽: **aegrotát** ~ he/she is sick 는 제대로 되어 있다.

28쪽. **bōs in linguā**

~ literally, 'an ox on the tongue', i.e, he she has been bribed or terrified into silence의 he she에도 사선이 빠져 있다.

p. 10

aegrēscit medendō
~ he she it grows worse by the remedy.
VIRGIL *Aeneid* xii.46. The Italian king Latinus tries to calm the rage of the young prince Turnus against the Trojan invader Aeneas, but his reasonable words merely serve to inflame Turnus' frenzy.

p. 11

A FRONTE PRAECIPITIUM, A TERGO LUPI A

aegrōtat
~ he/she is sick.
At Oxford and Cambridge universities, a certificate that a student is too ill to attend an examination.
1864 C. BARBAGE *Philosopher* 37 I sent my servant to the apothecary for a thing called an aegrotat, which I understood . . . meant a certificate that I was indisposed.

p. 28

bōs in linguā
~ literally, 'an ox on the tongue', i.e. he she has been bribed or terrified into silence.
The proverbial expression occurs in Greek in AESCHYLUS *Agamemnon* 36–7, where the watchman, unable to speak out for fear, says that 'a great ox stands on his tongue'.

9 Mona Baker, ed. *Routledge Encyclopedia of Translation Studies.* 1998. Second Edition. 2009. London: Routledge.

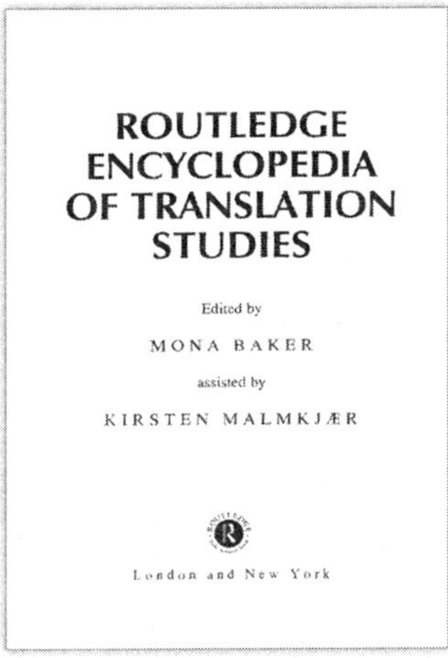
ROUTLEDGE ENCYCLOPEDIA OF TRANSLATION STUDIES

Edited by

MONA BAKER

assisted by

KIRSTEN MALMKJÆR

London and New York

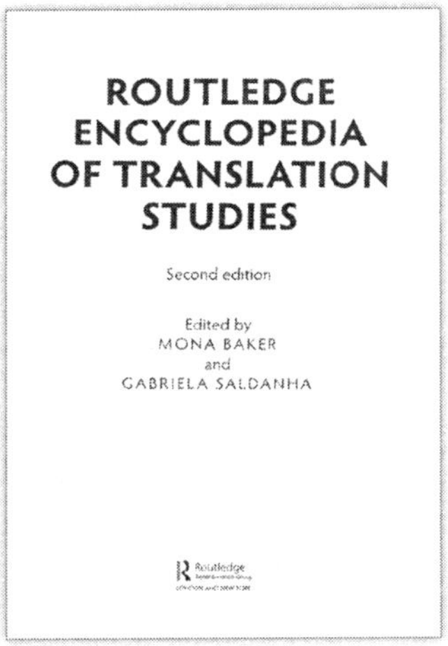
ROUTLEDGE ENCYCLOPEDIA OF TRANSLATION STUDIES

Second edition

Edited by

MONA BAKER

and

GABRIELA SALDANHA

Routledge

Kumarajiva v. Kuramajiva

Mona Baker 편 *Routledge Encyclopedia of Translation Studies* (1998, 2009)의 「인도 번역사」(Indian Tradition)와 「중국 번역사」(Chinese Tradition)를 보면 Kuramajiva(p. 367, p. 374, p. 473)와 Kumarajiva(p. 368, p.468)라는 인명이 번갈아 나온다. 이것은 반야심경(般若心經)을 비롯한 수많은 불교 경전을 한역(漢譯)한 인도의 쿠마라지바(鳩摩羅什, 344–413)를 가르키며 Kumarajiva가 맞는 표기이

다. 누군가가 Kumara를 Kurama로 잘못 식자한 것이다. 마침 2005년 국제번역학대회(한국외국어대학교)에 참석한 Baker 교수에게 정오표를 만들어 주었더니 "어느 쪽이 맞느냐"고 묻기에 색인(Index)의 표기 Kumarajiva(p. 646)가 맞는다고 대답했다. 『번역학 백과사전』의 개정판(2009)을 구해 보았더니 Kuramajiva는 모두 Kumarajiva로 바로잡아 놓았다. 2009년 10월 말 국제번역학대회(숙명여자대학교)에 다시 참가한 Baker교수에게 오자가 고쳐졌더라고 말했더니 "고마웠다"고 말했다.

> Their verbal translations were put into writing by the Recorder, who then checked the written texts directly with the monk-translator. One of the most respected and productive monk-translators was KURAMAJIVA (AD 344–413), who rendered over 300 volumes into Chinese. It was also after the arrival of Kuramajiva in China (AD 401) that detailed records were kept of the number of participants in the Translation Forums. The scale of forums presided over by

> swing towards what many contemporary Chinese scholars call *yiyi* (free translation, for lack of a better term). Syntactic inversions were smoothed out according to target language usage, and the drafts were polished to give them a high literary quality. Kumarajiva was credited as a pioneer of this approach. In extreme cases, the polishing might have gone too far, and there are extant discussions of how this affected the original message. During

10 『*e4u* 영한사전』. YBM SiSa, 2001.

『***e4u*** 영한사전』의 판권 표시문이다. 첫 문장의 둘째 행의 "in a retrieved system"의 "retrieved"는 "retrieval"의 잘못이다. 사전 본체에는 retrieval system(p. 2338)(정보검색방식)으로 나와 있다고 편집부에 알렸더니 2005년 판은 바로잡아 놓았다.

Si-sa/e4u ENGLISH-KOREAN DICTIONARY

© 2001 YBM/Si-sa

All rights reserved. No part of this publication may be reproduced, stored in a retrieved system, or transmitted in any form or by any means, electronic, mechanical, photocopying, recording or otherwise, without the prior written permission of YBM/Si-sa.

Part of the original text material is based on Comprehensive English-Japanese Dictionary by arrangement with Obunsha.

11 『ジーニアス. 英和大辭典』. TAISHUKAN'S *Unabridged Genius English-Japanese Dictionary*. 東京: 大修館書店, 2001.

올림말 assume(p. 138 A)의 1項의 예문 "It is assumed that the festival will attract a lot of people"의 역문 "その辭典はきっと多くの人々を引きつけるだろう" (그 사전은 분명히 많은 사람들을 끌어 모을 것이다)라고 나와 있다. 祭典(festival)이 辭典(dictionary)으로 바뀌었다. 이 대목을 번역한 사람이 무의식 중에 사전을 떠올렸는지 모른다. 이 사전이 나왔을 때 도쿄에 갔었는데 거기서 한 권을 구했다. 돌아온 후 어느 날 우연히 "assume"항을 찾아보다가 이 오역을 발견했다. 사전 편집부에 알렸더니 "개정판을 낼 때는 바로 잡겠다"는 감사 편지를 보내왔다. 그런데 개정판이 아직 나온 것 같지 않다.

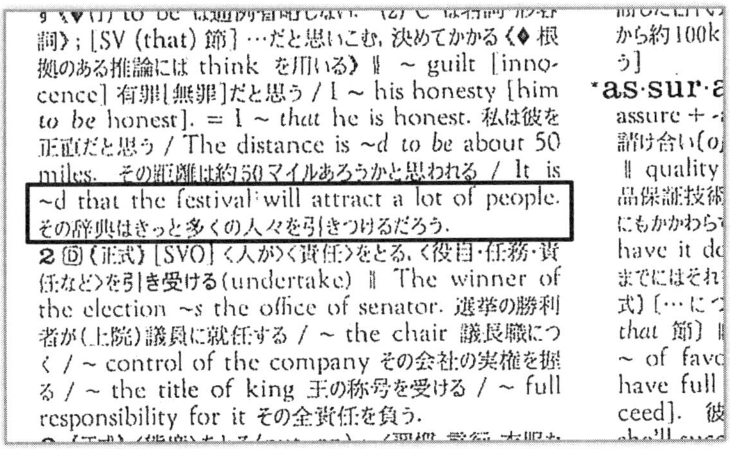
詞〉; [SV (that) 節] …だと思いこむ, 決めてかかる《◆根
拠のある推論には think を用いる》‖ ~ guilt [inno-
cence] 有罪[無罪]だと思う / I ~ his honesty [him
to be honest]. = I ~ *that* he is honest. 私は彼を
正直だと思う / The distance is ~*d to be* about 50
miles. その距離は約50マイルあろうかと思われる / It is
~d that the festival will attract a lot of people.
その辞典はきっと多くの人々を引きつけるだろう.
2 ⓓ《正式》[SVO]〈人が〉〈責任〉をとる, 〈役目・任務・責
任など〉を引き受ける(undertake) ‖ The winner of
the election ~*s* the office of senator. 選挙の勝利
者が(上院)議員に就任する / ~ the chair 議長職につ
く / ~ control of the company その会社の実権を握
る / ~ the title of king 王の称号を受ける / ~ full
responsibility for it その全責任を負う.

から約100k
う]
***as·sur·a**
assure + -
請け合い(o
‖ quality
品保証技術
にもかかわら
have it do
までにはそれ
式) [… につ
that 節] ‖
~ of favo
have full
ceed]. 彼

12 *The New Oxford American Dictionary.* Oxford: Oxford University Press, 2001.

936쪽: 올림말 Kimchaek(formerly **Somgin**)은 Songjin(城津)의 잘못이다.

Kim Dae Sung(1925–)은 Kim Dae Jung(金大中)의 잘못이다.

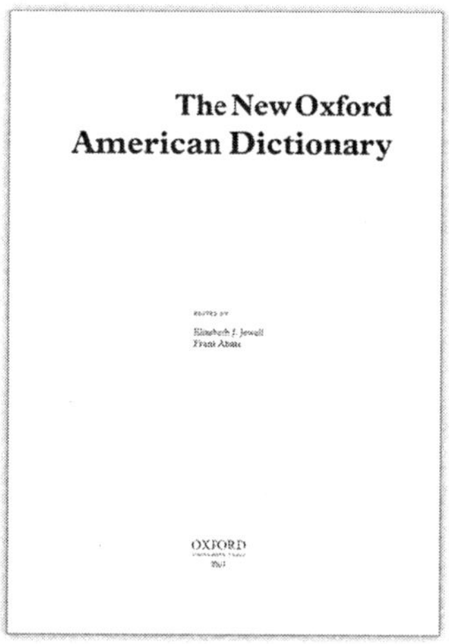

Kimchaek

Kim•chaek |ˈkēmˈCHæk| (formerly **Somgjin**) an industrial port city in eastern North Korea, on the Sea of Japan; pop. 281,000.

kim•chi |ˈkimCHē| (also **kimchee**) ▸n. spicy pickled cabbage, the national dish of Korea.

–ORIGIN Korean.

Kim Dae-Sung (1925–) Korean politician. Long a voice for democracy in Korea, he served as president of South Korea 1997– and worked to reunify North and South Korea and to achieve peace in Asia. Nobel Peace Prize (2000).

Kim Il Sung |ˌkim ˌil ˈso͝oNG; ˈsəNG| (1912–94), Korean communist statesman; first premier of North Korea 1948–72 and president 1972–94; born *Kim Song Ju*. He precipitated the Korean War 1950–53. He maintained a one-party state and created a personality cult around himself and his family. He was succeeded by his son **Kim Jong Il** |ˈjôNG ˈil| (1942–).

ki•mo•no |kəˈmōnō; -nə| ▸n. (pl. **-os**) a long, loose robe with wide sleeves and tied with a sash, originally worn as a formal garment in Japan and now also used

13 *Oxford Dictionary of English*. Second Edition. Oxford: Oxford UP, 2003.

the longest word

이 사전에는 여기저기에 usage notes가 실려 있다. 67쪽을 보면 antidisestablishmentarianism(반 국교[國敎]제도 폐지론)이라는 제법 긴 단어가 나온다. 그 보다 긴 것은 floccinaucinihilipilification(무가치하다고 여기는 것)이고, 현재 영국 영어사전에 나오는 제일 긴 단어는 pneumonoultramicroscopicsilicovolcanoconiosis(진폐증)이라고 한다. 자음 모음 합쳐 45자이다. 그런데 영국에서 제일 긴 단어는 Wales의

한 지명으로 자수가 58개 인데 모음은 11개밖에 안 된다! 이 지명은 보통 Llanfair PG로 줄여 쓴다니까 천만다행이다.

antidisestablishmentarianism /ˌantɪdɪsɪˌstablɪʃm(ə)nˈtɛːrɪənɪz(ə)m/ ▶ **noun** [mass noun] rare opposition to the disestablishment of the Church of England.

– DERIVATIVES **antidisestablishmentarian** noun & adjective.

USAGE **Antidisestablishmentarianism** is very occasionally found in genuine use, but it is most often cited as an example of a very long word. Other similar curiosities are **FLOCCINAUCINIHILIPILIFICATION** and **PNEUMONOULTRAMICROSCOPICSILICOVOLCANOCONIOSIS** (the longest word in this dictionary). The longest word to be encountered in Britain is the Welsh place name *Llanfairpwllgwyngyllgogerychwyrndrobwllllantysiliogogogoch*, which is generally abbreviated to Llanfair PG; this name was created in the 19th century.

antidiuretic hormone ▶ **noun** another term for **VASOPRESSIN**.

antidote ▶ **noun** a medicine taken or given to coun-

14 David Crystal, ed. *The Cambridge Encyclopedia of Language*. Third Edition. Cambridge University Press, 2010.

196쪽 B열. Calligraphy 항에 중국의 붓글씨의 'examples'이 둘 나온다. 윗 글씨는 Sung(宋)조의 Mi Fu(米芾 1051-1107)의 작품이고 아래 것은 Tang(唐)조의 승녀 Huai-su(懷素 738-798?)의 글씨다. 그런데 화이수의 글씨는 뒤집혀져 있다. 다시 뒤집어서 왼쪽 끝이 오른쪽 머리가 되게 해야 맞는다.

T. C. Lai라는 이가 쓴 *Chinese Calligraphy* 書法. Seattle: The University of Washington Press(1975)에 화이수의 글씨가 나온다. 『백과사전』의 글씨는 國자를 시작으로 왼쪽으로 쓰인 글씨이고 『書法』의 것은 오른쪽에 쓰인 글씨이다.

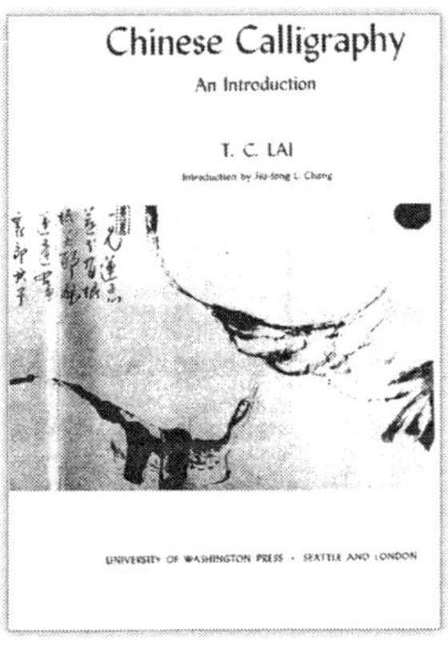

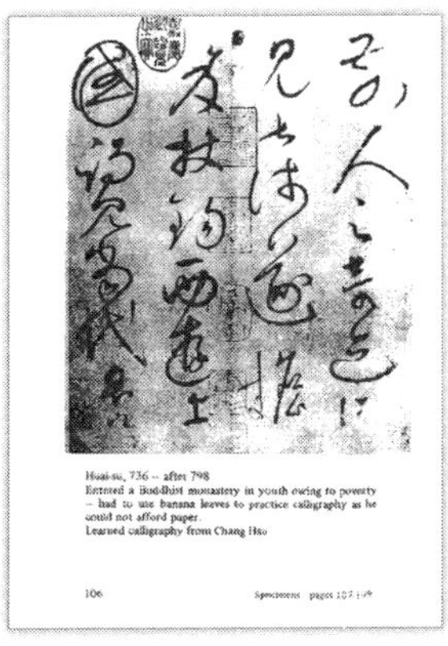

15 David Crystal, ed. *The Cambridge Encyclopedia of Language*. Third Edition. Cambridge: Cambridge University Press, 2010.

部首索引 획수 무표시

210쪽의 Chinese Characters항에서 漢字를 소개하고 하단에 部首索引(表)을 실었다. 그런데 중국어, 한국어, 일본어 사전에 실린 부수색인에 공통된 1획, 2획…의 획수 표시가 빠져 있다. 부수색인의 오른 쪽 하단에 Left. "Chinese and Japanese Characters are classified on the basis of the number of strokes used to write them…" 이라고 제대로 설명해 놓고 부수색인에는 一畫, 二畫의 획수 표시가 없다. 한자를 처음 대하는 외국 사람들이 획수 표시 없이는 한자의 획수를 알 수 없을 것이다.

一 1	卜 25	己 49	曰 73	瓜 97	缶 121	衣 145	門 169	鬲 193
丨 2	卩 26	巾 50	月 74	瓦 98	网 122	襾 146	阜 170	鬼 194
丶 3	厂 27	干 51	木 75	甘 99	羊 123	見 147	隶 171	魚 195
丿 4	厶 28	幺 52	欠 76	生 100	羽 124	角 148	隹 172	鳥 196
乙 5	又 29	广 53	止 77	用 101	老 125	言 149	雨 173	鹵 197
亅 6	口 30	廴 54	歹 78	田 102	而 126	谷 150	青 174	鹿 198
二 7	囗 31	廾 55	殳 79	疋 103	耒 127	豆 151	非 175	麥 199
亠 8	土 32	弋 56	毋 80	疒 104	耳 128	豕 152	面 176	麻 200
人 9	士 33	弓 57	比 81	癶 105	聿 129	豸 153	革 177	黃 201
儿 10	夂 34	彐 58	毛 82	白 106	肉 130	貝 154	韋 178	黍 202
入 11	夊 35	彡 59	氏 83	皮 107	臣 131	赤 155	韭 179	黑 203
八 12	夕 36	彳 60	气 84	皿 108	自 132	走 156	音 180	黹 204
冂 13	大 37	心 61	水 85	目 109	至 133	足 157	頁 181	黽 205
冖 14	女 38	戈 62	火 86	矛 110	臼 134	身 158	風 182	鼎 206
冫 15	子 39	戶 63	爪 87	矢 111	舌 135	車 159	飛 183	鼓 207
几 16	宀 40	手 64	父 88	石 112	舛 136	辛 160	食 184	鼠 208
凵 17	寸 41	支 65	爻 89	示 113	舟 137	辰 161	首 185	鼻 209
刀 18	小 42	攴 66	爿 90	禸 114	艮 138	辵 162	香 186	齊 210
力 19	尢 43	文 67	片 91	禾 115	色 139	邑 163	馬 187	齒 211
勹 20	尸 44	斗 68	牙 92	穴 116	艸 140	酉 164	骨 188	龍 212
匕 21	屮 45	斤 69	牛 93	立 117	虍 141	釆 165	高 189	龜 213
匚 22	山 46	方 70	犬 94	竹 118	虫 142	里 166	髟 190	龠 214
匸 23	川 47	无 71	玄 95	米 119	血 143	金 167	鬥 191	
十 24	工 48	日 72	玉 96	糸 120	行 144	長 168	鬯 192	

Left: Chinese and Japanese characters are classified on the basis of the number of strokes used to write them. The increasing order of graphic complexity can be seen in this list of 214 primary characters in Chinese, which may be used individually or as part of compound forms.

중국

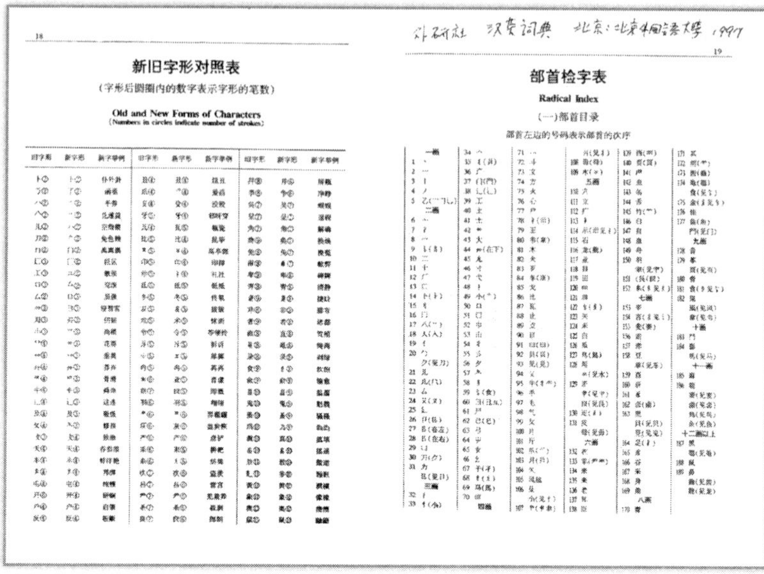
外研社 汉英词典 北京:北京外国语大学 1997

新旧字形对照表

(字形后圆圈内的数字表示字形的笔数)

Old and New Forms of Characters

(Numbers in circles indicate number of strokes)

部首检字表

Radical Index

(一)部首目录

部首左边的号码表示部首的次序

한국

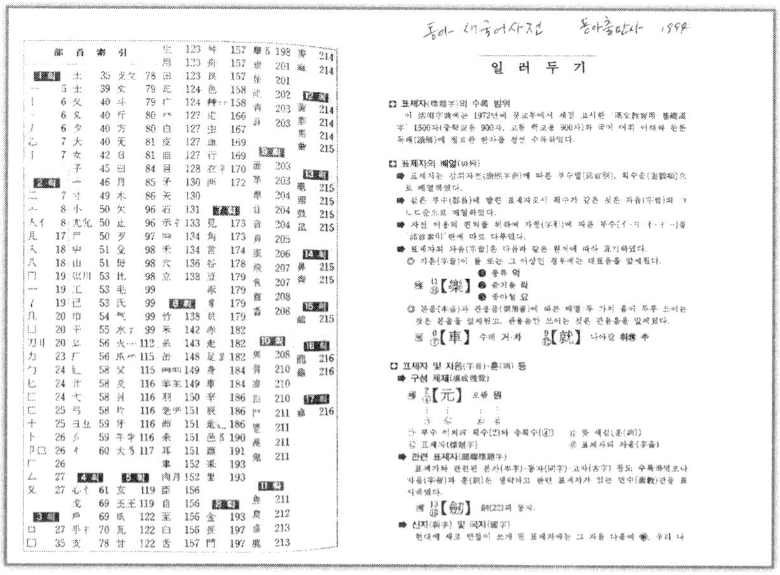
동아 새국어사전 동아출판사 1994

部 首 索 引

일 러 두 기

일본

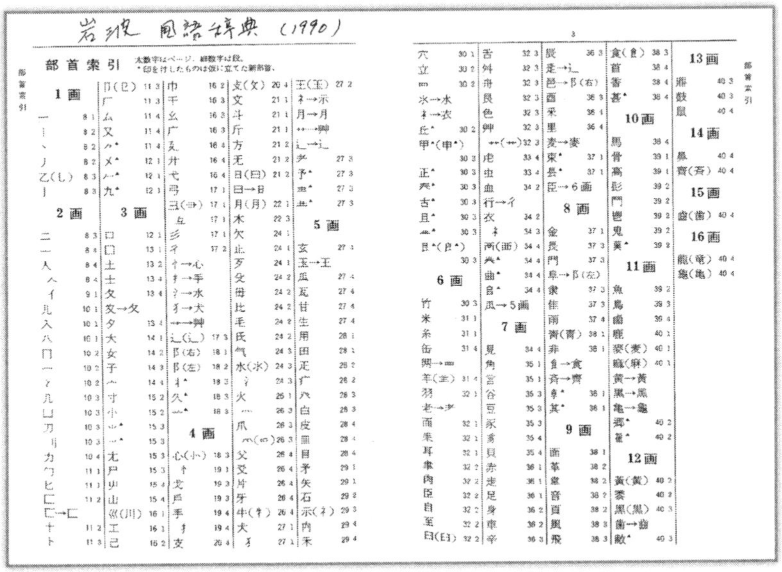

岩波 国語辞典 (1990)
部首索引
太数字はページ、細数字は段。
*印を付したものは仮に立てた新部首。
1画
2画
3画
4画
5画
6画
7画
8画
9画
10画
11画
12画
13画
14画
15画
16画

16 *The American Heritage Dictionary of The English Language(AHDEL)*. Fifth Edition. Boston: Houghton Mifflin Harcourt, 2011.

사전의 발간 연도(the year of printing)

지난 2014년 7월에 싱가포르를 다녀 왔는데 동남아시아에서는 최대의 서점이라는 Kinokuniya(기노쿠니아 紀國屋) 서점에서 셀로판지로 싼 *AHDEL*을 구했다. 제5판(Fifth Edition)인데 발간연도(the year/date of printing)를 찾아보니 판권 표지면(the copyright page)에 ©2011 by Houghton Mifflin Harcourt Publishing Company로 나와 있었다. 즉 2011년 발간된 것이다. 그렇다면 나온 지 3년이나 되었는데 포장상태가 너무 깨끗하다는 느낌이 들었다.

집에 돌아와서 제3판(1992)과 제4판(2000), 특히 제4판과 비교 · 대조해 보았더니 수많은 변화가 있었다. 제4판에는 없는 단어와 뜻풀이가 1만 개나 들어 있으며(그 중에는 bulgogi도 나온다), 인물 · 식물 · 동물 · 사물의 천연색 이미지가 4천 개나 된다는 광고문 대로 눈을 즐겁게 하는 것이 수두룩하다. 여기저기를 펼쳐보다가 우연히 우주복을 입은 Neil Armstrong의 사진을 보고 이름 뒤의 dates(생몰년 生沒年)을 보니 Armstrong, Neil Alden 1930–2012으로 나오지 않는가. 알고 있는 인물 몇 사람을 더 찾아보았다. 애플 컴퓨터스의 Steven Paul Jobs는 1955–2011, 체코의 작가 Vaclav Havel도 1936–2011이다. 통일교 교주 Moon Sung Myung은 1920–2012이고 멕시코의 작가 Carlos Fuentes도 1928–2012이다. 나이지리아의 작가 Chinua Achebe는 1930–2013이다(3월 21일 사망). 2007년 노벨문학상을 받은 Doris Lessing도 1919–2013이다(11월 17일 사망). 남아공의 Nelson Mandela도 1918–2013이다(만델라는 2013년 12월 5일에 사망했다). 그리고 뉴욕시립무용단의 ballerina인 Maria Tallchief도 1925–2013이다.

내가 이번에 입수한 *AHDEL*의 제5판의 발간연도는 2011년으로 나오는데 어떻게 해서 같은 해, 1년 후, 2년 후의 사실이 update되어 있을까. 이 updated edition은 2014년에 나온 것이 분명함으로 ©2011에 이어서 First Printing 2011, Second Printing 2012, Third Printing 2013, Fourth Printing 2014로 표시할 수 있지 않았을까. 출판사의 실수인지 아니면 컴퓨터 제작시대의 새로운 관행인지 알 수 없다. 사전

커버지의 오른 쪽 하단에 붙어 있는 sales tag에는 07/2014라는 숫자가 보인다.

인명 누락

앞에서 보듯이 *AHDEL*에는 수많은 미국·외국의 유명인물이 수록되어 있다. 그런데 이변이 일어났다. 미국의 철학자·교육자이자 실용주의 철학의 제창자인 John Dewey 1859–1952가 보이지 않는다. 제4판(2000)의 Dewey항에는 George Dewey 1837–1917(미서전쟁영웅인 해군장교), Melvil Dewey 1851–1931(도서 십진분류법의 창시자), Thomas Edmund Dewey 1902–1971(미국의 정치가)과 함께 John Dewey가 올라 있는데 제5판(2011)에는 John Dewey가 빠진 것이다. Dewey의 선배 철학자인 William James 1842–1910과 스페인 태생의 미국 철학자 George Santayana 1859–1952는 변동이 없는 것을 보면 Dewey의 누락은 분명한 실수다. 그것도 사전명 *American Heritage Dictionary*을 무색하게 만드는 실수가 아닌가.

darín, mandarin; see MANDARIN.]

man·da·tar·y (măn′də-tĕr′ē) *n., pl.* **-ies** A person or nation receiving a mandate.

Nelson Mandela
photographed in 2004

man·date (măn′dāt′) *n.* **1.** An authoritative command or instruction. **2.** A command or authorization given by a political electorate to the winner of an election. **3a.** A commission from the League of Nations authorizing a member nation to administer a territory. **b.** A region under such administration. **4.** *Law* The specific directive issued by a reviewing court to a lower court, as in requiring the lower court to enter a new judgment or to conduct further proceedings consistent with the reviewing court's ruling. ❖ *tr.v.* **-dat·ed, -dat·ing, -dates 1.** To assign (a colony or territory) to a specified nation under a mandate of the League of Nations. **2.** To make mandatory, as by law; decree or require: *mandated desegregation of public schools.* [Latin *mandātum* < neuter past participle of *mandāre*, to order; see **man-**[2] in App. I.] —**man′da′tor** *n.*

man·da·to·ry (măn′də-tôr′ē) *adj.* **1.** Required or commanded by authority; obligatory: *Attendance at the meeting is mandatory.* **2.** Of, having the nature of, or containing a mandate. **3.** Holding a League of Nations mandate over a territory. ❖ *n., pl.* **-ries** A mandatary.

man-day (măn′dā′) *n.* An industrial unit of production equal to the work one person can produce in a day.

Man·de (män′dā′) *n., pl.* **Mande** or **-des 1.** A branch of the Niger-Congo language family, spoken in the upper Niger River valley. **2.** A member of a Mande-speaking people. In both senses also called *Mandingo.* [Ultimately < *Mandiŋ, Mandeŋ, Mandē*, the traditional name for the Mande homeland in various Mande languages.]

Man·de·an (măn-dē′ən) *n.* Variant of **Mandaean.**

Man·de·la (măn-dĕl′ə), **Nelson Rolihlahla** 1918–2013. South African president (1994–1999) and political leader imprisoned for nearly 30 years for his antiapartheid activities. Released in 1990, he led the African National Congress in negotiating an end to apartheid. In 1993 he shared the Nobel Peace Prize. His former wife, **Winnie** (born c. 1936), also played a key role as a leader of the ANC.

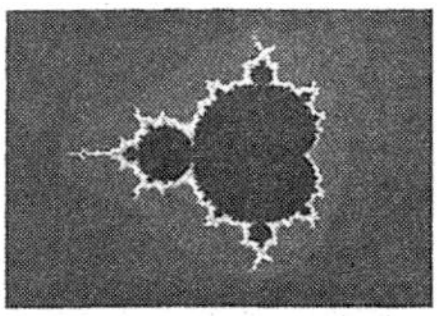

Mandelbrot set

Man·del·brot set (män′dəl-brŏt′) *n.* The set of complex numbers C for which the iteration $z_{n+1} = z_n^2 + C$ produces finite z_n for all *n* when started at $z_0 = 0$. The boundary of the Mandelbrot set is a fractal. [After Benoit B. *Mandelbrot* (1924–2010), Polish-born American mathematician.]

Man·del·stam (măn′dəl-stəm, mən-dyĭl-shtäm′), **Osip Emilyevich** 1892–1938? Russian poet, translator, and critic. Although his early works were highly regarded, he went unpublished in the Soviet Union after 1933, when he denounced Stalin and refused to comply with Soviet censors. He endured years of internal exile and eventually died in a gulag.

Man·de·ville (măn′də-vĭl′), Sir **John** Pen name of the unknown compiler of *The Voyage and Travels of Sir John Mandeville, Knight* (c. 1371), a description of fantastic journeys through the East.

man·di·ble (măn′də-bəl) *n.* **1.** The lower jaw of a vertebrate animal.

19장 기타
(Miscellany)

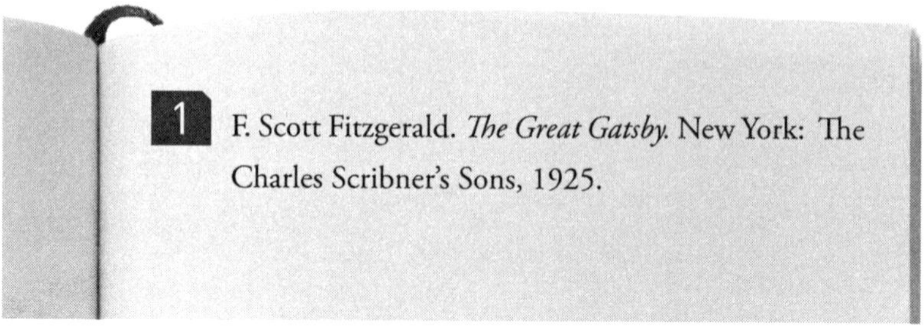

1 F. Scott Fitzgerald. *The Great Gatsby.* New York: The Charles Scribner's Sons, 1925.

whiskey v. whisky –1

위스키는 귀리(rye), 밀(wheat), 옥수수(corn), 보리(barley) 등을 증류해서 만든다. 영국(스코틀랜드)산과 캐나다산은 Scotch Whisky, Canadian Whisky이고 미국산은 American Whiskey, 아일랜드산은 Irish Whiskey이다.

1976년에 미국작가 F. Scott Fitzgerald의 대표작 *The Great Gatsby*(1925)의 주석본을 낸 일이 있다(신아사). 이 작품을 출판한 미국 Charles Scribner's사의 판본을 구하지 못해서 영국의 Penguin Modern Classics의 1968년판을 대본으로 썼고 미국 Bantam Books의

1974년 판을 참고하기로 했다. 펭귄판은 한 군데에 오자가 있었다. 아래 대목이다.

By six o'clock Michaelis was worn out, and grateful for the sound of a car stopping outside. Is was one of the watchers of the night before who had promised to come back … (p. 166, lines 26–29) 27행의 Is 는 It의 잘못이다(Tony Tanner 교수 편집의 1990년도 Penguin 판은 "Is"를 "It"로 바로잡았다).

펭귄판의 스타일은 영국식이므로 color, behavior같은 미국어는 colour, behaviour으로 바꿔 놓았다. 대화를 표시하는 인용 부호(quotation marks)는 미국식의 double quotation marks("…")를 single quotation mark('…')로 바꿔 놓았다(영국서도 때로는 double quotation marks를 쓰기도 한다). whiskey는 whisky가 되었다. *The Great Gatsby*에 whiskey는 제2장에서 두 번, 제7장에서 세 번 모두 다섯 번 나온다. 이 작품이 나온 1920년에 미국서는 금주법(The Prohibition Law)이 실시되던 때(1920–1930)여서 위스키 병을 공공연하게 들고 다니지 못하였다.

후일담 하나. 필자는 2010년 10월에 Canada를 여행한 일이 있었는데 Vancouver시의 Robson가에 있는 Chapters서점에서 London의 Arcturus Publishing Limited라는 생소한 출판사에서 2010년에 간행한 hard cover로 된 *The Great Gatsby*를 발견했다. 캐나다의 Ontario주 St Mary's에서 거주하는 Brian Bushy라는 작가·문학사가가 서문을 쓴 이 판본은 놀랍게도 미국식 style을 따라서 whiskey, double quotation marks를 쓰고 있었다. 인쇄 장소는 Printed in China로 나온다.

2 David Lodge. *Changing Places*. London: Penguin Books, 1975.

whisky v. whiskey –2

영미소설에는 대학소설(the college novel)로 불리는 장르가 있다. 최근에는 학생들이 중심인 소설은 학원 소설(the campus novel)로, 교수사회를 다룬 소설은 대학소설(The academic novel)로 구분하는 추세다. 교수·작가인 David Lodge의 「자리 바꾸기」(*Changing Places*)는 전형적인 대학소설이다.

미국 캘리포니아 주의 중부에 있는 유포리아 주립대(the State University of Euphoria)와 영국 중부의 러미지대(the University of

Rummidge)는 대학의 상징물로 피사의 사탑을 한쪽은 흰 돌로, 다른 한 쪽은 붉은 벽돌로 복원해 놓은 사실이 알려져 해마다 2학기에 교수들을 교환하고 있다. 이번에 미국쪽에서는 모리스 잽(Morris Zapp)이, 영국쪽에서는 필립 스와로우(Philip Swallow)가 방문교수가 되어 미국과 영국의 임지로 떠난다. 둘 다 40대 초반인데, 스와로우는 소속인 영문과 안에서도 주목을 받지 못하는 존재이다. 잽은 제인 오스틴(Jane Austin)에 관한 연구서를 네 권이나 발표하여 영미 양국의 영문학계에서는 널리 알려진 학자이다.

잽 교수는 러미지대 영문학과 교수 동의 연구실에 입주하자마자 예기치 못한 상황에 직면한다. 영국인 교수들이 환영은 고사하고 아무도 그에게 가까이 오지 않는 것이다. 복도에서 마주칠 것 같으면 쏜살같이 자기들 방으로 들어 가버리는 것이다.

6개월이 지났는데도 낮에 사람 구경을 못하는 잽 교수는 밤에는 아파트에서 주로 임대한 컬러텔레비전을 시청하면서 시간을 보내는데 아파트 주인인 Doctor O'Shea가 유일한 손님이다. 닥터 쉬는 밤마다 잽 교수의 컬러텔레비전을 시청하고 잽 교수의 위스키를 얻어 마시려고 찾아온다. 인용문의 6행의 his whisky만으로는 영국산 위스키인지 미국산 위스키 whiskey인지 알 수 없다. 닥터 쉬는 "three varieties of whisky"(27행) 중에서 무엇을 마실까 망설이다가 세 병의 라벨을 차례로 읽는다. 세 번째의 Old Grandad Genuine Kentucky Bourbon을 미루어 세 병 모두 미국산 위스키 whiskey가 분명하다.

> *Oxford Dictionary of English* Second Edition(2003)을 보면 whisky *noun*[pl. whiskies] 1(also Irish & US whiskey)[mass

noun] a spirit distilled from malted grain, especially barley or rye 2(whiskey) a code word representing the letter w. used in radio communication.

보다시피 whiskey는 영국사전에는 올림말로 나오지 않는다.

dawned on him: *Radio One was like this all the time.*

Morris's only human contact these lonely days was Doctor O'Shea, who came in to watch Morris's colour TV and to drink his whisky, and perhaps to escape the joys of family life for an hour or so, because he knocked softly on the door and tiptoed into the room, winking heavily and raising a cautionary finger as if to restrain Morris from speaking until the door was shut against the wails of Mrs O'Shea and her babies rising up the staircase. O'Shea puzzled Morris. He didn't look like a doctor, not like the doctors Morris knew – sleek prosperous men who drove the biggest cars and owned the plushest houses in any neighbourhood he had ever lived in. O'Shea's suit was baggy and threadbare, his shirts were frayed, he drove a small car that had seen better days, he looked short of sleep, money, pleasures, everything except worries. By the same token Morris's possessions, few as they were, seemed to throw the doctor into fits of envious awe, as if his eyes had never beheld such opulence. He examined Morris's Japanese cassette recorder with the half-fearful, half-covetous curiosity of a nineteenth-century savage handling a missionary's tinder-box; he seemed astounded that a man might own so many shirts that he could send them to the laundry half-a-dozen at a time; and, invited to fix himself a drink, he was almost (but not quite) incapable of making a choice from three varieties of whisky, groaning and muttering under his breath as he handled the bottles and read the labels, 'Mother of God, what is it we have here, Old Grandad Genuine Kentucky Bourbon and here's th'old josser himself looking none the worse for it, would you believe it...'

The installation of the colour TV had made Dr O'Shea quite ill with excitement. He followed the delivery men up the stairs and skipped around the room getting in their way and sat enraptured before the tuning signal for hours after

3 J. Hillis Miller. *Illustration.* Cambridge: Harvard University Press, 1992.

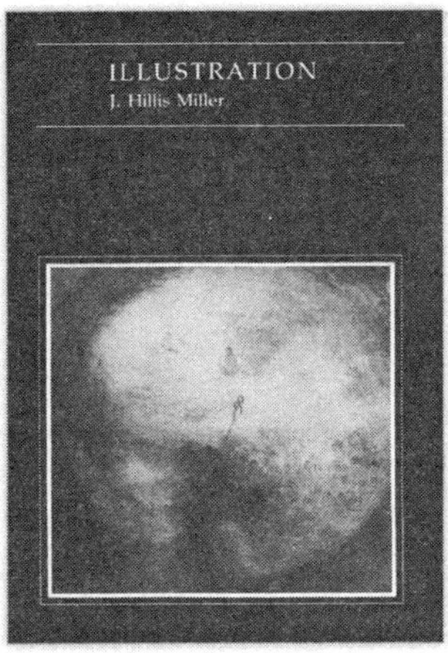

Color v. colour

British English와 American English의 차이는 1) grammatical 2) orthographical 3) lexical differences로 나누는 것이 보통이다. 철자의 차이만 하더라도

Br Eng:	–our	colour	Am Eng:	–or	color
Br Eng:	–re	centre	Am Eng:	–er	center
Br Eng:	–ise	dramatise	Am Eng:	–ize	dramatize

같은 식이다. 이 밖에도 amongst/among; defence/defense; enquire/inquire; inflexion/inflection; judgement/judgment; mediaeval/medieval; mould/mold; travelled/traveled; 등을 들 수 있다.

Miller 교수의 *Illustration*은 Harvard대 출판부에서 나온 것이므로 미국 영어로 된 것이 분명한데 여기서 자주 나오는 color와 center는 한결같이 colour와 centre로 씌여 있다. 예컨대 Goethe's theory of colour(p.90), splotches of colour(p.112); the pure experiments in colour(p.129); Turner's colour theory(p.135); Goethe's theory of colours in itself(p.135); three kinds of colour(p.137); Colours of all three sorts(p.138), Newtonian colour(p.141); between aerial colours and material colours(p.142) 식이다. 앞의 aerial도 영국영어식 철자다.

또 center는 the centre of his [Heidegger] theory(p. 81); the centre(p.103) of the/ composition ; Another faint series of waves is centred on the canvas(p. 146); an organizing centre of seeing(p. 147); the centre of those semicircular waves of the *Sun of Venice*(p. 147); the apparent centre(p. 148) 식이다. Colours, aerial, centre 같은 단어가 들어 있는 인용문을 대한다면 필자가 영국인이거나 영국서 나온 책으로 알 것이다.

밀러 교수는 1994년 10월에 한국영어영문학회 창립 40주년 국제심포지움에서 "Literary Study in the University without Idea"라는 주제의 특강을 하였다.[1] 밀러 교수는 오늘날 미국대학의 영어영문학과에서 교수 ·연구하는 영문학이란 "공교롭게도 우리 자신의 언어의 한 변

1 *Proceedings of The 1994 ELLAK International Symposium*, 283-302.

형을 말하는 외국의 문학"(the literature of a foreign country where they happen to speak a version of our own language)이라고 말했다. 미국 영어가 영국 영어의 변형이 아니라 영국 영어가 미국 영어의 변형이라는 것이다. 그리고 "the dominance of the American version of the English language in the United States"라는 말도 했다.

하버드대학 출판부에서 나온 밀러 교수의 책 안에서 color가 colour로, center는 centre로 표기된 데는 특별한 이유가 있었는지 알 수 없다.

> centric half-circles of waves around the viewer's place in the foreground of the painting. Another faint series of waves is centred on the canvas (of the sail and of the painting) and on the dazzling, diffused white glow of light cast toward the west by the morning sun. Those waves almost seem to

> so, then the viewer, as the centre of those semicircular waves in the foreground of the painting, is, like the sun on the sail of the *Sun of Venice*, another mock sun. The spectator, like the painter, is an organizing centre of seeing and representing but not a source of light.
>
> To have the experience of being put in the place of the sun

> GOETHE
>
> Here, understanding Turner's colour theory and its analogy with Goethe's *Zur Farbenlehre* is essential to the interpretation of Turner's work. All three of the elements in this relation are complex and problematic: Turner's theory of colours in itself; Goethe's theory of colours in itself;[99] the influence of the latter on the former; the harmony or disharmony between them. Only the sketch-map of a direction to follow will be given here in illustration of what a full illumination of this terrain might be.
>
> Exactly what are we to make of two strange paintings by Turner: *Shade and Darkness – the Evening of the Deluge* (illus. 45) and *Light and Colour (Goethe's Theory) – the Morning after the Deluge* (illus. 42)? The paintings were exhibited in 1843, three years after Turner's friend Sir Charles Eastlake pub-

4 Bill Bryson. *Notes from a Small Island.* London: Black Swan, 1995.

counterpane v. bedspread

Made in America(1994)의 저자 Bill Bryson을 모르는 사람이 있을까? 1951년 Iowa주 Des Moines에서 태어난 Bryson은 위 책을 발표한 후 영어, 문화, 역사, 과학, 여행 등 수많은 분야에 관해서 백과사전 식의 해박한 지식을 담은 책을 쏟아내고, 나오는 책마다 best-seller가 되어 영미 양국의 독자층을 사로잡고 있다. 그런 저자가 1973년 3월에 프랑스의 Calais에서 ferry boat를 타고 영국의 Dover에 상륙하여 어느 여관에 찾아 들었다. 그런데 중년이 넘은 여관집 여주인은

손님인 Bryson에게 숙박 수칙이라고 시시콜콜한 소리를 늘어놓는다. "밤마다 잘 때 꼭 counterpane을 치워 달라"고 당부한다. Bryson은 여주인이 나간 후 countepane이 무엇인지 궁리를 거듭하지만 끝내 그것이 무엇인지 알아내지 못하고 "And just what the fuck is a counterpane?"라고 내뱉으면서 여관을 나서고 만다(p. 17). (*Notes*의 제5장 75쪽에는 복수형 counterpanes가 한 번 나온다.)

그러면 counterpane은 무슨 뜻인가. 사전을 찾아보면 (침대의) 이불, 침대 씌우게(bedspread)라고 나온다(『*e4u* 영한사전』). *Merriam-Webster's Collegiate Dictionary.* 11th Edition(2003)에도 bedspread라고 나와 있고 entry date는 15세기라고 되어 있다. Webster's *New World College Dictionary*(2004)에는 bedspread 앞에 ☆표가 붙어있는데 미국어(an Americanism)라는 뜻이다. entry date 는 18세기이다.

이 대목을 보면서 의아한 생각이 들었다. 19세기 미국작가 Herman Melville(1819–91)의 대작 *Moby-Dick*(1851)의 제 4장의 제목이 Counterpane이 아닌가 말이다. "The Counterpane was of patch work, full of odd little parti-colored squares and triangles." 이 소설의 화자 Ishmael은 포경선을 타기 전에 주막에서 Queequeg라는 이교도 작살잡이를 만난 후 한 방에서 자게 된다. 다음날 깨어 보니 Queequeg의 팔이 자기를 다정하게 안고 있는 것을 보고 기겁을 하는데 문신이 가득 새겨진 그의 팔이 counterpane하고 구별이 안 되더라고 말한다. 그러고 보면 모르는 것이 없고, 읽지 않은 책이 없어 보이는 Bryson이지만 20대 초반까지는 *Moby-Dick*을 읽지 않았던 것일까.

1974년 가을 예일대에 있을 때 미국학 분야의 필독서의 하나인

The American Adam(Chicago UP, 1955)의 저자 R.W. B. Lewis 교수의 특강을 들은 적이 있다. Lewis 교수는 대학원에서 처음으로 *Moby-Dick*을 읽은 것이 계기가 되어 미국문학을 전공하게 되었다고 말했다.

한편 *The New Shorter Oxford English Dictionary*(1993)에는 **counterpane** ▶A bedspread, usu. woven in raised figures, quilted, etc; a quilt-라는 풀이가 나온다. 그러나 bedspread는 entry word로 나오지 않는다.

Oxford Dictionary of English(1998, 2003)에는 **bedspread** ▶ noun a decorative cloth used to cover a bed when it is not in use. 이 보인다. 그리고 counterpane ▶*noun dated* a bedspread라고 짤막하게 나온다. dated는 구식의, 시대에 뒤떨어진이라는 뜻이다. 미루어 지금은 bedspread가 영국에서도 널리 쓰이는 것 같다.

Kate Fox의 *Watching the English*(2004)의 Part Two Behaviour Codes의 Home Rules 항에 이런 대목이 나온다.

> …, while the classes in between(중산층) favour brand-new 'suites' of matching 'settees and armchairs …, and yet more 'suites' of bedroom furniture with matching bedspreads, cushions and curtains(116-117).

I was confused again. 'I'm sorry, you want me to leave? I've just got here.'

'As per the house rules. You may return at four.' She made to depart but then turned back. 'Oh, and do be so good, would you, as to remove your counterpane each night. We've had some unfortunate occurrences with stains. If you do damage the counterpane, I will have to charge you. You do understand, of course?'

the door, drew shut the curtains and had a pee in the sink. I dug a book from my backpack, then stood for a long minute by the door surveying the tidy, unfamiliar contents of my lonely room.

'And just what the fuck is a counterpane?' I wondered in a small, unhappy voice and quietly took my leave.

concerning the weekly exchange of soiled sheets for clean, the hours of hot water, the operation of the radiator, and other matters much too numerous and swiftly presented to take in, though I was rather proud to catch a passing reference to counterpanes. Been there, I thought.

I composed a letter to my parents telling them not to

Moby-Dick

Chapter IV

THE COUNTERPANE

UPON waking next morning about daylight, I found Queequeg's arm thrown over me in the most loving and affectionate manner. You had almost thought I had been his wife. The counterpane was of patchwork, full of odd little parti-colored squares and triangles; and this arm of his tattooed all over with an interminable Cretan labyrinth of a figure, no two parts of which were of one precise shade—owing I suppose to his keeping his arm at sea unmethodically in sun and shade, his shirt sleeves irregularly rolled up at various times—this same arm of his, I say, looked for all the world like a strip of that same patchwork quilt. Indeed, partly lying on it as the arm did when I first awoke, I could hardly tell it from the quilt, they so blended their hues together; and it was only by the sense of weight and pressure that I could tell that Queequeg was hugging me.

My sensations were strange. Let me try to explain them. When I was a child, I well remember a somewhat similar circumstance that befell me; whether it was a reality or a dream, I never could entirely settle. The circumstance was this. I had been cutting up some caper or other—I think it was trying to crawl up the chimney, as I had seen

5 Bill Readings. *University in Ruins*. Cambridge, Mass: Harvard University Press, 1997.

museal

73쪽의 11행과 13행에 museal라는 단어가 나온다. 문맥으로 보아 "미술관의"(of museum), "미술관 안의"(in museum)라는 뜻이 분명한데 *Oxford English Dictionary*, Webster's *Third International Dictionary of the English Language*, *The Random House Dictionary of the English Language An Unabridged Edition*같은 큰 사전에도 나오지 않

는다. 독일의 두덴(Duden)사의 『외래어사전』 *Das Fremdwörterbuch*. Manheim: Dudenverlag(2007)에는 올림말로 나온다.

museal(gr.−lat, −n lat.): 1. zum, ins Museum gehörend, museums··· 2. (ungs) veraltet, verstaubt, 무제알 (〈희랍어, −라틴어, 신라틴어〉) 1. 미술관의 (에 속하는) 2. (구어) 낡은, 시대에 뒤진; 먼지 투성이인, 구식의, 진부한: 시대에 맞지 않는.

> thinks of it as functioning like a rhetorical exemplum rather than as an illustration of an absolute law.[4]
>
> This is very different from the way in which exemplary illustrations from literature function in modernity. Each example illustrates a universal law, each speaking picture holds down a unique place within the extended and non-contradictory museal or canonical space of rational historical understanding. To call this space—which is also the space of the *Norton Anthology*—museal is to refer to the way in which the ground plan of the modern museum is already a linear map of a particular account of a history of art, offering a unified account of linear development and a generalized system of classification. Only when it is inscribed within this kind of epistemological space can literature become a University discipline.
>
> The institutionalization of literature as bearer of the cultural task of the University has been described in the case of Germany by Peter Uwe

여기서는 물론 "미술관의" 뜻이다. Wikipedia에는 독일어에서 나온 말로 되어 있다. 미국 미술관협회 같은데서는 자주 쓰는 것 같다. The American Association of Museums에서는 매년 the museal Oscar Award를 시상하는데 2011년 5월에 1945년의 Warsaw시를 'digitally reconstructed' 한 5분짜리 documentary인 "The City of ruins"가 수상하였다.

6 Margaret Atwood. *Payback: Debt and the Shadow Side of Wealth*. Toronto: Anansi, 2008.

subsidized by their governments, so people aren't paying anything near the cost of the fish they're eating, not directly. But they're paying through their taxes."

"Taxes!" yelps Scrooge. Taxes are a sore spot with him. "You mean, I'm paying for all this effing waste?"

"That's not the only effing waste you're paying for," says the Spirit. "Need I mention the farm policies of certain governments, which subsidize biofuels that cost

(191)

effing −1

191쪽 27−28행: all this effing waste와 the only effing waste의 effing은 "fucking"의 euphemism이다. 이 말은 *SOED*를 비롯한 일반

영국 쪽의 영어사전에는 나오지 않는다. 미국사전도 *Webster's Third New International Dictionary*, *Merriam-Webster's Collegiate Dictionary*, *The American Heritage Dictionary of the English Language*에는 나오지 않는다. 그러나 *The Random House Dictionary of the English Language Unabridged*(1985)와 *The Oxford American College Dictionary*(New York: Putnam's Sons, 2002)에는 나와 있다.

주요 Slang사전에도 올라 있다. Eric Patridge 원저 Paul Beale편인 *A Dictionary of Slang and Unconventional English*(1984, 1937)에는 *eff*, v.; *effing*, vbl n. and ppl adj.의 entry에 이어 To say *fuck*… 라고 나온다. J.E. Lighter 편 *Random House Historical Dictionary of American Slang*(1994)에는 **eff** or **F**(a partial euphem. for) FUCK in var. senses and parts of speech; esp. **effing** Fucking으로 나온다. 이 사전은 1929년에 "…a double-effing c-"라는 말이 나왔고 1931년에는 미국 시인 E. E. Cummings (1894-1963)가 "*I Sing of Olaf Glad and Big*"의 19행에서 "I will not kiss your f. ing flag"라고 썼고, Ernest Hemingway(1899-1961)은 1945년에 한 편지에서 "…Just tell them to Eff off."라고 말했고 1950년에는 *Across River*에서 "Eff Florence," the Colonel said.라고 썼다고 한다. 대문자 F는 1984년에 "What the F was I there for?"라고 나오고, 소문자 f는 1993년에 *Washington Post*지에 "what the f are you doing here"라는 표현이 나왔다고 전한다. 가장 최근에 나온 Tom Dalzell 편의 *The Routledge Dictionary of Modern American Slang and Unconventional English*(2009)는 **effing**, **effin'**; **f-ing** *adjective*의 형태를 올리고 **used as an intensifier**, **a euphemism**

for "fucking" UK, 1929.라는 설명을 달았다. 네 개의 예문의 둘은 "…a big effing overnight success"(1960)와 "…the smallest effing set on the stage"(1964)이고 나머지 둘은 "….like a f·ing phantom"(1992)와 "I f.ing told you"(2001)이다.

"effing"과 관련해서 한 가지 흥미로운 사실은 1960년대, 70년대, 80년대에 나온 미국문학 앤솔로지, 예컨대 *The Norton Anthology of Poetry Revised Edition*(1975), *The Norton Anthology of American Literature*(1989), *The American Tradition in Literature. Fourth Edition*(1974), Seventh Edition(1990)에 실린 Cummings의 시구는 원래대로 "your f.ing flag"로 나오지만, 80년대 후반에 나온 *The Harper American Literature*(1987), Macmillan의 *Anthology of American Literature*(1989)와 *The Heath Anthology of American Literature*(1990) 등에서는 한결같이 "your fucking flag"이다. 또 Cary Nelson 편 *Anthology of Modern American Poetry*(Oxford, 2000)도 마찬가지다.

오늘날 이 four-letter word는 영미 사회에서 교육수준, 사회계층, 연령, 남녀구분 없이 사람들이 일상생활에서 사용하는 말이 되었다. 또 이 말을 올림말로 올리지 않는 사전도 드물다. 물론 뜻풀이 전에 "vulgar," "obscene," "taboo"라는 말이 꼭 따라붙지만 인용구나 용례는 점점 늘어나기만 한다. 이 시점에서 Margaret Atwood가 보통 사전에 나오지 않는 "effing"을 쓴 것은 신기하다. Atwood는 2007년까지 fiction을 20권, non-fiction 7권, 시집 13권, 아동문학 6권을 발표한 Canada 최고의 작가로 세계적인 명성을 누리고 있지만, 캐나다 방송공사가 주관하는 THE CBC MASSEY LECTURES SERIES의 하나인 *Payback*에서는 복고풍을 따랐는지 모른다.

7 *The American Heritage Dictionary of the English Language(AHDEL)*. Fifth Edition. Boston: Houghton Mifflin Harcourt, 2011.

effing –2

The American Heritage Dictionary of the English Language Fifth Edition. Houghton Mifflin Harcourt, 2011에 effing이 entry word로 나와 있다.

effing (ĕfíng) *adv.* & *adj. Vulgar Slang* Used as an intensive. [〈 EF, in reference to the euphemistic use of *f* to represent the word FUCK]

제5판의 cover jacket 에는 4판에 없는 새 단어와 풀이가 10,000개나 된다고 적혀 있다. effing은 4판(2011)뿐만 아니라 3판(1993), 2판(1969)에도 나오지 않았다.

*AHDEL*의 편집 방침의 하나는 The Usage Panel(어법 심의회)이다. The Panel은 2백 명이 넘는 저명한 작가, 시인, 인문학자, 사회과학 · 자연과학 분야의 학자들로 구성되어 있고, 어법에 대한 국민들의 태도 변화 등을 심의해서 단어의 수록 여부를 권장한다고 한다. 앞의 effing을 사용한 Margaret Atwood는 *AHDEL*의 제3판(1993)부터 『어법 심의회』에 올라 있고, 사전에 이름과 사진(2007년 촬영)이 나온다.

8 Simon Gikandi. "The Fantasy of the Library." PMLA. January 2013. Volume 128. Number 1.

auratic – 1

13쪽 B열 28행: … The Central Library of the Seattle Public Library designed by Rem Koolhaas and Joshua Prince-Ramus, adds the aura of culture to the Seattle waterfront…. Here the Library is again <u>auratic</u>.

> ethereal and aloof, giving Dorchester, the inner-city neighborhood in Boston where the building is located, the aura of Camelot (fig. 2). The Central Library of the Seattle Public Library, designed by Rem Koolhaas and Joshua Prince-Ramus, adds the aura of culture to the Seattle waterfront. David Adjaye's Idea Store Whitechapel, sited in a chaotic East London neighborhood negotiating competing identities, reflects the multicultural city in its glass facade. Here the library is again auratic But there is something more: the exteriors of libraries display a sense of order and control that is part of the way institutions imag-

"auratic"은 문맥으로 보아 aura의 형용사로 보인다. '분위기를 풍긴다'가 뜻이다.

auratic이란 말은 영미의 중·대 영어사전에는 나오지 않는다. 독일의 두덴출판사(Dudensverlag)의 『외래어 사전』(*Das Fremdwörterbuch* Manheim, 2007)에는 auratisch라는 올림말이 나오고 "zur Aura gehörend" 아우라의(-적인)라는 풀이가 나온다. Auratisch는 영어의 auratic이다.

9 *The American Heritage Dictionary of the English. Language(AHDEL)*. Fifth Edition. Boston: Houghton Mifflin Harcourt, 2013.

auratic – 2

최근(2014년 7월)에 *The American Heritage Dictionary of the English Language*, Fifth Edition(2011)을 구했다. 제4판은 2000년에 나왔는데, 제5판에는 제4판에 없는 새 단어와 뜻풀이가 10,000개나 추가되었다고 jacket에 쓰여 있다. auratic도 그 중의 하나인 듯 제5판에 실려 있다(p.118 Column B). 앞의 Simon Gikandi 의 PMLA 글은 2013년 1월호에 실린 것이므로 auratic은 이미 사용되고 있었을 것이다. auratic의 풀이는 이렇다.

auratic (ō–rătík) adj. 1. Characterized by or relating to an aura 2. Of or relating to the distinctive quality or essence of a person, work of art, or object. [Probably 〈 German *auratisch* 〈 *Aura*, aura 〈 Latin *aura*, gentle breeze, breath ; see AURA]

10 *The American Heritage Dictionary of the English Language(AHDEL)*. Fifth Edition. Boston: Houghton Mifflin Harcourt, 2011.

bulgogi가 *AHDEL*에 올랐다. kalbi(갈비)와 soju(소주)도 함께 올랐다. taekwondo(제3판 1992)와 hangul(Hangul)과 kimchi(제4판 2000)를 합치면 모두 여섯이다.

나는 1993년 12월에 MLA 연차대회에 참석하러 뉴욕에 갔었다. 우연히 32nd Street를 지났는데 거리를 뒤덮는 불고기 냄새로 이곳이 유명한 한국식당가라는 것을 알았다. 이른바 "the kimchi trend"에 이어 "the bulgogi trend"가 일 때였던 것 같은데 2011년에 되어서야 사전에 올랐으니 다소 늦은 감이 없지 않다.

2021년경에 나올 Sixth Edition에는 어떤 한국어 단어가 오를까 – *AHDEL*나 *Merriam Webster's Collegiate Dictionary*는 10년 간격으로 신판을 낸다. 화병(hwabyung)일까. Wikipedia에는 오래 전에 올라 있다. 음식이라면 탕 종류가 될까? 1.5 세대 한국계 미국 작가인 Suki Kim(1970–)의 출세작 *The Interpreter*(2003)에 이런 장면이 나온다. Columbia대학을 졸업 한 학기를 앞두고 자퇴한 Suzy Park은 court interpreter(법정통역사)가 직업인데 하루는 볼 일을 보고 32nd Street의 한국식당에 가서 설렁탕을 시킨다.

Once she sat down, the smell of brewing bones from the kitchen tugged at her. A taste from her childhood, although her mother rarely made such a variety: *sulongtang*, *komtang*, *korikomtang*, *doganitang*. From tail bones to knee bones and cartilage to tripe, the choice depends on taste(p. 196)

탕종류가 아니라면 영양식으로 인기가 높은 기내식인 bibimpab(비빔밥)이 어떨까. 물론 둘 다면 좋겠지만.

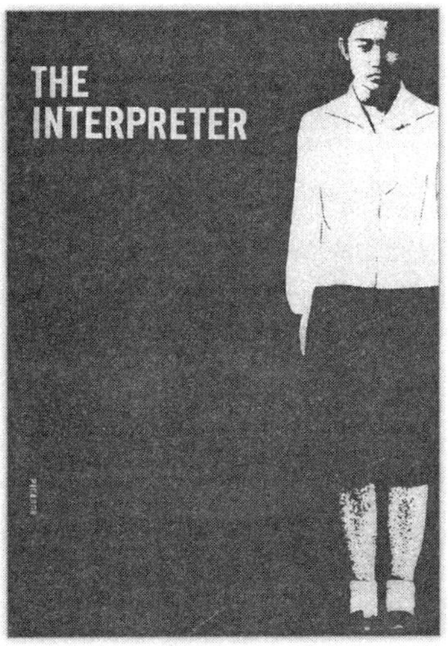

> Once she sat down, the smell of brewing bones from the kitchen tugged at her. A taste from her childhood, although her mother rarely made such a variety: ***sulongtang*, *komtang*, *korikomtang*, *doganitang*.** From tail bones to knee bones and cartilage to tripe, the choice depends on taste. A true connoisseur would swear by the subtlety of each, but for Suzy they all taste somewhat similar. Just a tinge of Korean flavors inevitably

11 precariat 와 precarity.

1. Vincent B. Leitch. *Literary Criticism in the 21st Century*. London: Bloomsbury, 2014.

144쪽 21−27행: Beginning in the 1970s, the corporate university in the U.S. started transforming the teaching workforce from approximately 75% of the faculty tenured or on the tenure track to by the early twenty−first century about 75% contingent faculty and a mere 25% in the tenure stream. The American academic work force is roughly 1.5 million professors. This reversal constitutes a major transformation of the teaching corps toward precarity.

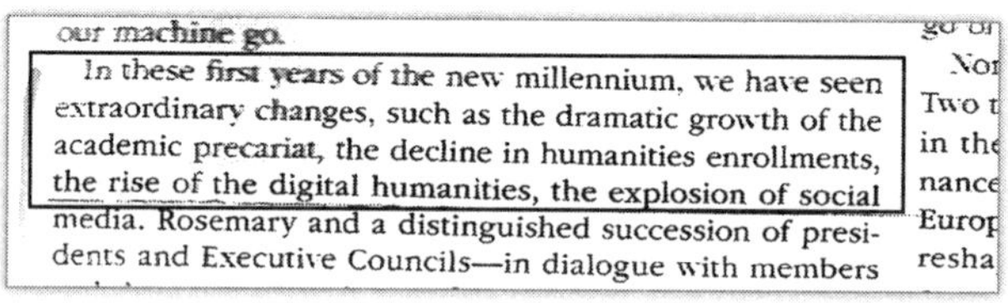
our machine go.
In these first years of the new millennium, we have seen extraordinary changes, such as the dramatic growth of the academic precariat, the decline in humanities enrollments, the rise of the digital humanities, the explosion of social media. Rosemary and a distinguished succession of presidents and Executive Councils—in dialogue with members

2. K. Anthony Appiah. President's Column "Ghosts in the Machine." MLA Newsletter. Summer 2016. Volume 48. Number 2.

2쪽 4열 23−27행: In these first years of the new millennium, we have seen extraordinary changes, such as the dramatic growth of the academic precariat, the decline in humanities enrollments. …

precariat와 precarity는 precarious와 관련되어 있어 보이는데 둘 다 일반 영어사전에는 나오지 않는다. Wikipedia, the free encyclopedia에는 precariat가 나온다.

"In sociology and economics, the precariat is a social class formed by people suffering from precarity, which is a condition of existence without predictability or security, affecting material or psychological welfare … Specially, it is the condition of lack of job security, including intermittent employment or underemployment and the resultant precarious existence."

한마디로 불완전 취업, 불완전 고용 상태가 precarity이며 그런 상태에 있는 사람들이 precariat이다. 대학사회에 적용하자면, 석·박사 취득자로서 학기별 시간 전임 강사나 종신재직권(tenure)을 받지 못한 전임교수들이 academic precariat이다.

Wikipedia는 precariat가 precarious와 proletariat의 합성어 portmanteau [pɔːrtmæntou]라고 한다.

Precarity의 -ty는 quality(성질), condition(상태)을 나타내는 명사를 만드는 접미사(suffix)이다. equality, safety, unity처럼.

12 William Spanos. "American Studies in the Age of 'World Picture'." In *The Futures of American Studies*, ed. Donald E. Peace and Robyn Wiegman. Duke UP, 2002.

390쪽 15–18행: Nevertheless, New Americanists continue unthinkly to use this language even when it opposes the violence of its practices, thus becoming unwitting accomplices of the very regime of truth it would delegitimate.의 unthinkly는 unthinkingly의 잘못이다.

unthink는 동사이고, 생각을 버리다, 무시하다의 뜻
unthinking은 형용사이며, 생각하지 않는, 지각없는, 분별없는
–ly 부사. 분별없이, 경솔하게

문장의 오류는 종종 생각없이 적다 보면 생기기 마련이다. '다시 한 번 생각하면'(on second thought) 바로잡을 수 있다.

And that is precisely my point. The universalist-instrumentalist discourse that frames the triumphalist American vision of the brave new post–Cold War world rings hollow in the wake of its self-destruction during the Vietnam War and of the postmodern thinking that has tacitly theorized the violence inherent in its saying. Nevertheless, New Americanists continue unthinkly to use this language even when it opposes the violence of its practices, thus becoming unwitting accomplices of the very regime of truth it would delegitimate. This complicity, for example, is manifest, as Paul Bové has decisively shown, in Bercovitch's "reformist" mode of dealing with problems confronting the Americanist seeking for alternatives to the consensus-

참고문헌

American Literary History. Fall 2010. Volume 22. Number 3.

________. Summer 2014. Volume 26, Number 2.

Arac, Jonathan. *Critical Genealogies: Historical Situations for Postmodern Literary Studies.* New York: Columbia UP, 1989.

________. "What is the History of Literature." In *The Uses of Literary History,* ed. Marshall Brown. Durham: Duke University Press, 1995.

Aristotle. *On Rhetoric: A Theory of Civic Discourse.* Trans. George A. Kennedy. New York: Oxford University Press, 1991.

Atwood, Margaret. *Payback: Debt and the Shadow Side of Wealth.* Toronto: Anansi, 2008.

Baker, Mona, ed. *Routledge Encyclopedia of Translation Studies.* London: Routledge, 1998.

Barry, Spurr. *'Anglo-Catholic in Religion': T. S. Eliot and Christianity.* Cambridge: The Lutterworth Press, 2010.

Bassnett, Susan. *Translation Studies.* Revised Edition. London: Routledge, 1991.

Bateson, F. W., ed. *The Cambridge Bibliography of English Literature,* Volume IV Index. Cambridge: Cambridge University Press, 1966.

Bergonzi, Bernard. *Exploding English: Criticism, Theory, Culture.* Oxford: Clarendon Press, 1990.

Bevington, David, ed. *The Complete Works of Shakespeare.* Updated Fourth Edition. New York: Longman, 1997.

Blumberg, Theodore L. *The Seven Deadly Sins of Legal Writing.* Baltimore, MD: The Archangul Foundation, Inc., 2008.

Booth, Wayne C. *The Rhetoric of RHETORIC: The Quest for Effective Communication.* London: Blackwell, 2004.

Bove, Paul A. *Intellectuals in Power: A Genealogy of Critical Humanism.* New York: Columbia University Press, 1986.

Brooks, Cleanth and Robert Penn Warren. *Understanding Poetry.* Fourth Edition. New York: Holt, Rinehart and Winston, 1976.

Bryson, Bill. *Notes from a Small Island.* London: Black Swan, 1995.

Bruss, Elizabeth W. *Beautiful Theories: The Spectacle of Discourse in Contemporary Criticis*m. Baltimore: The Johns Hopkins University Press, 1982.

Cain, William E. *The Crisis in Criticism: Theory, Literature and Reform in English Studies.* Baltimore: The Johns Hopkins University Press, 1984.

________. "Opening the American Mind." In *Canon vs. Culture: Reflections on the Current Debate*, ed. Jan Gorak. New York: Garland Publishing, Inc, 2001.

Choi, Susan. *The Foreign Student,* New York: Harper Perennial, 1998.

________. *A Person of Interest.* New York: Viking, 2008.

Collins Cobuild English Language Dictionary. Glasgow: HarperCollins Publishers, 1987.

Crystal, David., ed. *The Cambridge Encyclopedia of The English Language.* Second Edition. Cambridge: Cambridge University Press, 2003.

________. *The Stories of English.* London: Penguin Books, 2004.

________. *By Hook or by Crook.* Woodstock & New York: The Overlook Press,

2007.

________, ed. *The Cambridge Encyclopedia of Language*. Third Edition. Cambridge: Cambridge University Press, 2010.

Culler, Jonathan. *Structuralist Poetics: Structuralism Linguistics and the Study of Literature*. London: Routledge & Kegan Paul,1975.

Cummings, Bruce. *The Korean War: A History*. New York: The Modern Library, 2010.

D'haen, Theo. "When 'World Literature' Becomes 'World' Literature". *JELL* Winter 2013. Volume 59, Number 6.

de Beaugrande, Robert. *Critical Discourse: A Survey of Literary Theorists*. Norwood. NJ: Ablex Publishing Corporation, 1988.

Dyson, A. E. *Yeats, Eliot and R. S. Thomas*. London: The Macmillan Press. Ltd., 1981.

Elbow, Peter, *What Is English?* MLA, 1992.

Ellis, John M. *Literature Lost: Social Agendas and the Corruption of the Humanities*. New Haven: Yale UP, 1997.

Fisher, Philip. "American Literary and Cultural Studies Since the Civil War." In *Redrawing the Boundaries*. ed. Stephen Greenblatt and Giles Gunn. MLA, 1992.

Fitzgerald, F. Scott. *The Great Gatsby*. New York: The Charles Scribner's Sons. 1925.

Fox, Kate. *Watching the English: The Hidden Rules of English Behavior*. London: Hodder, 2005.

Garner, Bryan A. *A Dictionary of Modern American Usage*. New York: Oxford University Press, 1998.

Gates, Henry Louis. Jr., *Loose Canons: Notes on the Culture Wars*. New York: Oxford University Press, 1992.

Gikandi, Simon. “The Fantasy of the Library.” PMLA. January 2013. Volume 128. Number 1.

________. ”Provincializing English” PMLA. January 2014 Volume 129. Number 1.

Gorak, Jan. *The Making of the Modern Canon: Genesis and Crisis of a Literary Idea.* London: Athlone, 1991.

________, ed. *Canon vs. Culture: Reflections on the Current Debate.* New York: Garland, 2001.

Graff, Gerald. *Professing Literature: An Institutional History.* Chicago: The University of Chicago Press, 1987.

Guillory, John. *Cultural Capital: The Problem of Literary Canon Formation.* Chicago: The University of Chicago Press, 1993.

________. *The Culture of Criticism and the Criticism of Culture.* New York: Oxford University Press, 1987.

Gunn, Giles. “Interdisciplinary Studies.” In *Introduction to Scholarship in Modern Languages and Literatures,* ed. Joseph Gibaldi. Second Edition. MLA, 1992.

Gustafson, Sandra M. and Gordon Hunter. “Projecting Early American Literary Studies.” *American Literary History.* Fall 2010.Volume 22. Number 2.

Halbertal, Moshe. *People of the Book: Canon, Meaning, and Authority.* Cambridge, Mass: Harvard University Press, 1997.

Hawthorn, Jeremy. *Unlocking the Text: Fundamental Issues in Literary Theory.* London: Edward Arnold, 1987.

Hjort, Mette, ed. *Rules and Conventions: Literature Philosophy Social Theory.* Baltimore: The Johns Hopkins University Press, 1992.

Horowitz, David. *The Professors: The 101 Most Dangerous Academics in America.*

New York: Regency Pub. Inc., 2006.

Hua Hsu. "The First Asian Americans." In *A New Literary History of America*, ed. Cireil Marcus and Werner Sollors. Cambridge: The Belknap Press of Harvard UP, 2009.

Hunter, Gordon, ed. *American Literature, American Culture*. New York: Oxford UP, 1999.

Jay, Gregory S. *American Literature and the Culture Wars*. Ithaca: Cornell University Press, 1997.

Jay, Paul. *Contingency Blues: The Search For Foundations in American Criticism*. Madison, Wis.: The University of Wisconsin Press, 1997.

Kang, Younghill. *East Goes West*. New York: Charles Scribner's Sons, 1937.

________. *East Goes West*. Chicago: Follett Publishing Co., 1965.

Kapland, Carey and Ellen Cronan Rose, eds. *The Canon and the Common Reader*. Knoxville: The University of Tennessee Press, 1990.

Kim, Daniel Y. "'Bled In, Letter by Letter': Translation, Postmodernity, and the Subject of Korean War: History in Susan Choi's *The Foreign Student*." *American Literary History*. Fall 2009. Volume 21. Number 3. Oxford University Press.

Kim, Uchang. "The Body Luminous: The Changing Status of Literature in Korea and the Modern World ." *JELL*. Volume 59. Number 3. Summer, 2013.

Kimball, Roger. *Tenured Radicals: How Politics Has Corrupted Our Higher Education*. Elephant Paperbacks. Chicago. Ivan R. Dee, Publisher, 1998.

Klein, Jules Thompson. *Crossing Boundaries: Knowledge, Disciplinarities, and Interdisciplinarities*. Charlottesville: University Press of Virginia, 1996.

Lambropoulos, Vassilis. *The Rise of Eurocentrism: Anatomy of Interpretation*. Princeton, N. J.: Princeton University Press, 1993.

Lai, T. C. *Chinese Callirapby: An Introduction*. Seattle: University of Washington Press, 1985.

Lauter, Paul. *Canons and Contexts.* Oxford: Oxford University Press, 1991.

________. *gen. ed. The Heath Anthology of American Literature.* Volume Two. Lexington. MA: D.C. Heath and Company, 1990.

Leitch, Vincent B. *Literary Criticism in the 21st Century: Theory Renaissance.* London: Bloomsbury, 2014.

Lentricchia, Frank and Thoms McLaughlin, eds. *Critical Terms for Literary Study.* Chicago: The University of Chicago Press, 1990.

Littleton, C. Scott. "Japan". In *World Mythology,* ed. Roy Willis. London: Duncan Bairol Publishers. 1993, 2006.

Lodge, David. *Home Truths*. London: Penguin Books, 1999.

________. *Changing Places.* Penguin Books, 1975.

Longenbach, James. "'Mature Poets Steal': Eliot's Allusive Practice." In *The Cambridge Companion* to *T.S. Eliot*, ed. A. David Moody. Cambridge: Cambridge UP, 1994.

Longman Dictionary of English Language and Culture. London: Longman, 1992.

Lunsford, Andrea A., Helene Moglen and James Slevin, eds. *The Right to Literacy.* MLA. 1990.

MacNeil, Robert and William Cran. *Do You Speak American?* New York: Harcourt, Inc., 2005.

Mayer, John T. *T.S. Eliot's Silent V*oice. Oxford: Oxford University Press, 1989.

Michaels, Walter Benn and Donald E. Pease, eds. *The American Renaissance Reconsidered.* Baltimore: The Johns Hopkins University Press, 1989(1985).

Miller, J. Hillis. *Illustration.* Cambridge: Harvard University Press, 1992.

Morrissey, Lee, ed. *Debating the Canon: A Reader from Addison to Nafisi.* New York: Palgrave, 2005.

Myers, D. G. "Bad Writing." In *Theory's Empire: An Anthology of Dissent*, ed. Daphne Patai and Will H. Corral. New York: Columbia University Press, 2005.

Norword, James. *A Dictionary of Latin Words and Phrases.* Oxford: Oxford University Press, 1998.

Oxford Dictionary of English. Second Edition. Oxford: Oxford University Press, 2003.

Patterson, Anita. "T.S. Eliot and D.H. Lawrence." In *A New Literary History of America*, ed. Greil Marcus and Werner Sollors. Cambridge: The Belknap Press of Harvard UP, 2009.

Paxman, Jeremy. *The English: A Portrait of a People.* London: Penguin Books, 1999.

Pease, Donald E. and Robyn Wiegman, eds. *The Futeres of American Studies.* Durham: Duke UP, 2002.

Pinker, Steven. *The Language Instinct.* New York: HarperCollins Publishers, 2001.

PMLA. "Two Important Anthologies." PMLA. March 1990. Volume 106. Number 2.

Podhoretz, Norman. *My Love Affair with America: The Cautionary Tale of a Cheerful Conservative.* New York: The Free Press, 2000.

Pound, Ezra. *Selected Poems With an Introduction by T. S. Eliot.* London: Faber and Faber, 1956.

Readings, Bill. *University in Ruins.* Cambridge, Mass: Harvard University Press, 1997.

Reed, Walter L. "Canonization and Its Discontents: Lessons from the Bible." In *English as a Discipline or Is There a Plot in This Play*, ed. James C.

Raymond. Tuscaloosa: The University of Alabama Press, 1996.

Richter, David H. *Falling Into Theory: Conflicting Views on Reading Literature.* Boston: St. Martin's Press, 1994.

Saunders, Francis Stoner. *The Cultural Cold War: The CIA and the World of Arts and Letters.* New York: The Free Press, 1999.

Smithon, Isiah and Nancy Ruff, eds. *English Studies/Culture Studies.* Urbana: University of Illinois Press, 1994.

Stanton, Donna C. "On Linguistic Human Rights and the United State. 'Foreign' Language Crisis." *Profession 2005. MLA,* 2005 .

Steiner, George. *Errata: An Examined Life.* London: Phoenix, 1997.

Suh Ji-moon. "Whether Enemy or Brother: Patriotism in Conflict with Brotherhood in the Korean War Poems by Korean Poets." In *Remembering the Forgotten War,* ed. Philip West and Suh Ji-moon. New York: M.E. Sharpe. Inc., 2001.

The American Heritage Dictionary of The English Language. Fifth Edition. Boston New York: Houghton Mifflin Harcourt, 2011.

The Columbia Encyclopedia. Fifth Edition. New York: Columbia University Press, 1993.

Tichi, Cecelia. "American Literary Studies to the Civil War." In *Redrawing the Boundaries: The Transformation of English and American Literary Studies,* ed. Stephen Greenblatt and Giles Gunn. MLA, 1992.

Tran, Lan. "*The Great Gatsby.*" In *A New Literary History of America,* ed. Greil Marcus and Werner Sollors. Cambridge, Mass.:The Belknap Press of Harvard University, 2009.

Vanderbilt, Kermit. *American Literature and the Academy: The Roots, Growth, and Maturity of a Profession.* Philadelphia: University of Pennsylvania Press, 1986.

Wellek, Rene. *Concepts of Criticism.* New Haven and London: Yale University Press, 1963.

________. "Destroying Literary Studies." In *Theory's Empire: An Anthology of Dissent*, ed. Daphne Patai and Will A. Corral. New York: Columbia Univ. Press, 2005.

Wolfe, Alan. "Two Cheers for Professionalism: The 1960s, the University, and Me." In *Reassessing The Sixties: Debating the Political and Cultural Legacy*, ed. Stephan Macedo. New York: W.W. Norton & Co., 1997.

Yeats, W. B. *Collected Poems.* London: Macmillan & Co. LTD, 1955.

Yu, Beongcheon. *The Great Circle: American Writers and the Orient Detroit:* Wayne State University Press, 1983.

김병철.『韓國近代飜譯文學史 硏究』, 乙酉文化社, 1975.

______.『韓國現代飜譯文學史硏究』上卷 1998. 下卷 1998. 乙酉文化社.

金在枏 譯.『三訂 셰익스피어 全集』. 乙支書籍, 1995.

김구슬.『T.S. 엘리엇과 F.H. 브래들리 철학』. 동인, 2009.

김열규.「문학을 위한 정보환경과 정보이론」『서강인문논총』제 6집. 1997.

김용권 역.『20世紀 美國詩論』, 博文出版社 1955.『美國의 現代詩』首都文化社. 1957.

김욱동.『문학의 위기』. 서울: 문예출판사, 1993.

김윤식.『일제 말기 작가의 일본어 글쓰기론』. 서울대학교 출판부, 2003.

김종길.「한국문학 세계화의 현실」.『시와 삶의 사이에서』서울: 현대문학사, 2005.

김치규.「한국 영문학의 어제와 오늘 (5) 김치규 선생을 찾아서」『안과 밖』 상반기. 제6호, 1999.

김학동 편.『정지용 전집 I 시』. 민음사, 1988.

김환태(金煥泰).「表現과 技術」『詩苑』. 제4권 제8호, 1935.

김효중.「정지용 시의 영역에 관한 고찰」『번역학 연구』. 제3권 2호, 2002.

동아일보.「아이들 위해 모정으로 쓴 이중언어 교재」. 동아일보 2012년 2월 4일 토요일.

박한범. "한글과 漢字는 동전의 兩面", 조선일보 2015년 9월 4일.

송승철.「망각에서 지양으로」『영어영문학 연구 50년』. 이화여자대학교 한국문화원 편. 혜안, 2006.

여석기.「한국의 영문학과 문화」『영어영문학』. 봄호. 제41권 1호, 1995.

_____.「영문학」『한국의 학술연구 중문학 영문학』. 대한민국 학술원, 2001.

_____.「셰익스피어 극의 다원적 통일」『햄릿과의 여행 리어와의 만남: 여석기 영문학 논집』. 생각의 나무, 2001.

_____.『여석기 나의 삶, 나의 학문, 나의 연극』. 서울 연극과 인간, 2012.

유성덕.「성경이 *Paradise Lost*와 *The Piligrim's Progress*에 끼친 영향비교」『밀튼 연구』. 제2집. 1992.

유종호 선.『정지용시선』「유리창」. 민음사, 2011.

유홍준. "김관호의 해질녘". 조선일보 2012년 1월 9일.

이상섭.『문학 연구의 방법 —그 한국적 적용을 위한 개관』. 탐구당, 1979.

李相沃.『조셉 콘라드 硏究』. 서울大學校 出版部, 1986.

이태동. "우리에게 페스탈로치는 없는가". 동아일보 2010.

_____ · 신경원 옮김.「신비평 이후의 비평이론」. 문예출판사, 1994.

조선일보. 仁濟大學校 崔夏鎭學長 訃告. 조선일보 2008년 9월 8일.

조선일보 사설. "지나간 100년 다가올 100년". 조선일보 2010년 1월 1일.

조선일보. "이중언어교실". 조선일보 2014년 7월 14일 화요일.

조성식.『영어발달사』. 한국문화사, 1994.

_____.『영어와 더불어』「제 1권 망향기」,「제 2권 학창시절」. 신아사, 1992.

조성식 편.『영어학 사전』. 신아사, 1990.

최동호 편.『정지용 사전』. 고려대학교 출판부, 2003.

崔載瑞.「現代 主知主義 文學理論의 建設」. 朝鮮日報 1934년 8월 8일.

피천득 역.『내가 사랑하는 시』. 동학사, 1994.

황동규. 「엘리엇과 나/나의 세대」『T. S. 엘리엇을 기리며』. 한국 T. S. 엘리엇학회 편. 서울: 웅동, 2001.

ジーニアス, 英和大辭典. TAISHUKAN'S *Unabridged Genius English-Japanese Dictionary*. 大修館書店, 2001.

e4u 영한사전. YBM SiSa, 2001.

찾아보기

ㅈ

ㅊ

ㅍ

ㅎ

A

B

C

D

E

F

G

H

J

K

L

M

N

P

R

S

T

V

W

Y

Z